GONGCHENG ZAOJIAXUE

工程造价学

主编◎能子礼超

副主编◎邱光磊　罗　川　余　江

中国环境出版集团 · 北京

图书在版编目（CIP）数据

工程造价学 / 能子礼超主编；邱光磊，罗川，余江副主编 .—北京：中国环境出版集团，2023.12
ISBN 978-7-5111-5654-9

Ⅰ.①工… Ⅱ.①能… ②邱… ③罗… ④余… Ⅲ.①工程造价 Ⅳ.① F285

中国国家版本馆 CIP 数据核字（2023）第 203604 号

出 版 人　武德凯
责任编辑　张　佳
封面设计　光大印艺

出版发行　中国环境出版集团
（100062　北京市东城区广渠门内大街 16 号）
网　　址：http: //www.cesp.com.cn
电子邮箱：bjgl@cesp.com.cn
联系电话：010-67112765（编辑管理部）
010-67175507（第六分社）
发行热线：010-67125803，010-67113405（传真）
印　　刷　玖龙（天津）印刷有限公司
经　　销　各地新华书店
版　　次　2023 年 12 月第 1 版
印　　次　2023 年 12 月第 1 次印刷
开　　本　787 × 1092　1/16
印　　张　23.00
字　　数　550 千字
定　　价　68.00 元

前言

随着我国社会主义市场经济体制的建设，以及投资多元化格局的逐步形成，用有限的资金投入取得最佳的社会效益及经济效益，是政府、企业和业主的共同期望。在建设项目投资管理中，工程造价的控制贯穿于工程建设全过程。

然而，工程造价是一个广义的概念，在不同的领域，工程造价的定义是不同的。工程建设项目所在行业的不同，呈现出了不同的工程造价应用特征。例如，环保类工程建设项目工程造价要求具有一定的环境科学与工程学科背景或一定的相关知识储备；隧道桥梁类工程建设项目工程造价要求具有一定的道路工程学科背景或一定的相关知识储备等。本教材编写过程中尽量呈现工程造价的相关知识，以期为不同专业的学生奠定基础，具备从事概预算、工程审计、估价、工程监理、招投标等工作的基本能力。

本教材适用于工程建设类专业的研究生、本科生和职业教育专科生。教学前，建议学生先自行查阅了解《中华人民共和国行政许可法》《国务院对确需保留的行政审批项目设定行政许可的决定》《工程造价咨询企业管理办法》《注册造价工程师管理办法》等最新版政策法规。

本教材力求做到由简到难，使复杂问题简单化，使学生更容易掌握相关知识；同时力求做到工程造价知识系统化，帮助学生更好地了解并掌握工程建设项目工程造价全过程。本教材第一、二、七、八、十一、十二、十三章由能子礼超、邱光磊负责编写，第三、四、五、六、九、十章由能子礼超、罗川、余江负责编写。全书能子礼超编写约 25 万字，邱光磊编写约 8 万字，罗川编写约 11 万字，余江编写约 11 万字。全书由邱光磊修改和统稿，由能子礼超和邱光磊定稿。

由于编写时间紧、编者水平有限，教材中难免会有疏漏。在教材使用过程中，如有不妥之处，敬请广大读者批评指正。教材编写过程参考了大量的文献和书籍，在本教材末尾进行了罗列，在此致敬并表示由衷感谢，如有处理不当、遗漏或版权问题，欢迎联系本书作者进行修改。

编者

2023 年 6 月

目录

第一章 绪 论

随着我国社会主义市场经济体制的逐步建立以及投资多元化格局的逐步形成，用有限的资金投入取得最佳的社会效益及经济效益，是政府、企业和业主的共同期望。在建设项目投资管理中，工程造价的控制贯穿于工程建设全过程。然而，工程造价是一个广义的概念，在不同的领域，工程造价的定义是不同的。工程建设项目所在行业不同，呈现出了不同的工程造价应用特征。

工程造价可以理解为工程的建造价格，是工程项目在建设期预计或实际支出的建设费用。工程造价的三要素是量、价、费，主要职能体现在对投资的控制，即在投资的各个阶段，根据对造价的多次性预算和评估，对造价进行全过程、多层次的控制；另外，对以承包商为代表的商品和劳务供应企业的成本进行控制。这两种职能是从不同角度把握同一事物的本质。

第一节 工程造价通用术语

工程造价通用术语的依据为《工程造价术语标准》（GB/T 50875—2013），通用术语的理解和掌握对学习工程造价有较好的帮助，是学好本门课程的基础。

一、工程造价基础术语

工程造价是指工程项目在建设期预计或实际支出的建设费用。

工程造价管理是指综合运用管理学、经济学和工程技术等方面的知识与技能，对工程造价进行预测、计划、控制、核算、分析和评价等的工作过程。

工程计价是指按照法律法规和标准等规定的程序、方法和依据，对工程造价及其构成内容进行的预测或确定。

工程计价依据是指与计价内容、计价方法和价格标准相关的工程计量计价标准、工程计价定额及工程造价信息等。

建设期是指工程项目从投资决策始到竣工投产止所需要的时间。

建设项目是指按一个总体规划或设计进行建设的、由一个或若干个互有内在联系的单项工程组成的工程总和。

单项工程是指具有独立的设计文件，建成后能够独立发挥生产能力或使用功能的工程项目。

单位工程是指具有独立的设计文件，能够独立组织施工，但不能独立发挥生产能力或使用功能的工程项目。

分部工程是指单位工程的组成部分，是按结构部位、路段长度及施工特点或施工任务将单位工程划分为若干个项目单元。

分项工程是指分部工程的组成部分，是按不同施工方法、材料、工序及路段长度等将分部工程划分为若干个项目单元。

措施项目是指为完成工程项目施工，发生于施工准备和施工过程中的技术、生活、安全、环境保护等方面的项目。

工程量清单是指建设工程中载明各分部分项工程和措施项目名称、单位、特征和工程数量等的明细表。

项目编码是指工程量清单项目名称的数字标识。

项目特征是指构成分部分项工程项目、措施项目自身价值的本质特征。

总承包服务费是指总承包人为配合协调发包人进行专业工程分包，对发包人自行采购的工程设备、材料等进行保管以及施工现场管理、竣工资料汇总整理等服务所需的费用。

工程造价信息是指工程造价管理机构发布的建设工程人工、材料、工程设备、施工机械台班的价格信息，以及各类工程的造价指数、指标等。

工程造价指数是反映一定时期的工程造价相对于某一固定时期或上一时期工程造价的变化方向、趋势和程度的比值或比率。

工程造价咨询企业是指取得工程造价咨询资质等级证书，接受委托从事建设工程造价咨询活动的企业。

造价工程师是指取得《造价工程师资格证书》，在一个单位注册从事建设工程造价管理活动的专业人员。

造价员是指取得《全国建设工程造价员资格证书》，在一个单位注册从事建设工程造价管理活动的专业人员。

全过程造价管理咨询是指受委托方委托，工程造价咨询机构应用工程造价管理的知识与技术，为实现建设项目决策、设计、招投标、施工、竣工等各个阶段的工程造价管理目标而提供的服务。

工程造价鉴定是指工程造价咨询企业接受人民法院、仲裁机关委托，对施工合同纠纷案件中的工程造价争议进行鉴别和评定，并提供鉴定意见的活动。

工程造价成果质量鉴定是指工程造价管理机构对投诉的工程造价成果文件进行质量鉴定，并提出质量鉴定意见的管理活动。

限额设计是指按照投资或造价的限额开展满足技术要求的设计工作。即按照可行性研究报告批准的投资限额进行初步设计，按照批准的初步设计概算进行施工图设计，按照施工图预算对施工图设计中各专业设计文件作出决策的设计工作程序。

价值工程是以提高产品或作业的价值为目的，通过有组织的创造性工作，用最低的寿命周期成本来实现使用者所需功能的一种管理技术。

竣工决算是指以实物数量和货币的形式，对工程建设项目建设期的总投资、投资效果、新增资产价值及财务状况进行的综合测算和分析。

二、建设项目总投资及其构成术语

建设项目总投资是指为完成工程项目建设并达到使用要求或生产条件，在建设期内预计或实际投入的全部费用总和。

建设投资是指为完成工程项目建设，在建设期内投入且形成现金流出的全部费用。

工程费用是指建设期内直接用于工程建造、设备购置及其安装的建设投资。

设备购置费是指购置或自制达到固定资产标准的设备、工器具及生产家具等所需的费用。

设备原价是指国内采购设备的出厂（场）价格，或国外采购设备的抵岸价格。

抵岸价是指设备抵达买方边境、港口或车站，缴纳完各种手续费、税费后形成的价格。

到岸价是指设备抵达买方边境港口或边境车站所形成的价格。

进口设备从属费是指进口设备在办理进口手续过程中发生的应计入设备原价的银行财务费、外贸手续费、进口关税、消费税、进口环节增值税及进口车辆的车辆购置税等。

设备运杂费是指国内采购设备自来源地、国外采购设备自到岸港运至工地仓库或指定堆放地点发生的采购、运输、运输保险、保管、装卸等费用。

建筑安装工程费是指为完成工程项目建造、生产性设备及配套工程安装所需的费用。

人工费是指支付给直接从事建筑安装工程施工作业的生产工人的各项费用。

工日单价是指直接从事建筑安装工程施工的生产工人在法定工作日每工日的工资、津贴及奖金等。

材料费是指工程施工过程中耗费的各种原材料、半成品、构配件、工程设备等的费用，以及周转材料等的摊销、租赁费用。

材料单价是指建筑材料从其来源地运到施工工地仓库，直至出库形成的综合平均单价。

材料原价是指国内采购材料的出厂价格，国外采购材料抵达买方边境、港口或车站并缴纳完各种手续费、税费后形成的价格。

材料运杂费是指国内采购材料自来源地、国外采购材料自到岸港运至工地仓库或指定堆放地点发生的费用。

材料采购及保管费是指组织材料采购、检验、供应和保管过程中发生的费用。

施工机械使用费是指施工机械作业发生的使用费或租赁费。

施工机械台班单价是指折合到每台班的施工机械使用费。

企业管理费是指施工单位为组织施工生产和经营管理所发生的费用。

利润是指施工单位从事建筑安装工程施工所获得的盈利。

规费是指按国家法律法规规定，由省级政府和省级有关权力部门规定施工单位必须缴纳，且应计入建筑安装工程造价的费用。

税金是指按照国家税法规定，应计入建筑安装工程造价的营业税、城市维护建设税、教育费附加以及地方教育费附加。

工程建设其他费用是指建设期发生的与土地使用权取得、整个工程项目建设以及未来生产经营有关的构成建设投资但不包括在工程费用中的费用。

建设管理费是指建设单位为组织完成工程项目建设，在建设期内发生的各类管理性费用。

建设用地费是指为获得工程项目建设土地的使用权而在建设期内发生的各项费用。

可行性研究费是指在工程项目投资决策阶段，依据调研报告对有关建设方案、技术方案或生产经营方案进行的技术经济论证，以及编制、评审可行性研究报告所需的费用。

研究试验费是指为建设项目提供或验证设计数据、资料等进行的必要研究试验，以及按照相关规定在建设过程中必须进行试验、验证所需的费用。

勘察设计费是指对工程项目进行工程水文地质勘察、工程设计所发生的费用。

环境影响评价费是指在工程项目投资决策过程中，对其进行环境污染或影响评价所需的费用。

劳动安全卫生评价费是指在工程项目投资决策过程中，为编制劳动安全卫生评价报告所需的费用。

招标代理费是指招标代理人接受招标人委托，编制招标文件，审查投标人资格，组织投标人踏勘现场并答疑，组织开标、评标、定标，提供招标前期咨询以及协调合同签订等收取的费用。

工程造价咨询费是指工程造价咨询人接受委托，编制与审核工程概算、工程预算、工程量清单、工程结算、竣工决算等计价文件，以及从事建设各阶段工程造价管理的咨询服务、出具工程造价成果文件等收取的费用。

建设项目场地准备费是指为使工程项目的建设场地达到开工条件，由建设单位组织进行场地平整等准备工作而发生的费用。

建设单位临时设施费是指建设单位为满足工程项目建设、生活、办公的需要，用于临时设施建设、维修、租赁、使用所发生或摊销的费用。

引进技术与引进设备其他费是指引进技术和设备发生的但未计入设备购置费的费用。

工程保险费是指为转移工程项目建设的意外风险，在建设期内对建筑工程、安装工程、机械设备和人身安全进行投保而发生的费用。

联合试运转费是指新建或新增加生产能力的工程项目，在交付生产前按照设计文件规定的工程质量标准和技术要求，对整个生产线或装置进行负荷联合试运转所发生的费用净支出。

特殊设备安全监督检验费是指安全监察部门对在施工现场组装的锅炉及压力容器、压力管道、消防设备、燃气设备、电梯等特殊设备和设施实施安全检验收取的费用。

市政公用设施费是指使用市政公用设施的工程项目，按照项目所在地省级人民政府有关规定建设或缴纳的市政公用设施建设配套费用，以及绿化工程补偿费用。

专利及专有技术使用费是指在建设期内为取得专利、专有技术、商标权、商誉、特许经营权等发生的费用。

生产准备费是指在建设期内，建设单位为保证项目正常生产而发生的人员培训费、提前进厂费，以及投产使用必备的办公、生活家具用具及工器具等的购置费用。

预备费是指在建设期内因各种不可预见因素的变化而预留的可能增加的费用，包括基本预备费和价差预备费。

基本预备费是指投资估算或工程概算阶段预留的，由于工程实施中不可预见的工程变更及洽商、一般自然灾害处理、地下障碍物处理、超规超限设备运输等而可能增加的费用。

价差预备费是指为建设期内利率、汇率或价格等因素的变化而预留的可能增加的费用。

建设期利息是指在建设期内发生的为工程项目筹措资金的融资费用及债务资金利息。

固定资产投资方向调节税是指国家为贯彻产业政策、引导投资方向、调整投资结构而征收的投资方向调整税金。

静态投资是指在不考虑物价上涨、建设期利息等动态因素影响下的固定资产投资。

动态投资是指工程项目在考虑物价上涨、建设期利息等动态因素影响下形成的固定资产投资。

分部分项工程费是指工程量清单计价中，各分部分项工程所需的直接费、企业管理费、利润和风险费的总和。

措施项目费是指实施措施项目所发生的费用。

安全文明施工费是指在工程项目施工期间，施工单位为保证安全施工、文明施工和保护现场内外环境等所发生的措施项目费用。

夜间施工增加费是指因夜间施工而发生的夜班补助费、夜间施工降效、夜间施工照明设备摊销及照明用电等措施费用。

二次搬运费是指因施工管理需要或场地狭小等原因，导致建筑材料、设备等不能一次搬运到位必须发生的二次或以上搬运所需的费用。

冬雨季施工增加费是指因冬雨季天气导致施工效率降低、加大投入而增加的费用，以及为确保冬雨季施工质量和安全而采取的保温、防雨等措施所需的费用。

已完工程保护费是指竣工验收前，对已完工程及设备采取必要保护措施所发生的费用。

其他项目费是指工程量清单计价中，除分部分项工程费和措施项目费之外的其他工程费用，包括暂列金额、暂估价、计日工费用和总承包服务费等。

综合单价是指完成一个规定工程量清单项目所需的人工费、材料费和工程设备费、施工机械使用费、企业管理费、利润，以及一定范围内的风险费用。

暂列金额是指招标人在工程量清单中暂定并包括在合同价款中的一笔款项。用于工程施工合同签订时未确定或者不可预见的材料、工程设备、服务的采购，施工中可能发生的工程变更、合同约定调整因素出现时的工程价款调整以及发生的索赔、现场签证确认等的费用。

暂估价是指招标人在工程量清单中提供的，用于支付在施工过程中必然发生，但在施工合同签订时暂不能确定价格的材料、工程设备的单价和专业工程的价格。

计日工费用是指在施工过程中，承包人完成发包人提出的工程合同范围以外的零星项目或工作，按照合同中约定的单价计价形成的费用。

三、工程定额相关术语

工程消耗量定额是指完成规定计量单位的合格建筑安装产品所消耗的人工、材料、施工机械台班的数量标准。

工程计价定额是指直接用于工程计价的定额或指标，包括预算定额、概算定额、概算指标和投资估算指标。

企业定额是指施工单位根据本企业的施工技术、机械装备和管理水平编制的人工、施工机械台班和材料等的消耗标准。

劳动定额是指在正常的施工技术和组织条件下，完成规定计量单位的合格建筑安装产品所需消耗的人工工日数量标准。

施工定额是指完成一定计量单位的某一施工过程或基本工序所需消耗的人工、材料和施工机械台班数量标准。

预算定额是指在正常的施工条件下，完成一定计量单位合格分项工程和结构构件所需消耗的人工、材料、施工机械台班数量及其费用标准。

概算定额是指完成单位合格扩大分项工程，或扩大结构构件所需消耗的人工、材料和施工机械台班的数量及其费用标准。

概算指标是指以扩大分项工程为对象，反映完成规定计量单位的建筑安装工程资源消耗的经济指标。

投资估算指标是指以建设项目、单项工程、单位工程为对象，反映其建设总投资及其各项费用构成的经济指标。

建设项目综合估算指标是指以工程项目为对象编制的反映项目建设投资费用的综合技术经济计价依据。

单项工程估算指标是指以工程项目中单项工程为对象编制的反映单项工程建设投资费用的计价依据。

单位工程估算指标是指以单项工程中各个单位工程为对象编制的反映单位工程建设投资费用的计价依据。

工期定额是指在正常的施工技术和组织条件下，完成建设项目和各类工程所需的工期标准。

定额基价是指反映完成定额项目规定的单位建筑安装产品，在定额编制基期所需的人工费、材料费、施工机械使用费或其总和。

工日消耗量是指在正常施工生产条件下，完成定额规定计量单位的建筑安装产品所消耗的生产工人的工日数量。

材料消耗量是指在正常施工生产条件下，完成定额规定计量单位的建筑安装产品所消耗的各类材料的净用量和不可避免的损耗量。

施工机械台班消耗量是指在正常施工生产条件下，完成定额规定计量单位的建筑安装产品所消耗的施工机械台班的数量。

四、决策阶段术语

投资估算是指以方案设计或可行性研究文件为依据，按照规定的程序、方法和依据，对拟建项目所需总投资及其构成进行预测和估计。

生产能力指数法是指依据已建成的类似项目的生产能力和投资额，估算拟建项目投资的方法。

系数估算法是指以拟建项目的主体工程费或主要设备购置费为基数，以其他工程费与主体工程费或设备购置费的百分比为系数，估算拟建项目总投资及其构成的方法。

指标估算法是指依据投资估算指标，对各单位工程或单项工程费用进行估算，进而估算建设项目总投资的方法。

流动资金分项详细估算法是指根据项目的流动资产和流动负债，估算项目所占用流动资金的方法。

流动资金的扩大指标估算法是指参照同类企业流动资金占营业收入或经营成本的比例，或者单位产量占用营运资金的数额估算流动资金的方法。

五、设计阶段术语

设计概算是指以初步设计文件为依据，按照规定的程序、方法和依据，对建设项目总投资及其构成进行的概略计算。

总概算是指以初步设计文件为依据，在单项工程综合概算的基础上计算建设项目概算总投资的成果文件。

单项工程综合概算是指以初步设计文件为依据，在单位工程概算的基础上汇总单项工程费用的成果文件。

单位工程概算是指以初步设计文件为依据，按照规定的程序、方法和依据，计算单位工程费用的成果文件。

概算定额法是指利用概算定额编制单位工程概算的方法。

概算指标法是指利用概算指标编制单位工程概算的方法。

类似工程预算法是指利用技术条件相似的工程的预算或结算资料，编制拟建单位工程概算的方法。

施工图预算是指以施工图设计文件为依据，按照规定的程序、方法和依据，在工程施工前对工程项目的工程费用进行的预测与计算。

六、招投标阶段术语

招标控制价是指招标人根据国家或省级建设行政主管部门颁发的有关计价依据和办法，依据拟订的招标文件和招标工程量清单，结合工程具体情况发布的招标工程的最高投标限价。

投标价是指投标人投标时响应招标文件要求所报出的，在已标价工程量清单中标明的总价。

标底是指招标人对招标项目所计算的一个期望交易价格。

签约合同价是指发承包双方在合同中约定的工程造价，包括分部分项工程费、措施项目费、其他项目费、规费和税金的合同总金额。

不平衡报价是指在工程项目的投标总价确定后，通过对单价的调整获得最佳收益的一种投标报价方法。

总价合同是指发承包双方约定以施工图及其预算和有关条件进行合同价款计算、

调整和确认的建设工程施工合同。

单价合同是指发承包双方约定以工程量清单及其综合单价进行合同价款计算、调整和确认的建设工程施工合同。

成本加酬金合同是指发承包双方约定，以施工工程成本加合同约定酬金进行合同价款计算、调整和确认的建设工程施工合同。

七、施工阶段术语

工程预付款是指由发包人按照合同约定，在正式开工前预先支付给承包人，用于购买工程施工所需的材料及组织施工机械和人员进场的价款。

工程进度款是指发包人在合同工程施工过程中，按照合同约定对付款周期内承包人完成的合同价款给予支付的款项，也是合同价款期中结算支付。

工程计量是指发承包双方根据合同约定，对承包人完成合同工程的数量进行的计算和确认。

工程变更是指合同实施过程中由发包人提出或由承包人提出，经发包人批准的对合同工程的工作内容、工程数量、质量要求、施工顺序与时间、施工条件、施工工艺或其他特征及合同条件等的改变。

工程索赔是指工程承包合同履行中，当事人一方因非己方的原因而遭受经济损失或工期延误，按照合同约定或法律规定，应由对方承担责任，而向对方提出工期和（或）费用补偿要求的行为。

工期索赔是指工程承包合同履行中，由于非承包人原因造成工期延误，按照合同约定或法律规定，由承包人向发包人提出合同工期补偿要求的行为。

费用索赔是指工程承包合同履行中，当事人一方因非己方的原因而遭受费用损失，按合同约定或法律规定应由对方承担责任，而向对方提出增加费用要求的行为。

现场签证是指发包人现场代表（或其授权的监理人、工程造价咨询人）与承包人现场代表就施工过程中涉及的责任事件所做的签认证明。

工程结算是指发承包双方根据国家有关法律法规规定和合同约定，对合同工程实施中、终止时、已完工后的工程项目进行的合同价款计算、调整和确认。

竣工结算是指发承包双方根据国家有关法律法规规定和合同约定，在承包人完成合同约定的全部工作后，对最终工程价款的调整和确定。

质量保证金是指合同约定的从承包人的工程款中预留，用以保证在缺陷责任期内履行缺陷修复义务的资金。

投资偏差是指因为价格的变化引起的工程投资实际值与计划值的差额。

进度偏差是指已完工程的实际时间与计划时间的差异，或因为进度原因引起的工程投资的实际值与计划值的差额。

第二节 工程造价概述

从投资者角度来看，工程造价就是工程的建设成本，即为建设项目而预计或实际支付的所有固定资产投资成本。从这个角度而言，工程造价就是工程投资成本，建设工程造价就是建设工程的固定资产投资。根据法律以及相关标准规定的程序和方法，结合项目估价定额、项目造价信息、项目计量和估价标准等，对项目成本及其内容进行预测活动。在项目最终会计期间计算项目的实际成本，对照概预算分析，为项目创建成本管理方案。

工程造价成果文件是指向委托方出具的、具有法律责任并反映各阶段工程造价控制成果的文件，包括竣工结算书、设计概算书、工程量清单、招标控制价、施工图预算书等文件。工程造价员是按照国家、省市行业规范标准及企业标准，遵守执业资格管理规定，从事建设工程计价活动的管理人员。造价管理是指依据法律法规和有关合同、技术标准、规章和规范，对建设项目建设全过程所实施的监督、控制、反馈、管理、经济评价、方案优选等活动。误差率是指造价成果文件中审查出编制错误的累计金额和最终修正后造价总额的比。

一、工程概算

工程概算是指建设项目在初步设计阶段，计算工程投资与造价的设计文件。设计概算是在工程初步设计阶段，由设计部门或外包的设计单位，根据工程初步设计对工程完成定量情况（包括规模定额和各类指标）、工程量计算的规则、材料和设备的预计单价、工程项目建设的主管部门或单位颁发的费用预定额度或取费标准等相关资料，预先计算项目从筹建阶段直至交付使用的全过程所耗费用，并编制概算书，即大概计算工程项目建设的总费用。

工程概算的主要作用是确定、控制基本建设等投资的标准，确定项目可投资的最高额度，是工程招投标的参考依据，是核定贷款额度的参考依据，是分析设计的经济合理性的考核依据。在项目技术性设计阶段，由于设计的内容和初步设计不可避免会有差异，设计部门应对项目耗资进行进一步且更加具体的核算，对初步设计概算造价的结果进行修正，修正后形成的经济文件就是修正概算的内容。初步的设计概算与修正概算的作用是相同的。一般情况下，初步设计和工程概算一同接受监管部门组织的专业技术审查。

二、工程预算

工程预算是对工程项目在未来一定时期内收入、支出情况所做的计划，是根据已通过施工图设计文件审查和网上审批备案的施工图、施工组织设计、已有的工程预算定额、工程量计算的规则、施工材料与设备的预算单价和各类取费标准等，估计并测算得出的工程项目建设总费用、各环节费用和分类费用形成的经济文件。设计单位或施工单位根据需要建设的工程项目施工图，结合建筑安装工程预算定额、收取费用标准、施工组织设计以及施工方案等有关基础资料，计算工程预算价格，即预算造价，称为工程预算，也可以称作施工图预算。

工程预算可为签订承发包合同、编制标底、结算工程价款、编制施工计划和投标文件等提供依据，在确定工程造价、考核工程成本时可作为重要参考。

工程概算容易与工程预算的概念混淆，但二者有很大区别：①概预算的编制主体不同，编制概算的只能是施工图设计方或造价咨询的第三方机构，但是预算可以由设计方、施工方和造价咨询方三方编制。②概算是参照初步设计文件和概算定额计算的，而预算参照的是施工图和预算定额。③概算的精度低于预算，通常会与实际偏差5%～10%，预算的准确性更高，与实际偏差通常在3%～5%，一般项目的预算不能超过概算。④项目在初步设计阶段进行概算编制，形成文件向国家和地区报批投资审批后编制固定资产计划，为控制建设项目投资提供参考；施工图设计阶段进行预算编制，预算作为工程价款的标底，代表了工程建设项目的价格。⑤概算应该包括项目建设（从筹建到竣工验收）的全部费用，预算不包括准备阶段的费用，如生产职工培训费、勘察和征地费用等。⑥一般情况下，决算包括了结算，结算是决算的基础，预算应当大于决算，概算应当大于预算，估算应当大于概算。

概算（预算）精度高是指工程概算（预算）与竣工结算时的实际造价相差不大，差距越小精度越高。

三、工程造价的构成

建设投资是为完成工程项目建设，在建设期内投入且形成现金流出的全部费用，是工程造价的主要构成部分。根据国家发展改革委和建设部发布的《建设项目经济评价方法与参数（第三版）》的规定，建设投资包括工程费用、工程建设其他费用和预备费三个部分。工程费用是指建设期内直接用于工程建造、设备购置及其安装的建设投资，可以分为建筑安装工程费和设备及工器具购置费；工程建设其他费用是指建设期发生的与土地使用权取得、整个工程项目建设以及未来生产经营有关的构成建设投资但不包括在工程费用中的费用；预备费是在建设期内为各种不可预见因素的变化而预留的可能增加的费用，包括基本预备费和价差预备费（图1-1）。

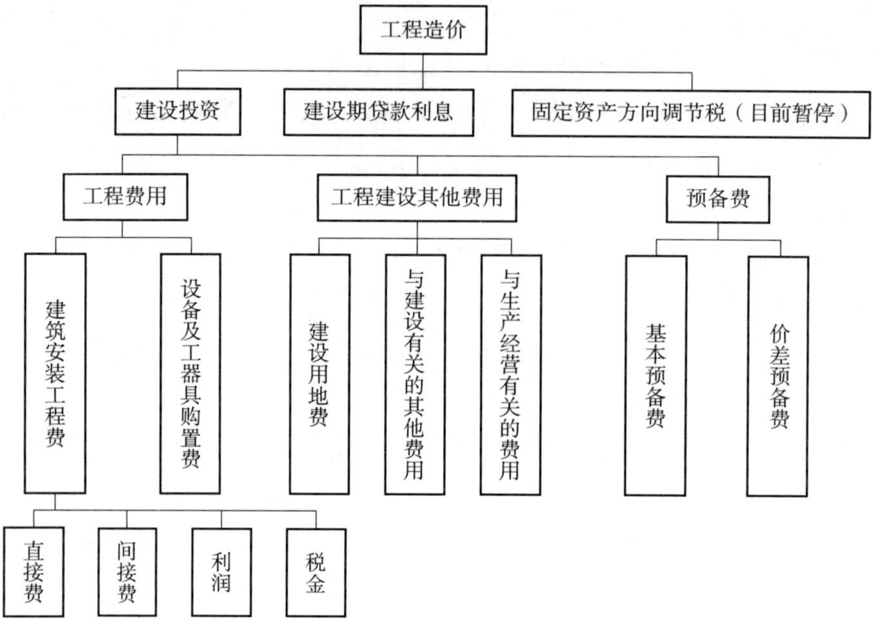

图 1–1　工程造价的构成

按费用要素组成，工程造价可分为人工费、材料费、施工机具使用费、企业管理费、利润、规费和税金（图 1–2）。

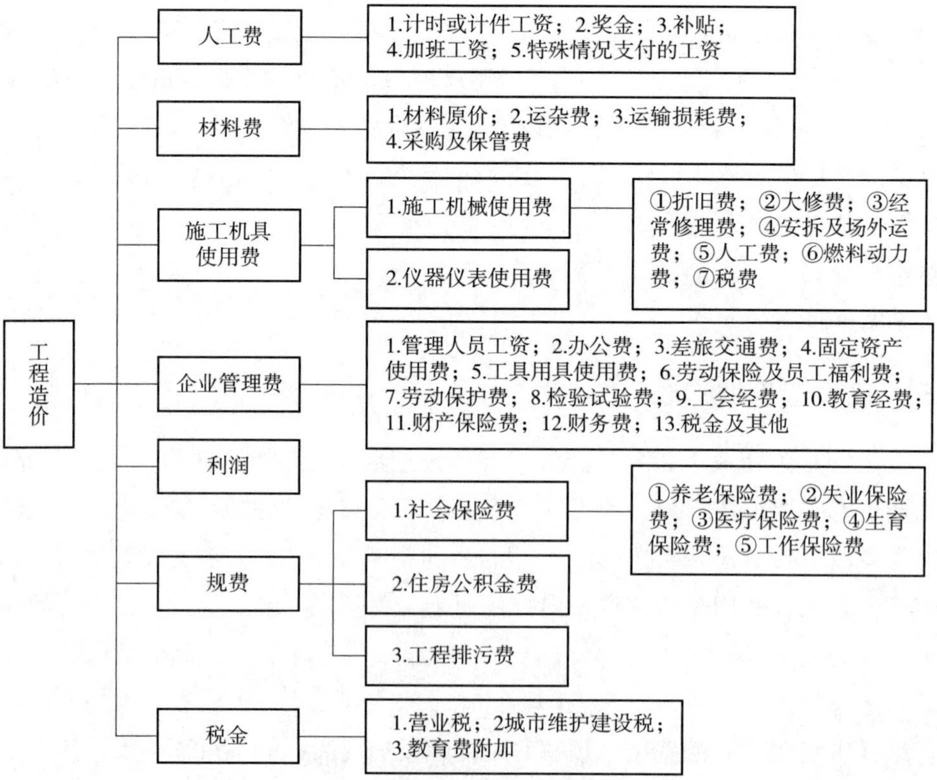

图 1–2　现行工程造价的构成（按费用要素组成）

按工程造价的形成，又可分为分部工程费、措施项目费、其他项目费、规费、税金；其中分部工程费、措施项目费、其他项目费包含人工费、材料费、施工机具使用费、企业管理费、利润。

四、工程定额体系

工程定额体系是一个综合概念，是工程建设中各类定额的总称，包括在工程建设中产生单位工艺的人工、材料、机械、资金消耗上规定的标准或消耗的规定额度。它反映在一定社会生产力发展的条件下，完成工程建设中某项工艺与各种生产消费之间的特定的数量关系。定额的编制有一定周期性，在新定额未颁布以前，为了合理、正确地反映工程造价和经济效益，在现行使用的概预算定额基础上，制定了部颁补充定额、地区补充定额和部分工程项目的一次性补充定额等。

五、工程造价的特点

（1）工程造价的大额性。能够发挥投资效用的任一项工程，不仅实物形体庞大，而且造价高昂。工程造价的大额性关系到各方面的重大经济利益，同时也会对宏观经济产生重大影响。这就决定了工程造价的特殊地位，也体现了造价管理的重要意义。

（2）工程造价的个别性、差异性。任何一项工程都有特定的用途、功能、规模。因此，对每一项工程的结构、造型、空间分割、设备配置和内外装饰都有具体的要求，从而使工程内容和实物形态都具有个别性、差异性。产品的差异性决定了工程造价的个别性差异。同时，每项工程所处地区、地段都不相同，使工程造价的这一特点得到了强化。

（3）工程造价的动态性。任何一项工程从决策到竣工交付使用，都有一个较长的建设期，而且由于不可控因素的影响，在预计工期内，许多影响工程造价的动态因素（如工程变更，设备材料价格，工资标准以及费率、利率、汇率）会发生变化。这种变化必然会导致工程造价发生变动。所以，工程造价在整个建设期中处于不确定状态，直至竣工决算后才能最终确定工程的实际造价。

（4）工程造价的层次性。工程造价的层次性取决于工程的层次性。一个建设项目往往含有多个能够独立发挥设计效能的单项工程。一个单项工程又是由能够各自发挥专业效能的多个单位工程组成。因此，工程造价有 3 个层次：建设项目总造价、单项工程造价和单位工程造价。如果专业分工更细，单位工程（如土建工程）的组成部分分部分项工程也可以成为交换对象，如大型土方工程、基础工程、装饰工程等，这样工程造价的层次就增加了分部工程造价和分项工程造价，具有 5 个层次。即使从造价的计算和工程管理的角度来看，工程造价的层次性也是非常突出的。

（5）工程造价的兼容性。工程造价的兼容性除了其含义上的兼容，还有其构成上的兼容，其构成因素不仅繁多，而且比较复杂。

六、工程造价职能

工程造价除具有价格职能外，还具有以下职能：

（1）工程造价的预测职能。由于工程造价具有动态性和大额性，无论是投资者还是承包商都要事先对拟建工程造价进行预测。投资者对工程造价的合理测算，不仅可以成为项目决策的依据，同时也是资金筹备、控制建设成本的实际需要。承包商对工程造价的预测，既可以成为投标决策的依据，也可以为投标报价与成本管理提供参考。

（2）工程造价的控制职能。工程造价一方面可以对投资进行控制，在投资的各个阶段，根据对造价的多次预估，对造价进行全过程、多层次的控制；另一方面可以对以承包商为代表的商品和劳务供应企业的成本进行控制，在价格一定的条件下，企业实际成本开支决定企业的盈利水平，成本越低，盈利越高。

（3）工程造价的评价职能。工程造价既是评价投资合理性和投资效益的主要依据，也是评价土地价格、建筑安装工程产品和设备价格合理性的依据，还是评价建设项目偿还贷款能力、获利能力和宏观效益的重要依据。

（4）工程造价的调控职能。由于建设工程直接关系到经济增长、资源分配和资金流向，对国计民生都有重大影响，所以国家会对建设规模、结构进行宏观调控。这些调控都是以工程造价为经济杠杆，对工程建设中的物质消耗水平、建设规模、投资方向等进行调控和管理。

第三节　工程造价管理

一、工程造价管理的内涵

工程造价管理指的是在一定社会背景下，以当前工程造价变化规律与运行特点为标准，结合科学技术原理与国家法律法规，对在工程造价过程中出现的技术问题、经济问题、运行问题、管理问题等进行处理，争取使现有人力、物力、财务配置实现最佳，力求获得最高经济收益的过程。工程造价管理的重点是明确与控制。

二、工程造价管理应用场景

通常，工程造价管理的依据是各类工程项目建设与管理经验，因此表现出事先性、动态性和综合性。这也要求从事工程造价的管理者应该具有丰富的工程造价经验和项目经验。从工程建设项目特征出发，按照已有的相对成熟的经验，以工程项目实施过程中直接消耗费用为对象进行货币计量，对工程项目全生命周期进行系统预测、计划、控制和核算，以达到工程建设成本最小化和价值最大化。

三、工程造价管理典型特征

工程造价管理表现出事先性、动态性和综合性。

（1）工程造价管理的事先性。与非工程类的项目成本核算不同，工程建设项目造价管理具有一次性特征，尤其体现在造价管理活动是在不重复的过程中进行的，任何管理上的失误，都可能给项目建设带来不必要且重大的经济损失。因此，工程项目应实施主动和自发的造价管理，从项目启动开始介入进行必要的管控，最终完成工程项目的建设任务。

（2）工程造价管理的动态性。工程项目建设过程具有动态性，工程造价随项目推进及内外部环境的变化会有所变动。工程项目造价管理除按事先预定的造价控制目标进行管控外，还需要根据环境的变化进行动态调整，对项目建设过程进行全过程的监控和调整。工程造价的影响因素很多，如材料市场变动、工程设计变更、施工进度延误等，因此需要进行相应的动态管理。

（3）工程造价管理的综合性。工程造价管理需要系统管控，不仅需要依靠项目部进行简单的造价核算和管理，更需要建立系统的造价管理体系，将技术、财务、人力等相关部门纳入管理系统，对工程进度、质量、资金等进行有效管理，实现造价综合管理和优化目标。

第二章　工程造价基础

第一节　工程造价的建立

一、确定工程造价

工程建设项目不同阶段均需分别开展投资估算、预算、承包价格、结算价格、竣工价格等不同项目的评价。项目可行性研究上报发改部门审批立项，初步设计上报行业主管部门评审，施工图设计由图审机构审查并上网备案获得二维码信息，由此形成的预算可以作为招标控制价，开展工程建设承包采购工作。工程建设流程与造价的关系见图 2–1。

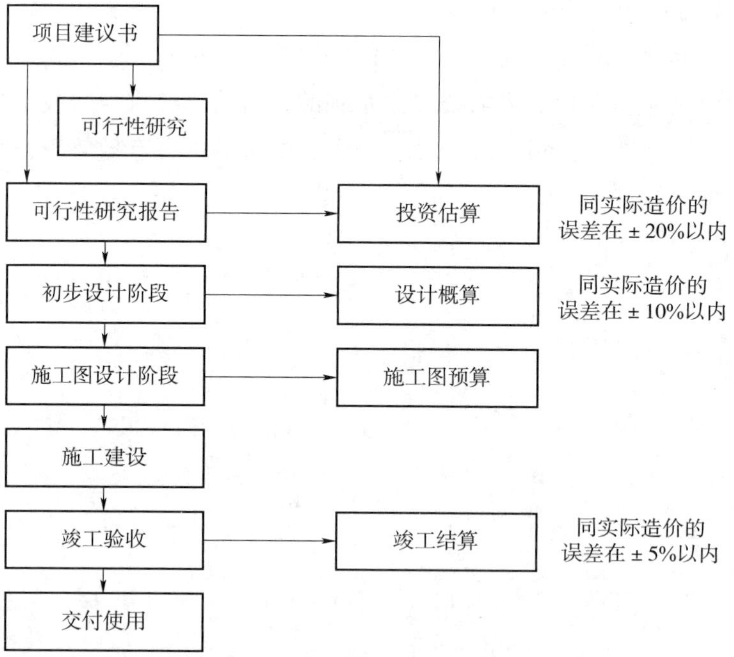

图 2–1　工程建设流程与造价关系

（一）可行性研究阶段

对于新建工程项目，主要从项目建议书、设计方案和可行性研究来开展论证决策工作。根据项目的难易程度、时效等外部环境条件，选择性或逐一推进实施项目建议书、方案设计和可行性研究报告的编制；对新建工程提出不同设计方案，对每个设计方案编制投资估算，综合评价每个方案的优劣，为决策提供实质有效的建议。可行性研究会影响工程项目的立项和工程投资的效益。

（二）项目设计阶段

项目设计阶段主要是初步设计和施工图阶段。初步设计阶段需要编制的是初步设计概算，而编制的初步设计概算必须在投资估算的范围内，不能超出合理的范围，相关部门批复的初步设计概算是拟建工程项目的最高控制价；施工图阶段需要编制的是施工图预算，施工图预算也必须在初步设计概算的投资范围以内，在得到了详细的工程地质资料的情况下，优化设计方案。

（三）项目实施阶段

项目实施阶段主要是招投标阶段和工程的实施阶段。招投标阶段以施工图预算作为最高的投标限价，施工单位的施工承包合同价以工程项目的建筑安装工程费用为基准。到了工程的实施阶段，施工单位以签订的合同额为基础，再加上施工阶段发生的设计变更和现场签证，考虑物价变动的费用因素，最后确定工程最终造价。由于这个阶段的管理工作比较详细，涉及的单位较多，对工程造价的影响程度可达到 10%。在工程造价的动态控制过程中，要以承包合同金额为工程造价控制的目标，要对工程造价影响因素加以控制。

（四）项目投产阶段

项目投产阶段可以对整个工程建设的全部费用进行汇总，得到项目实际工程造价。建设单位可以对项目工程造价进行对比分析，核查各类费用及合同额、施工图预算、初步设计概算，再进行横向分析，找出工程造价的问题，确定项目的总造价是否合理，分析原因以及改进措施。

工程造价的管理是从项目的决策阶段开始到整个项目的竣工验收。整个过程中需动态、有效地控制工程造价。工程项目的前一个阶段对后一个阶段有控制和制约的作用，而后一个阶段又是对前一个阶段进行详细补充的过程，阶段之间是相互制约和相互补充的关系。这说明决策阶段形成的项目工程造价投资估算对整个项目的进行起到了决定性的作用。由此可知，加强对项目前期工程造价投资估算的管理，就可以保证每一个阶段的工程造价被控制在一个合理的范围内，实现最终的工程造价投资估算管理目标。

二、控制工程造价

控制工程造价需要抓住重点，以工程设计为核心开展造价控制工作，同时重视提高造价控制的主动意识，必须应用技术手段与经济手段来实现造价控制的目标。

（1）以工程设计为核心开展造价控制工作。工程造价控制不可能集中于工程施工的每个环节，但工程设计阶段的造价控制至关重要。工程前期决策与设计阶段是工程造价控制的重中之重，在确定项目投资以后，设计则成为工程造价控制的首要环节。只有结合工程实际情况设计出高质量的施工图，才能创造更高的经济收益。在过去较长时期内，人们通常认为施工阶段的造价控制是重点，而没有意识到工程项目施工前造价控制的重要性。建设工程的造价控制贯穿于项目的全过程，即项目决策阶段、项目设计阶段、项目实施阶段和竣工阶段都关系到建设项目的造价控制。相关统计资料显示，在项目决策阶段及设计阶段，影响建设项目造价的可能性为30%～75%；而在实施阶段，影响建设项目造价的可能性仅为5%～25%。显而易见，控制工程造价的关键就在于项目实施之前的项目决策和设计阶段，项目决策是决定因素，而设计则是关键因素。

（2）提高工程造价控制的主动意识。在过去较长时期内，工程造价控制过于被动，在调查、分析、决策方面投入了过多的人力、物力，而取得的效果不佳，导致出现了大量差异。为了使目标值与实际值高度吻合，在工程造价控制工作中必须主动出击，提高控制的主动性。工程造价控制要求在确定工程投资、设计、发包、施工等各个环节提高主动性，合理控制工程价格。

（3）工程造价控制必须应用技术手段与经济手段。要想将工程造价控制在一个合理的范围内，就要致力于组织设计、技术引进、经济投入等各个环节，全面制定针对性措施。建设工程造价的确定与投资控制的实质就是运用科学技术原理和经济、法律手段，解决工程建设活动中的技术与经济、经营与管理等实际问题。只有在项目建设的各个阶段，采用科学的计价方法和切合实际的计价依据，合理确定投资估算、初步设计概算和施工图预算，才能提高投资效益。工程造价的有效控制贯穿于项目建设的全过程。只要我们抓住重点环节，采取技术与经济相结合且切实可行的措施，采取主动控制替代事后控制的做法，以人为本，不断提高人的业务能力，加强人的责任心，端正人的工作态度，充分发挥人的主观能动性，就必然能够实现工程造价的有效控制。

三、工程计价特征

工程计价是指使用计量与计价规范计算项目投资费用，即造价人员根据项目各个建设阶段的不同要求，遵循国家颁布的计量与计价规范和计价办法，计算项目的工程造价。工程计价是工程造价管理的基础，若不能准确计算出价格则会影响后期控制。工程计价的主要特征如下：

（一）单件性

受性能、结构、形状、体积和面积等诸多因素的影响，不同建设项目的个体存在差异，导致建设工程的单位价值不同，也因此导致了工程造价的不统一性，只能根据概算、预算、合同价格、结算价格，结合各个项目的特殊性，完成最后定价。

（二）多次性

建设工程存在耗时长、涉及阶段较多的特点。要想做好各个阶段的成本控制、管理工作，需要对建设项目各阶段的费用依据规程和规范反复、多次计算（图 2-2）。

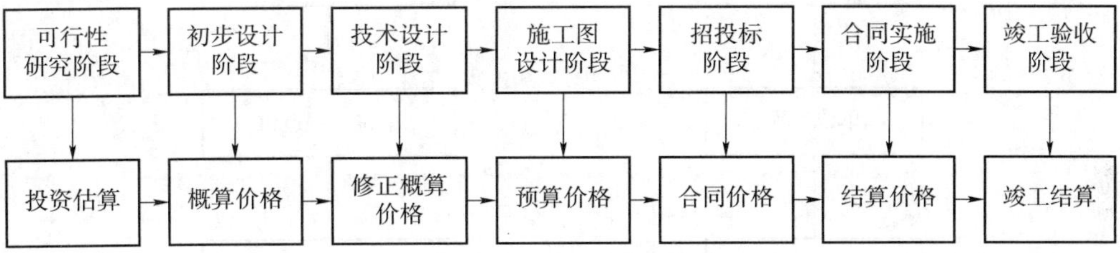

图 2-2　工程多次性计价示意

（三）方法的多样性

在项目建设过程中，由于使用的材料、成品的质量、人员的技能、技术娴熟程度等方面存在差异，加上生产管理水平参差不齐，最终造成建设工程质量不同，出现尽管在类别、功能、标准、工期等方面都颇具相似度的工程项目，但市场价格却大有不同的情况，因此，选择多样性的计价办法是有必要的。

（四）计价依据的复杂性

工程造价计价影响因素众多，且计价依据繁杂，人、材、机等实物消耗量以及设备和工程量均是工程造价的计价依据。工程项目要依照计价依据、规程规范、税收和价格指数等进行基础单价的计算。

（五）组合性

组合性是指工程造价的计算是分部组合而成的，这一特征和建设项目的组合性有关。建设项目是一个工程综合体，这个综合体可以分解成许多有内在联系的独立工程和非独立工程。从计价和工程管理的角度来看，分部分项工程还可以分解。因此，建设项目的组合性决定了计价的过程是一个逐步组合的过程。这一特征在计算概算造价和预算造价时尤为明显，所以也反映到合同价和结算价中。其计算顺序为子项工程造价、分项工程造价、分部工程单价、单位工程造价、单项工程造价、建设项目总造价（图 2–3）。

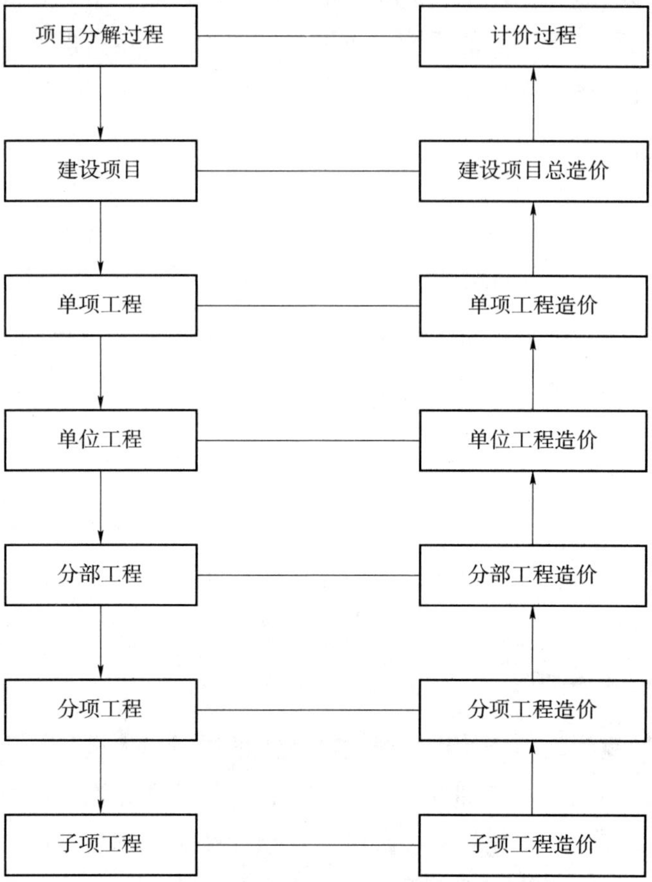

图 2–3　建设工程计价的组合分解

第二节　工程造价的构成

我国现行的工程造价包含设备及工器具购置费用、建筑安装工程费用、工程建设其他费用、预备费、建设期贷款利息、固定资产投资方向调节税（图 2–4）。

工程造价各阶段的情况见图 2–5。

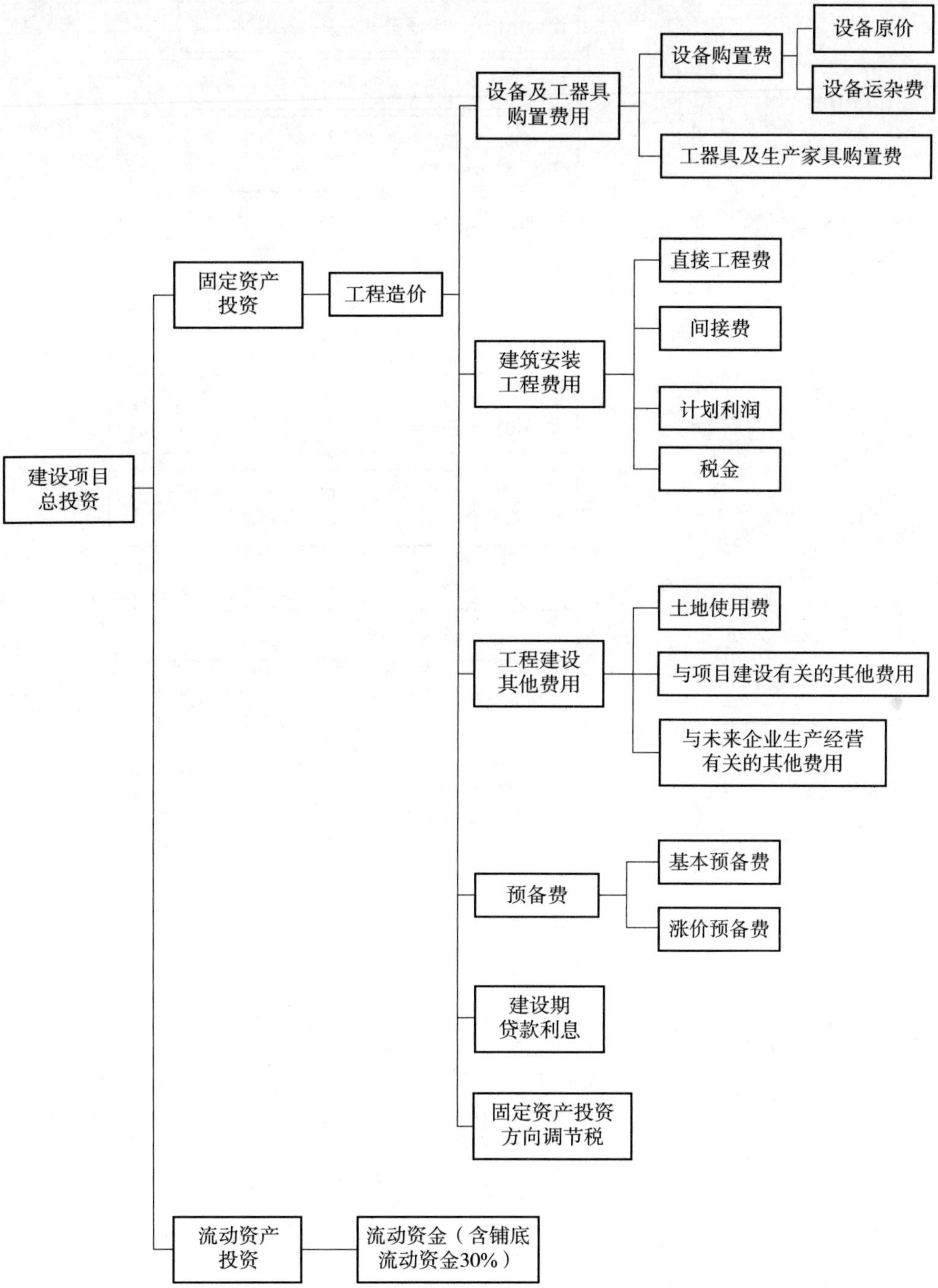

图 2-4　我国现行建设项目总投资的构成

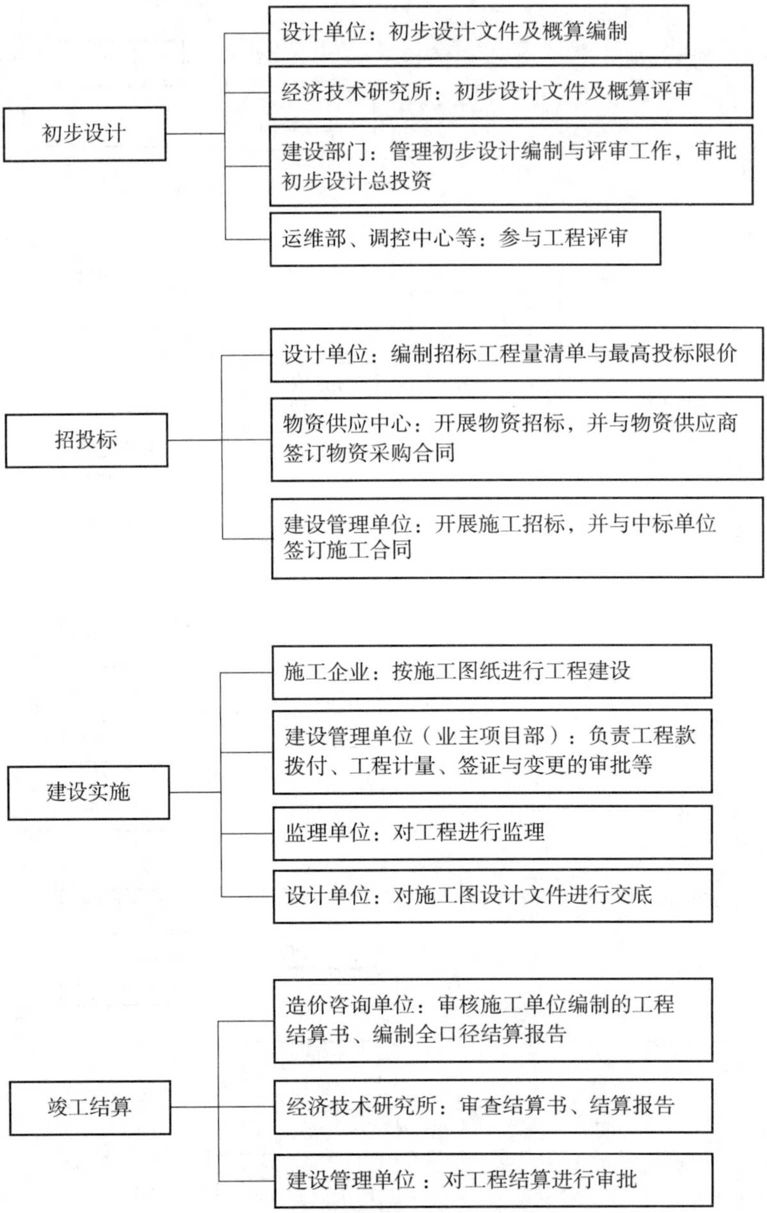

图 2–5　工程造价各阶段情况

清单计价模式下的建筑安装工程造价包含以下四部分费用：分部分项工程费、措施费、其他项目费、规费及税金（图 2–6）。

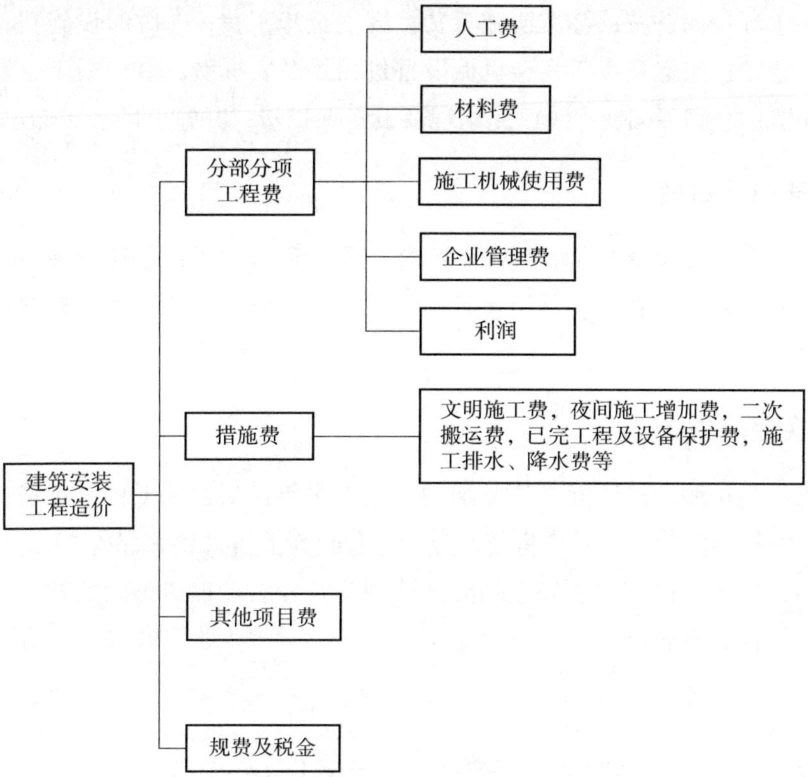

图 2-6　清单计价模式下的建筑安装工程造价构成

一、分部分项工程费

分部分项工程费包含人工费、材料费、施工机械使用费、企业管理费、利润。

（1）人工费指的是直接支付给建筑安装工程建设施工工人的总费用。

（2）材料费指的是支付在建设施工生产过程中的原材料、辅助材料、构配件、零件、半成品的总费用。

（3）施工机械使用费又称机械费，指的是支付在建设施工生产过程中的机械使用、机械安装拆除和场外运输等总费用。

（4）企业管理费指的是发生在建筑安装企业组织建设施工生产和经营管理过程中的总费用。

（5）利润指的是建设施工企业在完成其全部承包建设施工作业时所取得的盈利。

二、措施费

措施费又称措施项目费，是为了保证完成建设工程项目施工而产生的在工程施工前、施工过程中和施工后的非工程项目的直接费用。这些各个专业工程的专用措施项目费用一般是由国务院和各个地区的有关部门及其授权的工程造价管理机构进行编制，主要包括：①环境保护费；②文明施工费；③安全施工费；④临时设施费；⑤夜间施工增加费；⑥二次搬运费；⑦大型机械设备进出场及安拆费；⑧混凝土、钢筋混凝土模板及支架费；⑨脚手架费；⑩已完工程及设备保护费；⑪施工排水、降水费。

三、其他项目费

其他项目费主要包括：①暂列金额；②专业工程暂估价；③计日工；④总承包服务费；⑤材料检验试验费；⑥预算包干费；⑦工程优质费；⑧其他项目费；⑨现场签证；⑩索赔。

四、规费及税金

规费指的是按照法律法规必须缴纳的费用，主要包括：①工程排污费；②工程定额测定费；③社会保障费；④住房公积金；⑤危险作业意外伤害保险。

税金指的是按照国家税法规定的应计算到建筑安装工程造价内的营业税、城市维护建设税和教育费附加等。

第三节　建设工程项目的组成

建设工程项目由若干个单项工程、单位工程、分部工程、分项工程构成。正确认识建设工程项目的组成，对研究工程计量及工程造价的确定和控制具有重要作用。

一、单项工程

单项工程是指具有独立的设计文件，竣工后能独立发挥生产能力或效益的工程。一个建设项目可包含一个或多个单项工程。单项工程一般包含建筑工程与安装工程。单项工程的工程量与工程造价分别由构成该单项工程的各单位工程的工程量和工程造价的总和组成。

二、单位工程

单位工程是单项工程的组成部分，在单项工程中具有一定的独立性，主要表现在设计图纸独立、施工条件独立、组织施工独立，但是完工之后并不能独立发挥生产能力或效益。若干个不同专业的单位工程组成一项单项工程，这些单位工程可以概括为两大类，即建筑工程和设备安装工程。

三、分部工程

分部工程是按照单位工程中不同的施工方式、部位、设备种类和材料，从单位工程中划分出来的中间产品。土建工程的分部工程是按建筑工程的主要部位划分的，如基础工程、主体工程、装饰工程、防水工程等。安装工程的分部工程按工程的种类与部位划分，如管道工程、电气工程、通风工程和设备安装工程等。

四、分项工程

通过较为简单的施工过程就可以生产出来，并可以利用某种计量单位计算的最基本的中间产品称为分项工程。土建工程的分项工程按建筑工程的主要工程划分，包括土石方工程、混凝土工程、抹灰工程等。安装工程的分项工程按用途或输送不同介质、物料和材料、设备的组别划分。

第四节　工程量清单

一、工程量清单的概念和内容

相对于传统的定额计价方法，工程量清单是一种新的计价模式，根据市场供求情况、信息状况进行自由竞价，从而确定工程合同价格，签订工程合同。在计价过程中，工程量清单为市场交易双方提供了一个对等的平台。全过程造价审计中招投标阶段的工作正是建立在工程量清单的基础上。

工程量清单是表现拟建工程的分部分项工程项目、措施项目、其他项目名称和相应数量的明细清单。它是按照招标要求和施工设计图纸要求，将拟建招标工程的全部项目和内容，依据统一的工程量计算规则和工程量清单项目编制规则，计算拟建招标工程的分部分项工程数量的文件。

工程量清单是由招标人发出的一套注有拟建工程各实物工程名称、性质、特征、单位、数量及开办项目、税费等的相关表格组成的文件，编制人是招标人或其委托的工程造价咨询单位。一经中标且签订合同，工程量清单即成为合同的组成部分，因此无论招标人还是投标人都应该慎重对待工程量清单。工程量清单的描述对象是拟建工程，其内容涉及清单项目的性质、数量等，并以表格为主要表现形式。工程量清单主要包括工程量清单封面、工程量清单总说明和工程量清单表。

二、工程量清单计价操作程序

工程量清单作为一种市场定价模式，主要在工程项目的招投标过程中使用。工程项目招标一般包括招标、投标、评标三个阶段。

（1）工程项目招标阶段。招标人在工程方案、初步设计或部分施工图设计完成后，即可委托标底编制单位（或招标代理单位）按照统一的工程量计算规则，以单位工程为对象，计算并列出各分部分项工程的工程量清单，作为招标文件的组成部分发放给各个投标人。其工程量清单的粗细程度、准确程度取决于工程的设计深度及编制人员的技术水平和经验。在分部分项工程量清单中，项目编号、项目名称、计量单位和工程数量等项目由招标人根据全国统一的工程量清单项目设置规则和计量规则填写。单价与合价由投标人根据自己的施工组织设计以及招标单位对工程的质量要求等因素综合评定后填写。

（2）投标单位做标书阶段。投标单位收到招标文件后，首先要对招标文件进行彻底的分析研究，对图纸进行透彻的理解。其次要对招标文件中所列的工程量清单进行审核，同时在招标单位允许的情况下，将工程量清单内所列的各个工程项目的工程量误差较大的，通过招标单位答疑会提出调整意见，取得招标单位同意后进行调整；如果招标单位不允许调整工程量，投标单位仍需要进行详细审核，发现这些项目有误差甚至有较大误差时，可以利用调整项目单价的办法解决。最后进行工程量套用单价及汇总计算。一般情况下，单价采用的是综合单价，即工程量清单的综合单价综合了人工费、材料费、管理费、利润，并考虑了风险因素。

（3）评标阶段。在评标时对投标单位最终报价以及分项工程的综合单价的合理性进行评分。采用工程量清单计价办法，可以使所有投标单位都站在同一起跑线上，更为公平、合理，而且一般情况下在评标时应坚持倾向于合理低价中标的原则。低价中标要求确保工程质量，不得降低工程质量标准等级。

三、工程量清单的编制

工程量是指工程的数量，具体含义为以物理计量单位（如 m、m^2、m^3 等）来表示或以自然计量单位（如个、根、套等）来表示在建筑工程中各个分部分项工程的数量。

工程量的计算是工程造价基本建设的核心任务，也是首要工作。工程量清单计价要点如下：

（1）工程量清单中每一个分部分项都有一个综合单价报价，该综合单价包含子项目造价中将会涉及的人工费、机械使用费、材料费、管理费、利润以及一定的风险费，便于项目后期的造价管理。

（2）工程量清单中提供了每个子项目的具体工作内容，供应商依据市场行情和自身承接能力做好各子项目的报价分析，并提供给招标方一个最终的价格，从侧面也体现了供应商的综合实力，有助于挑选出报价最优的投标方。

（3）工程量清单是项目合同的重要部分，与所签合同拥有同等的法律效力，双方就项目合同和工程量清单进行签字确认后，后期关于工程量清单中的内容和综合单价是不予更改和变动的（招标文件和合同约定可调价主材除外），待项目竣工结算后相关人员只需要根据工程量清单的内容进行审批确认，从而保证竣工结算时子项目金额审批确认的一致性，避免因造价不清晰而产生工程纠纷。

（4）工程量清单将项目中各子项目的内容清晰、完整地列举出来，能够清楚地了解该分部分项项目的造价，避免各投标方在招投标过程中为了中标而盲目压价，甚至采取弄虚作假的行为，影响项目造价的真实性和可靠性。

四、定额计价与工程量清单计价

造价核算方式主要有两种：定额计价模式和工程量清单计价模式。根据工程市场的发展要求，带有浓烈计划经济色彩的定额计价模式正在逐步退出市场，工程量清单计价模式成为我国工程造价主流模式，工程审计的对象主体也开始向工程量清单计价模式转变。

定额计价方式是一种政府直接管理和调控工程价格的计价模式。我国的定额计价模式沿用了苏联的工程造价计算模式，带有浓烈的计划经济色彩，工程中使用的工程预算定额根据国家各级建设行政部门发布的定额价格为准，根据施工图纸计算工程量计取费用后得出工程造价。

工程量清单计价方式是一种由市场定价的计价模式，2003 年开始在全国推广，并逐步成为我国工程领域的主要计价模式。工程量清单计价的依据是工程量清单和定额，其中定额部分是根据管理水平和技术能力，同时结合工程实际的技术措施、现场条件给出的市场价格。

工程量清单计价与定额计价比较见表 2-1。

表 2-1　工程量清单计价与定额计价比较

项目	工程量清单计价法	定额计价法
编制工程量清单	由招标单位统一计算	招标、投标分别按图计算
编制工程量清单的时间	必须在发出招标文件前编制	发出招标文件后编制
计价表现形式	综合单价形式，包括人工费、材料费、机械使用费、管理费、利润，并考虑风险因素	一般是总价形式

续表

项目	工程量清单计价法	定额计价法
编制依据	标底的编制： 1. 根据招标文件中的工程量清单和有关要求； 2. 根据施工现场情况； 3. 根据合理的施工方法； 4. 根据有关部门制定的工程造价计价办法	依据图纸： 1. 根据建设行政主管部门颁发的预算定额计算人工费、材料费、机械费； 2. 人工、机械价格依据定额，材料价格依据工程造价管理部门发布的价格信息进行计算
费用组成	1. 分部分项工程费、措施费、其他项目费、规费及税金； 2. 工程量清单中没有体现而施工中又必须发生的工程内容所需费用； 3. 风险因素增加的费用； 4. 完成每项工程包含的全部工程内容的费用	由直接工程费、现场经费、间接费、利润、税金组成
评标采用方法	采用工程量清单计价法投标，一般采用合理低价报价中标法。既要对总报价进行评分，又要对综合单价进行分析评分	预算定额计价，一般采用百分制评分法
项目编号	全国统一编码	采用预算定额项目编码，全国各省（区、市）采用不同的定额子目
合同调整方式	工程量清单计价不能随意调整	调整方式：变更签证、定额解释、政策性调整
计算工程量时间	1. 在初步设计完成后开始招标的情况下，承包商根据报价的工程量清单中各项工作内容下的工程量（一般为概算工程量）计算； 2. 施工图完成后的清单计价	1. 在规划阶段进行估算； 2. 在初步设计完成后进行概算； 3. 施工图预算
投标工程量计算口径	统一	不统一
索赔	索赔事件增加	—

第三章　工程造价全过程

第一节　全过程咨询

一、项目建设全过程

建设工程的建设时间有狭义的建设时间和广义的建设时间。通常情况下，狭义的建设时间主要指的是项目从立项建设开始到建设工程交付结束；广义的建设时间包括项目决策期、项目实施期、项目运维期、拆除或改造升级（图 3-1）。

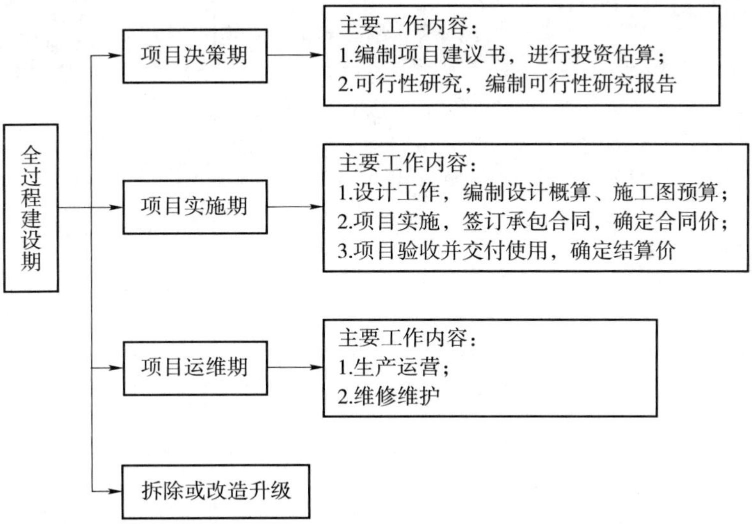

图 3-1　工程全过程建设期划分及主要工作内容

（一）决策期成本分析

决策期的成本主要考虑的是项目投资的资金成本，由于资金存在通货膨胀和基本收益率，这就意味着在项目建设期需对资金的融资形式、投入计划、回收计划进行详细策划，以保证工程建设项目全过程建设期总体投入的成本最小化、收益最大化；另外还包括可行性研究及前期协调等相关费用。

（二）实施期成本分析

实施期的成本主要是设计成本和初建成本，设计成本主要按费率取费，通常建设规模越大，设计成本取费标准越低；初建成本主要是建筑安装费、设备购置费和其他费用（表 3-1）。

表 3-1 初建成本预算科目

<table>
<tr><th>费用种类</th><th>费用组成</th><th colspan="2">主要内容</th></tr>
<tr><td rowspan="13">建筑安装费</td><td rowspan="8">直接费用</td><td colspan="2">人工费</td></tr>
<tr><td colspan="2">材料费</td></tr>
<tr><td colspan="2">机械费</td></tr>
<tr><td rowspan="5">措施费</td><td>冬季施工费</td></tr>
<tr><td>夜间施工费</td></tr>
<tr><td>特殊地区施工费</td></tr>
<tr><td>临时设施费</td></tr>
<tr><td>场地转运费</td></tr>
<tr><td rowspan="3">间接费用</td><td colspan="2">管理费</td></tr>
<tr><td colspan="2">规费</td></tr>
<tr><td colspan="2">保险费</td></tr>
<tr><td>利润</td><td colspan="2">按费率取费</td></tr>
<tr><td>税金</td><td colspan="2">按费率取费</td></tr>
<tr><td>设备购置费</td><td colspan="3">设备费、运费、配件费用</td></tr>
<tr><td rowspan="6">其他费用</td><td colspan="3">场地建设费</td></tr>
<tr><td colspan="3">项目管理费</td></tr>
<tr><td colspan="3">技术服务费</td></tr>
<tr><td colspan="3">价差预备费</td></tr>
<tr><td colspan="3">基本预备费</td></tr>
<tr><td colspan="3">其他</td></tr>
</table>

（三）运维期成本分析

运维期的成本主要考虑设备的监测、维修维护、管理及折旧。

（四）残值成本

残值是指在一项资产使用期满时预计能够回收到的残余价值，也就是在固定资产使用期满报废时处置资产所能收取的价款。如果一项资产预期期满后能交换一项新资产，那么其残值就等于预期交换来的资产的价值。

二、全过程工程咨询

关于全过程工程咨询的定义，目前并没有明确的定论。为推行全过程工程咨询，国家及地方政府相关部门颁布了一系列政策文件和征求意见稿，其中对全过程工程咨询的概念做出了一定的描述，但并没有形成统一的说法。

《工程咨询行业管理办法》将全过程工程咨询定义为：采用多种服务方式组合，为项目决策、实施和运营持续提供局部或整体解决方案以及管理服务。2020 年 4 月，国家发展和改革委固定资产投资司和住房和城乡建设部建筑市场监管司联合发布《房屋建筑和市政基础设施建设项目全过程工程咨询服务技术标准（征求意见稿）》（以下简称《技术标准》），其中对于“全过程工程咨询”等术语做出明确解释：①全过程工程咨询是工程咨询方综合运用多学科知识、工程实践经验、现代科学技术和经济管理方法，采用多种服务方式组合，为委托方在项目投资决策、建设实施乃至运营维护阶段持续提供局部或整体解决方案的智力性服务活动；②工程建设全过程咨询是工程咨询方接受建设单位委托，提供招标代理、勘察、设计、监理、造价、项目管理等全过程一体化咨询服务的活动。

全过程工程咨询与以往的分阶段咨询的区别在于其“全过程”特性，即全过程工程咨询涉及工程项目初始阶段的投资决策咨询、招标代理咨询、勘察设计咨询，建设实施阶段的工程监理、造价咨询、项目管理、竣工验收，以及运营维护甚至拆除等各个阶段的工程咨询和管理服务。整个过程中，工程咨询单位并不参与产品的实体生产，即不参与工程的建设和运营，只提供技术和管理等服务的支持。

根据《技术标准》，全过程工程咨询的业务主要集中在投资决策阶段和建设实施阶段。

（一）投资决策咨询

投资决策咨询主要发生在项目前期立项阶段。在这一阶段，咨询机构主要根据拟投资项目所在地的国家、地区、行业的法律法规、发展规划、建设要求、技术标准、产业政策、审批规定等规划和政策要求，结合经济、市场、环境、资源、技术等要素状态，对拟投资项目进行分析和研究，为投资方提供综合性策划、可行性等咨询服务。主要服务内容包括项目策划、投资机会研究、可行性研究、建设条件单项咨询等（表 3-2）。

表 3–2　投资决策咨询主要服务内容

咨询服务	服务内容	备注
项目策划	确定项目目标和范围，定义项目阶段、里程碑，估算项目规模、成本、时间、资源，建立项目组织结构，分解项目工作结构，识别项目风险，制订项目综合计划	项目策划是一种具有建设性、逻辑性的思维过程
投资机会研究	一般机会研究、地区机会研究、行业机会研究	在可行性研究之前进行，为可行性研究做准备
	特定项目机会研究：针对具体项目进行机会研究	
可行性研究	项目建议书、可行性研究报告、项目申请报告、资金申请报告等	用于政府投资项目的审批决策及企业投资项目的项目核准
建设条件单项咨询	建设项目选址论证、环境影响评价、文物保护、节能评估、水资源论证、地质灾害危险性评估、水土方案保持、社会风险评估、PPP 咨询等	建设条件单项咨询中的部分内容可以纳入可行性研究报告，也可以单独进行

根据国家相继发布的一系列文件，目前已经形成一种趋势，即简化审批手续、减少项目的落地时间，进一步改善我国的营商环境。这意味着在全过程工程咨询的背景下，项目前期决策阶段的审批流程，包括可行性研究报告、项目建议书、环境影响评价、地质灾害危险评估等，虽然由不同部门负责审批，但是可以打包形成投资决策综合性咨询，压缩给一个咨询机构进行。这样有利于减少项目落地时间、简化沟通环节，同时各环节的逻辑关系可以得到强化，减少同质工作的时间。

（二）勘察设计咨询

勘察设计对于整个项目的落地实施至关重要。一个项目的设计确定了，整个项目所需的资金、时间也很大程度上确定了。因此，勘察设计阶段的咨询对于工程建设项目实施阶段的成本控制、进度控制、质量控制意义重大。在勘察设计阶段，咨询机构根据全过程工程咨询合同进行勘察管理、设计管理及相关管理服务（表 3–3）。

表 3–3　勘察设计咨询主要服务内容

咨询服务	服务内容
勘察管理	编制勘察任务书、监管勘察任务执行情况、审核勘察费用支付申请、审查勘察成果报告、完成勘察成果评估报告等
设计管理	编制设计任务书、监管设计任务执行情况、审核设计费用支付申请、审查设计成果并提出方案优化建议、审查设计概算和施工图预算等
工程勘察	测绘和勘探建设项目的地形、地质及水文条件，确定岩土参数、地基承载力等地质特征，出具工程勘察报告或水文地质、文物保护勘察报告
工程设计	方案设计、初步设计、施工图设计

工程勘察是工程项目建设中一个非常重要的环节，是日后进行工程设计和施工的重要基础。一定程度上可以说，工程勘察对建设项目的质量起着决定性的作用。工程勘察是在进行工程设计之前，对建设工程项目所在地的地形、地质、水文、岩土等进行测绘、勘探、实验，确定岩土参数、地基稳定性、地基承载力、地层结构、地震效应评价等多项内容，并根据勘测结果出具工程勘察报告。

工程设计的工作内容包括方案设计、初步设计、施工图设计等。方案设计主要确定建设工程项目的标准、原则、范围及内容，并不涉及具体的设计细节。并且，在方案设计阶段必须进行多方案比选，即提供多种设计方案，并根据技术和经济原则进行比较和选择，最终确定在技术上可行、在经济上具有优势的且能够满足业主方要求的方案。初步设计是施工图设计的依据，两者设计深度不同。在初步设计阶段，主要成果为初步设计图纸、主要设备材料表、工程概算书（根据初步设计计算工程量）。施工图设计是建设项目设计者关于项目的全部设计成果展示，包括全部专业设计图纸、专项技术问题解决方法、设备材料采购技术文件和施工图预算。施工图设计构建了设计工作和工程施工的“桥梁”，是工程施工、安装工作的依据。

全过程工程咨询在勘察设计阶段的优势在于，设计师在项目前期就可以介入项目，充分理解项目的施工和运营目标，可以在设计过程中充分考虑决策阶段形成的项目目标，同时考虑造价和技术对于设计的制约。

（三）招标采购咨询

在这一阶段，咨询单位主要提供工程监理招标代理、工程施工招标代理、材料设备采购代理等服务。在进行工程监理招标和工程施工招标代理时，咨询单位首先需要制定招标方案，确定招标标段和招标方式；然后，根据委托方要求或沟通结果确定投标条件，编制招标文件，并依据招标方式的不同来发布招标公告或投标邀请书。咨询单位还需要承担招标过程中的管理工作，包括资格预审、组织开标、评标、定标、发布公示、合同谈判，组织招标单位和中标单位签订合同等。另外，咨询单位还需要协助委托方选定合同示范文本并参与制定合同的主要条款。

对于材料设备采购代理，针对不同的采购方式，咨询单位的工作内容不同。采购方式可分为直接采购、询价采购和招标采购。直接采购时，咨询单位针对采购产品进行咨询报告，并重点报告超过暂估价的产品。若采用询价采购的方式，咨询单位需要根据委托方的要求制定采购清单和询价书，并组织评比。若采用招标采购的方式，与监理和施工招标过程相同，咨询单位制定招标条件、发布招标公告或邀请、组织评标、确定中标单位、发布中标单位。

（四）工程监理和项目管理咨询

工程监理和项目管理咨询主要发生在建设工程项目的施工安装阶段。在该阶段，咨询单位根据咨询合同，对工程施工的成本、进度、质量、安全、环境等具有全面监督、审查和管理的职责，并协调各部门进行建设项目的施工。全过程工程咨询单位的优势在于，在项目决策的早期介入，降低信息不对称性，减少对于设计和成本控制的沟通成本，快速进入协调设计和施工的工作状态。主要工作内容包括以下几个方面：

投资控制。咨询单位负责编制资金使用计划，合理安排建设项目资金的使用；掌握施工全过程投资节奏，对施工承包单位的工程进度款支付申请审查核实；在保证进度和质量的前提下，采取有效措施，使建设项目的投资额得到控制，力求不超过计划投资。

质量控制。质量是建设项目的根本，是工程监理和项目管理的中心。咨询单位需要建立完善的质量管理体系，并监督项目参与各方全面落实质量管理责任。同时，咨询单位需要对建设项目的施工过程采取巡视、旁站、平行检验等质量控制措施，对各隐蔽工程、分部分项工程进行质量验收。

进度控制。咨询单位对施工方提交的施工进度计划进行审核，检查进度执行情况，并采取措施协调建设项目参与各方落实进度计划。进度控制的目标是建设项目的实际工期不超过计划工期。

安全控制。咨询单位负责审查施工单位的安全生产管理制度，确保配备满足要求的专职安全生产管理人员，定期组织安全生产管理联合检查；监督施工单位的安全生产管理，坚决杜绝不安全行为，确保整个项目安全、稳定运行。

信息管理。咨询单位有责任对建设项目施工过程中产生的信息进行收集、整理、储存和传递。信息管理的目的是架起委托方和施工单位之间信息沟通的桥梁，使委托方能及时、全面获得建设项目的相关信息，并及时做出正确的决策。

合同管理。咨询单位从招投标代理开始，负责协助委托方进行合同谈判，结合合同示范文本签订合同。在建设项目施工过程中，咨询单位有责任监督合同的履行，并对其进行科学管理工作，协调处理合同争议，实现建设项目的四大控制目标。

组织协调。组织协调是咨询单位完成咨询服务的手段，联合全部力量，使项目参与各方能够协调一致，保证建设项目有序实施，实现预定目标。咨询单位的组织协调工作会贯穿整个建设项目的全过程，体现了咨询单位沟通甲乙双方的桥梁职责。

（五）工程造价咨询

工程造价咨询是指造价咨询单位根据相关合同和业主单位的委托要求，对建设工程项目进行成本的确定与控制等专业服务，并向业主单位提供相关工程造价成果文件，包括项目投资估算、项目经济评价报告、设计概算、施工图预算、工程量清单、标底、最高投标限价、资金使用计划、工程造价动态分析、工程结算报告、竣工结算报告等。

成本是项目决策的核心之一，可见造价咨询在整个工程咨询服务中的重要地位。实际上，工程造价咨询基本贯穿整个项目生命周期（从决策阶段的项目投资估算一直到竣工结算或项目后评价），因此，全过程工程咨询在造价方面具有明显的优势，即减少沟通成本，在决策阶段、设计阶段、施工阶段等全过程参与相关成本确定和控制，减少不必要的重复性工作，有助于业主单位获得更大的成本收益。

（六）运营管理咨询

在运营管理阶段，咨询单位主要提供项目后评价服务，将项目实际成果与项目预期成果进行对比分析，从成本、工期、质量、风险、环境、安全、可持续性等维度对建设项目成果进行分析，并编制项目后评价报告。除此之外，全过程工程咨询单位还可以提供项目在运营阶段的试运行管理、设施管理、运营管理、资产管理服务，提供咨询方案，目的是保证建设项目在运营阶段顺利运行。

（七）工程专项咨询

有几类咨询服务被归类为工程专项咨询，见表 3-4。

表 3-4　工程专项咨询主要服务内容

咨询服务	服务内容
项目融资咨询	1. 设定项目融资结构，设计融资方案，协助委托方优化、落实、执行融资方案； 2. 项目融资咨询应以投资机会研究及项目投资决策为基础，在初步确定项目投资需求和预期效益后，确定项目投资结构，进行项目融资决策分析，设计项目融资结构，策划和拟定项目融资方案； 3. 项目投资结构确定环节，应考虑项目投资方各项权益的法律拥有形式、项目投资方之间的法律关系、收益分配方式、债务责任及会计处理等内容，并应通过编制合资协议、股东协议、公司章程等文件予以明确； 4. 项目融资决策分析环节，应考虑项目融资渠道和方式、融资具体任务和目标，并应初步研究和设计项目融资结构，分析比较可能的融资方案； 5. 项目融资结构设计环节，应考虑项目资本金与债务资金的比例、股本结构比例和债务结构比例，并应分析和评价项目融资的实现条件及风险因素； 6. 工程咨询方应编制项目融资方案，分析项目资金来源的可靠性和融资结构的合理性，并应分析项目融资成本及融资风险

续表

咨询服务	服务内容
信息技术咨询	1. 主要以建筑信息模型技术为核心，提供项目仿真建模、设计方案比选、施工模拟、进度管理、成本管理、智能运营管理系统、智能资产管理系统等服务； 2. 在项目投资决策阶段，通过构建项目仿真模型进行项目场址优选、技术经济及建设条件分析，也可为委托方策划项目建设实施阶段信息技术应用方案； 3. 在项目设计阶段，构建建筑信息模型，进行设计方案比选、建筑性能模拟分析、交通仿真优化、管线碰撞检测、虚拟仿真漫游、工程算量计价等； 4. 在项目施工阶段，协助委托方构建以建筑信息模型为核心的协同工作平台，进行施工放样及测量、4D 施工模拟及进度管理、质量与安全管理、设备与材料智能管理、5D 成本管理等； 5. 在项目竣工阶段，完成工程竣工集成数据模型
风险管理咨询	1. 风险识别、建立工程风险清单、风险评估、可能损失分析、制定风险应对策略、监测风险应对策略实施； 2. 工程咨询方应根据工程特点，工程所处的自然、经济、社会及政策环境，工程进展阶段和类似工程风险等信息资料，采用定性与定量相结合的方法进行风险识别，建立工程风险清单； 3. 工程咨询方应根据类似工程风险概率及损失的统计资料、工程自身情况及所处环境，基于工程风险清单，通过风险评估对风险发生的可能性及风险事件发生后可能导致的损失大小进行定性、定量分析； 4. 工程咨询方应根据风险评估结果、委托方风险接受准则及工程实际情况，明确风险应对策略； 5. 在工程风险应对策略实施过程中监测风险应对策略的实施效果，预测已识别风险的变化趋势，同时识别新出现的风险，并应细化或调整风险应对策略
项目后评价咨询	1. 项目过程后评价、项目效益后评价、项目可持续性评价，编制项目后评价报告； 2. 项目过程后评价应考虑对项目投资决策、项目实施准备、项目设计和施工及项目投产运营各阶段工作的总结评价； 3. 项目效益后评价应考虑项目经济效益、社会效益及环境效益的综合评价； 4. 项目可持续性评价应注重和突出项目可持续性因素，考虑产品需求水平、资源供应能力、企业技术和财务能力等因素； 5. 项目后评价应采用对比分析方法，定性分析与定量分析相结合

续表

咨询服务	服务内容
建筑节能与绿色建筑咨询	1. 既有建筑节能改造、节能验收、建筑能耗监控、绿色建筑技术方案策划、绿色建筑认证评估； 2. 针对新建、改建项目和扩建项目，以及既有建筑改造用能情况编制建筑节能报告，并协助委托方办理节能审查手续； 3. 在详细规划环节编制片区能源专项规划和绿色建筑专项规划； 4. 通过监测、诊断、模拟、计算和优化设计，并通过利用可再生能源、应用高新节能技术及产品等途径，编制既有建筑节能改造方案； 5. 自行开展或委托专业机构对建筑围护结构热工性能、主要用能系统及设备能效进行测评，检验节能效果，并编制节能验收报告； 6. 协助委托方开发建筑能耗监控平台，收集、统计和分析建筑能耗数据，监控建筑用能状况； 7. 协助委托方确定项目应执行的绿色建筑评价标准和应达到的目标，策划和优选绿色建筑技术方案，并为绿色建造提供技术支持； 8. 协助委托方全面分析绿色建筑认证体系，进行绿色建筑认证评估，并为完成绿色建筑认证提供全过程技术服务
工程保险咨询	1. 工程保险方案设计、工程保险合同谈判与签订、工程保险索赔； 2. 进行工程保险方案设计，包括保险标的、保险险种、保险费率、承保人、受益人、保险期限等的确定； 3. 协助委托方评价和优选保险人，并参与工程保险合同谈判和签订； 4. 编制工程保险索赔报告，并协助委托方实施工程保险索赔
工程造价咨询	1. 在项目设计阶段，编制或审核项目设计概算、施工图预算，并针对设计方案优化、限额设计方案进行工程造价比较分析； 2. 在项目发承包阶段，编制或审核工程量清单、标底或最高投标限价，并进行合同策划，拟定工程合同中有关造价条款，审核投标报价文件，并协助委托方签订工程承包合同； 3. 在项目施工阶段，协助委托方编制资金使用计划，进行工程计量及预付款、进度款支付审核，并确定工程变更、索赔费用，进行工程造价动态分析和审核合同价款调整等工作； 4. 在项目竣工阶段，审核工程结算报告，并编制或审核工程竣工决算报告，配合审计部门完成工程竣工决算审计工作

因此，全过程工程咨询的业务内容非常广泛，工程咨询单位在建设工程项目中的角色和发挥的作用并不是单一的，也不是一成不变的，可根据业主的不同需求而弹性调整（图 3-2）。也就是说，一个全过程工程咨询项目并不一定包含全部上述咨询业务，也不一定是从投资决策阶段开始，具体的工程咨询业务组合根据业主需求确定。

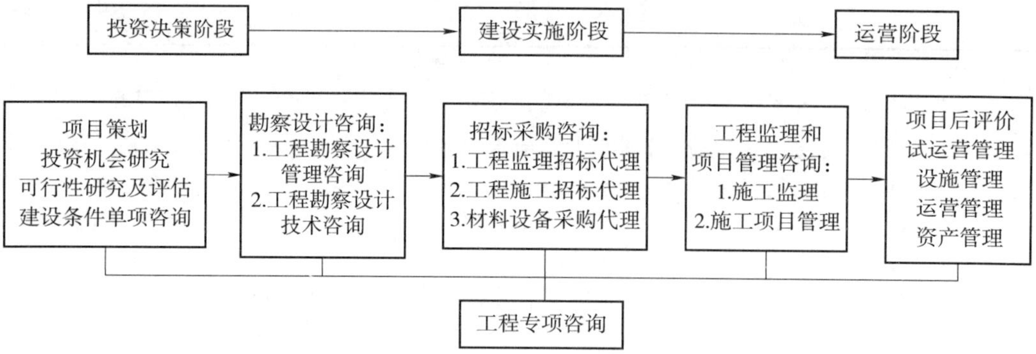

图 3-2　全过程工程咨询业务组合示意

三、全过程工程咨询服务模式

全过程工程咨询服务模式是咨询单位进行全过程工程咨询服务的行动指南，只有明确服务模式，咨询机构在进行全过程工程咨询业务时才能有据可依、有章可循，突破传统工程咨询的限制，理解全过程工程咨询在实际操作中的不同。

全过程工程咨询可以由一家具有综合能力的工程咨询单位实施，也可以由多家具有不同资质和能力的咨询单位以联合体的形式实施。在《技术标准》中，全过程工程咨询服务范围和内容的“弹性”被认可，全过程工程咨询可以不从投资决策阶段开始，也不是必须以竣工验收为止。因此，全过程工程咨询的服务模式不是固定的，咨询单位可以根据自身的资质和能力选择独自承担全过程工程咨询服务或作为联合体的一部分参与全过程工程咨询的某个阶段或者某项专业咨询服务，不同的组合方式意味着不同的组织结构，作为全过程工程咨询的参与者，咨询单位应该突破传统的碎片化、独立性、分阶段的工程咨询服务模式。目前，全过程工程咨询服务模式主要有以下几个模式：

（一）单一体模式

综合能力较强的大型工程咨询单位，如果其经营范围、专业能力等均满足要求，可以独自承担全过程工程咨询服务，与委托方签订全过程工程咨询合同。同时，该咨询单位可以将因自身资质不够而不能承担的专业咨询服务分包给其他咨询单位。因为单一体模式对咨询单位的能力、资质等要求较高，满足条件的咨询单位数量较少，一般大型设计院可以采用此种模式（图 3-3）。

值得一提的是，当工程咨询单位签订全过程工程咨询合同时，其不能再作为设计单位主体参与设计采购施工（EPC）合同的签订，即咨询单位不能同时作为全过程工程咨询的设计责任单位和设计施工总承包联合体中的设计方，否则咨询单位和施工单位利益一体化，违背了工程咨询单位的利益角色，同时会产生设计质量无人审查、设计问题无人监督解决的问题。

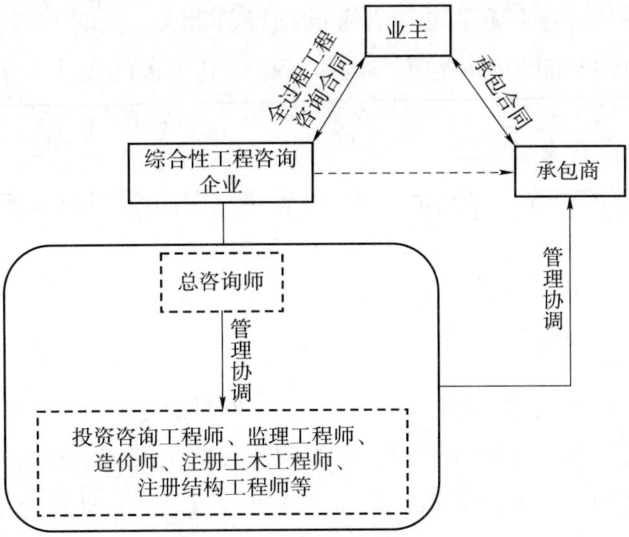

图 3-3　全过程工程咨询的单一体模式

（二）联合体模式

由于工程咨询服务范围和服务内容的复杂性，可以独自承担全过程工程咨询的单位数量较少。因此，各专业咨询单位可以组成联合体，共同承担全过程工程咨询任务。多家具有不同专业能力和资质的工程咨询单位签订合同组成联合体，再以联合体的形式与业主签订全过程工程咨询合同（图 3-4）。

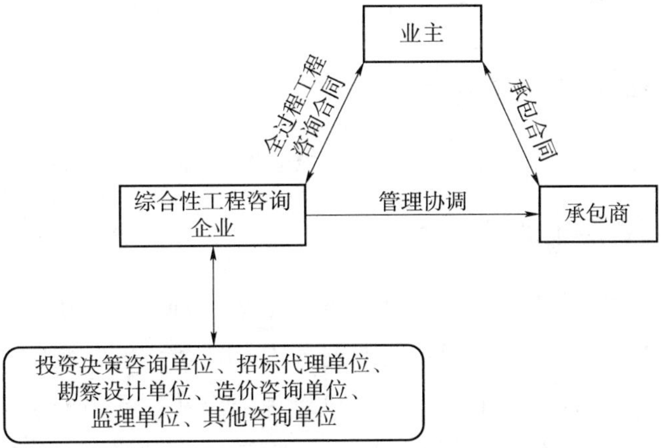

图 3-4　全过程工程咨询的联合体模式

采用这种模式时，需要在全过程工程咨询合同中明确联合体的牵头单位以及其他各参与咨询单位的项目负责人。牵头单位需要负责组织、统筹整个联合体进行全过程工程咨询任务，直接与业主单位进行对接，向业主单位汇报咨询工作成果和进展。另外，联合体中的参与方可以承担多项咨询服务，但是涉及勘察、设计、造价、监理业务时，一个参与方不能担任超过 2 个业务的项目负责人。同时，与单一体一样，联合体中的设计责任单位不能作为承包方参与设计施工总承包的设计工作。

第二节　全过程造价管理的内涵及特点

一、全过程造价管理的内涵

全过程造价管理强调动态跟踪和全过程性，在项目建设生命周期从立项到竣工各阶段对工程造价进行过程监控和管理，审查和监督造价管理活动的真实性、合法性和效益性，及时发现问题并解决问题，是项目从立项直至项目建设完工进行全过程跟进监督管控的过程。

建设项目造价管理机构和人员在建设项目各环节，依据工程项目的建设程序跟踪项目管理，开展全过程造价管控，事前提出造价管理要求，事中进行指导纠正，事后发表造价管理和控制意见。

从全过程造价管理的内涵来看，全过程造价管理的实质是工程造价管理的一种手段，它主要通过对项目建设的早期介入，从项目投资决策阶段开始到项目竣工验收，进行全过程的造价监控，通过项目建设各阶段造价管理活动的监督审查，及时提出追踪审查发现问题的解决方案，为工程造价提出造价管控意见。全过程造价管理的目标是降低项目建设成本，实现项目价值最大化。

二、全过程造价管理的特点

与传统的工程造价事后管理相比，全过程造价管理具有以下特点：

（一）项目投资决策的科学性

在工程建设项目投资决策上，要确保投资决策的科学性，要从项目实施的全过程来考虑投资成本和收益，实现以最小的投资成本获得最大的投资收益。传统的项目造价管理是一种事后管理模式，而全过程造价管理强调从项目投资决策阶段即介入造价管理，在决策的多个可行性方案中选择最佳的投资方案，使投资决策更加合理。

（二）项目设计方案的合理性

传统的工程造价事后管理一般会忽视设计阶段的造价管控，而全过程造价管理要求在设计阶段就对项目造价进行管控，引导项目从全生命周期角度考虑，不断优化设计方案，在设计质量和材料选择等方面，都要求提高设计的科学性和合理性，使项目设计效果与设计质量都能满足项目建设需求，通过优化设计来最大限度地降低项目投资成本。

（三）项目造价动态管理性

全过程造价管理强调对项目造价进行早期介入及实施全生命周期的造价动态监控。与造价事后管理相比，全过程造价管理在科学控制投资决策、综合考虑设计成本及控制投标造价的基础上，利用设计成果和跟踪现场造价管理，使设计方案评价、工程合同策划、工程施工等在施工阶段都能发挥造价控制的作用，在项目实施阶段进行动态跟踪造价管理，是控制项目成本的关键。

三、全过程造价管理的工作要点

在对建设工程进行可行性研究时就要选择合适的建设方案，对建设项目中的各项风险加以考虑，确定好投资预算。建设项目设计单位的选择要慎重，应选择优质的施工单位和建设单位。工程的建设标准要根据国家的建设方针进行科学、合理确定。根据项目建设估算进行施工技术的选择和项目建设材料的选择。采用合适的设备进行施工，材料要采购物美价廉的。施工图的设计要控制在限额以内。对建设项目有关的各种经济关系做好协调和处理。在项目建设的过程中严格实行动态造价控制。对于建设资金要进行合理规划，进行合理利用。增强契约意识，严格按照合同规定执行。强调项目法人的责任意识，加强法人对于项目造价控制的管理。社会上的造价控制咨询机构要提供实时的、全方位的工程造价控制管理咨询服务。项目建设单位要强化服务意识，加强对基础设施建设的重视。建设单位要不断提高造价管理人员的专业化水平和职业素养，加强对造价工程师的培训和选拔工作。

四、全过程造价管理的实施难点

现行的算量计价方法为清单计价法和定额计价法。工程量清单的推行是希望工程造价由市场来确定，实行市场调节价。定额计价方法的应用关键是人工、材料、机械的消耗量和单价等计价基础数据的来源，定额是工程计价数据的原点。现行工程计量计价规范下，建设工程全过程造价管理存在以下几个难点：

（一）咨询行业规模小，难以汇集建设过程各阶段专业人员来支持全过程的造价管理

我国工程建设实施的基本组织模式是以发包人、咨询人、承包人形成一个三角，建设工程施工业务的承揽往往由总承包人利用自身的资质优势投标获得，再进一步分包给规模较小或资质单一的施工单位，或者将劳务、设备材料的制造和采购进行分包。

而工程建设过程中的咨询人（包括设计咨询、造价咨询、监理咨询等）按照工程建设的顺序分别参与建设过程。我国的大部分建设项目会有国有资金参与，国有资金参与的项目需要审计，故工程审计在我国咨询业务的组织中也占据了重要的位置。因为只能参与建设中的某个环节，所以造价单位往往都难以增加业务、扩大规模。

我国对工程咨询业的管理主要实行资质管理，维持较高的从业资质需要单位付出更多资金，所以我国的工程咨询单位大多比较微小，各工程咨询单位都是碎片化、分散化的经营模式，这种微型的单位经营模式难以形成规模化的优势，更不具有国际竞争力。

（二）造价管理的工作重点更多的是基于工程计价业务，造价工作人员大多是在计量计价，没有着眼于建设项目全生命周期的价值管理

从事造价的工作人员的称谓从预算员改成了造价员，但是造价员也仅仅从事工程造价管理的最基础业务——计量计价工作。多数造价员在工作中依据政府颁发的定额来进行计价和费用核算，一般使用定额进行招标、投标过程的造价计算，往往对定额中的消耗量和单价直接套用，对定额标准价的形成过程也未多加思考，所以没有形成市场化的工程造价管理。而且在一线工作中，多数造价员没有意识到合同在造价管理中的关键作用。施工合同规定了工程价格的计算、审计、最终支付等重要工作的流程方法，造价员应该根据合同对工程造价工作有预判的“大局观”。

（三）在全过程造价管理过程中，计量计价依据存在失真情况，更新的速度不够快，在估算、概算阶段没有足够数量的类似工程造价数据

任何一个工程的造价都可以分解为分部分项工程、单位工程、建设项目的三级项目的各种费用集合。工程造价是从最小的可准确计量计价的基本单元向上汇总，基本计价单元是实体部分或者单价措施组成的分部分项工程，其工程量与各自的清单综合单价相乘，加和汇总后计算出分部分项与单价措施工程费。其中综合单价需要包含这条清单中使用的人工费、材料费、机械费（各要素消耗量乘各自的单价计算得出）、管理费和利润。所以计价过程中使用的定额消耗量是否准确、要素价格是否准确、综合确定的管理费和措施费的费率是否合适，是衡量工程造价是否接近实际造价的关键因素。

无论是概算定额还是估算指标一定要来源于施工现场的数据、施工定额的数据、现场实际的施工成本管理的数据。从施工定额到概算指标再到估算指标应当有一个数据反馈的过程，但因为在市场经济体制下，发包人与承包人是一个价格博弈的关系，施工单位报给建设单位的数据，包括定额站在编制定额时收集到的数据都存在严重的失真，施工现场的数据与形成定额的基础数据之间存在壁垒，主要表现为施工数据无法准确、完全、真实传递，而招标控制价在编制过程中只考虑了定额站发布的定额标准或者当地的造价信息，这个编制方式与过程弱化了真实成本的表达。

目前，造价人员的工作模式大多是应用造价软件加上政府定额的数据来进行计量计价，这种工作方式会使工程造价工作有以下两个严重问题：一是造价人员往往按本子计量计价，机械性地重复工作，对出具的结果并不加以思考；二是会造成造价基本数据的失真，如果定额的数据不真实，不是来自现场的真实数据，计价数据的更新会进入一个死循环。

针对造价管理工作中的难点，造价人员首先需要使用信息化的工具来提高工程计量计价的准确度和效率；其次要在各阶段不同专业的工作人员间搭建一个可供交流的信息平台来记录并分析全过程造价数据；最后需要有一个实际、可靠的工程造价数据记录载体来分析并结构化存储工程造价数据。

第三节　工程造价全过程管理的主要内容

从工程项目的建设生命周期来看，造价全过程管理各阶段的主要内容如下：

一、工程施工前期阶段

（一）决策阶段造价管理

（1）投资估算的审核。在项目决策阶段，对投资估算进行审核，审查估算编制的合理性，是保证工程建设项目科学决策的基础。要点是进行方案经济对比分析和造价指标分析，通过方案对比实现工程建设方案结构优化、功能优化、主材设备优化，方案经济合理；通过限额设计指标对造价指标进行分解验算，提出修正意见，保证投资估算合理。

（2）项目经济评价审核。在项目决策阶段，采用科学的方法对项目财务和经济的可行性进行审核，为项目决策提供依据。内容包括审查项目财务评价的依据是否合理，对财务评价数据、资料及评价方法进行审查，审查项目是否进行必要的定量分析，其计算是否真实可靠，财务评价结论是否可行。

（3）项目可行性报告编制的审核。决策阶段对项目可行性报告的审核是全过程造价审核的重要环节，需要对编制单位资质和级别符合性进行审查，并对报告内容完整性进行审查，确保项目可行性报告的科学性与合理性。

（二）设计阶段造价管理

（1）方案优化跟进管理。在设计阶段，设计人员对设计方案进行优化对比，可以保证方案的实用性、经济性，也可以降低施工经济损失。应审查设计方案优化方法及程序，保证施工设计图纸的质量。

（2）设计概算审核。主要是在设计阶段对设计概算的编制和执行过程进行审查，核查设计概算编制、审批的规范性，以提升设计概算的编制质量。主要内容包括设计概算编制条件的审查、概算编制依据的审查、设计概算内容的审查等。

（3）设计图的施工可行性审查。主要审查施工图设计的依据及设计方案论证的合理性，设计和施工之间的经济性、技术性及可实施性。通过审查使设计人员重视对施工现场的勘察，以及强化设计与施工沟通，确保设计的可实施性，降低项目投资成本。

（三）招投标阶段造价管理

1. 审查工程量清单与招标控制价

（1）审查工程量清单编制资格，审核清单计价是否符合工程量清单计价规范。着重审查工程量清单各组成部分的规范性和准确性，如工程量清单是否按规定的内容计价、分部分项工程及措施项目是否反映项目实际、材料估价和专业工程估价是否合理，并对清单缺项、漏项情况进行审核。

（2）审查招标控制价的内容的全面性和准确性，如对清单项目定额组成合理性进行审查，对错套或高套定额行为进行纠正，确保定额换算的准确性。同时，对综合单价进行审算，保证人工费、材料费、施工机械使用费等计算基数选取正确，使清单列项和费用计取更加合理。

2. 审查投标报价

（1）投标报价前提条件审查。例如，审查投标文件的有效性，审查评标的有关内容是否科学合理、流程是否符合规定，审查开标内容和流程的合规性。

（2）投标报价编制的审查。包括投标报价文件编制的规范性审查，审查投标报价编制是否依据招标文件有关条款进行，审查投标报价采用的定额标准、取费标准等，审查技术标中的施工方案和施工组织设计的可行性和经济合理性。

3. 审查合同

（1）审核合同主体资格。对订立合同各方的法人资格文件进行审查，重点审查中标单位的真实性，以及是否达到招标文件的要求。

（2）审核合同条款。对招标后订立的合同一般条款内容进行审查，着重审核合同条款的合法性和合规性，以及合同内容是否与招标文件一致。对项目造价相关条款进行审查，如计价方式，材料、设备供应及采购方式的合理性等。

（3）审查合同价。对合同价与投标文件是否一致进行审查，对于投标文件之外约定的部分价款修改内容的合理性进行审查。对于开口合同，应对合同价的风险范围以及合同价款计算的正确性进行审查。

（4）审查工程质量及工期条款。审查为完成合同规定的质量标准，所约定采取措施的合理性。审查对完成工期约定条款所采取的奖惩措施的合理性。

二、工程施工阶段

施工阶段造价管理主要审查项目造价控制制度的完善情况及执行力，隐蔽工程、工程变更与签证的造价管理等。主要内容如下：

（一）工程预付款管理

（1）审查项目工程预付款是否按合同约定的支付时间、支付金额和相关规定执行。

（2）对于有担保要求的预付款支付方式，需对预付款保函的有效性进行审查，对担保金额与实际预付款的一致性，以及条款中的有效期是否与合同约定相符合进行审核。

（3）审查预付款是否按合同约定的抵扣方式进行，对于有担保要求的预付款支付方式，还需要审查保函的担保金额是否按规定执行。

（4）审查预付款是否按合同规定进行抵扣，若未抵扣完，还需审查承包商是否将剩余预付款归还。

（二）工程计量与合同价款支付的审核

1. 工程计量的审核

工程计量审核的主要内容包括审查工程量清单范围内（外）工程量，以及隐蔽工程的工程量。对于清单范围内的审查，主要是对计量基础资料及计算的真实性和正确性进行审核，如有工程量增减的，应审查是否按合同规定进行调整计价。对于清单范围外的审查，应审查其责任归属，以及该工程量的确认程序和计算方式是否符合合同规定、依据是否正确。

对于隐蔽工程，参照清单范围内工程量核算方法，并对隐蔽工程施工及验收进行审查，包括关键部位或关键工序的施工合规性、施工记录和验收记录是否合规、参与验收的人员是否齐全、到位等。

2. 合同价款支付的管理

（1）审查合同价款支付是否与工程进度计划相符合；审查因工程变更或索赔导致的金额变化、实际支付的工程进度款是否计算正确。

（2）审查价款是否按合同约定及时支付；审查是否有进度款超付现象；审查进度款支付是否与投标文件一致。

（三）隐蔽工程、工程变更与签证的管理和控制

（1）审查隐蔽工程验收记录。

（2）对于工程量变更，应对工程量变更的原因进行分析，审查工程量变更是否与

投标文件及合同条款相一致，对变更工程量是否应当计入工程价款进行合理判断。

（3）对于签证项目，需要进行必要的沟通，协调设计单位、建设单位和监管单位对签证的真实性进行审查，审核签证内容是否与投标文件及合同相符。

（四）其他管理事项

（1）审查工程全过程造价、质量、进度的控制情况。

（2）审查合同履约情况及工程参与各方权利、义务执行情况。

（3）重大工程量差调整情况。

（4）其他相关管理事项。

三、工程竣工决算阶段

工程项目竣工决算造价管理是在竣工验收前，对项目工程造价的真实性进行审查，确保项目建设资金使用的合法性，增加项目投资收益。主要内容如下：

（一）审查竣工决算编制合规性

（1）对工程竣工结算办理过程的合规性进行审查，包括审查竣工结算文件的递交和签认流程的合规性，审查竣工结算书是否报送工程造价行业主管部门备案。

（2）审查竣工结算的编制过程中是否针对工程结算遇到的问题进行专题讨论，会议纪要各方签认是否完善；审查结算编制是否存在巧立名目、弄虚作假、高估冒算等现象。

（二）竣工决算内容的审核

（1）审查竣工结算工程量清单计价的合规性和准确性。

（2）工程价款相关方面的审查。着重审核定额单价、材料价格调整是否与合同一致，审核工程价款应抵扣项与合同约定是否相符。

（3）竣工决算审核。包括对建设资金使用情况的审核，概（预）算执行情况的审核，竣工财务决算报表审核，转出投资、应核销有其他投资及支出的审核，投资效益评价分析审核等。

常用的工程造价全过程管理方法有全面审核法、现场观察法、复核法等，各方法的内涵、特点及适用性不同（表3-5）。

表 3–5 工程造价全过程管理方法对比

方法	内涵及特点	适用性
全面审核法	通过全方位审查工程项目的工程量、取费依据和工程项目费用相关的收入、支出的一种计算方法。该审计法的审计范围大，广泛应用于大而复杂的工程项目造价审核。 主要特点：对工程项目进行全面管理，具有审查面广及审查详细等优点，但也存在费时费力的缺点	适用于大型工程、重点工程项目及问题较多的项目
现场观察法	审查人员亲自到施工现场进行检查的方式。着重检查施工进度、施工现场人员及机械设备的使用情况，对工程重点部分进行勘察，做好相关数据的统计与记录，及时发现工程项目现场存在的问题，找出解决办法。 主要特点：重点勘察，图实相符	造价大、隐蔽工程、变更工程、调整项及资料表述模糊项
复核法	利用工程项目现有相关资料进行复核审查，保证工程项目资料的准确性。包括审核概算估价与实际的合同价之间的差异，审查计量依据是否准确，并结合工程量、资料、设计图纸、现场签证等相关资料进行审核，对比结算费用与实际消耗费用，以及结算造价与合同价款之间的一致性。此外，还可以复核施工日志和工程签证单等，保证工程量的准确性和真实性。 主要特点：相互验证，符合逻辑	隐蔽工程、变更项目、签证项目及施工工艺
分析筛选法	通过对影响造价的基本指标进行筛选分析（包括数量、价格和劳动力指标），对工程项目进行分类、收集和优化，进而对造价进行监控。 主要特点：利用指标，查找可疑	隐蔽工程、签证项目及特殊子项目
询价比价法	对影响造价的机械设备、材料等进场价格进行咨询和对比，包括市场询价和综合比价等方法。通过价格调查和对比，择优选择合理的价格，或将工程项目所需要的原材料与其他相关费用进行综合比对，确定最优价格作为审计标准。 主要特点：掌握市场，适合市场综合价	材料、设备及子项成活价格
重点审查法	以一些结构复杂、工程量大、设计标准高或造价高的工程作为重点，对其工程量进行重点管理。 主要特点：量大价高，重点审查	概算审查、预决算审查，以及隐蔽工程、增加项、签证变更工程、采用新工艺和新材料的工程

第四节　全过程造价管理理论

一、施工图预算管理理论

施工图预算管理是指以施工图预算管理为主线，以经审核的施工图预算作为造价过程精准管控的原点，贯穿项目招标阶段、施工阶段以及工程结算阶段，以施工图预算作为施工招标的计价依据，并指导施工过程中工程量计量，落实工程量必须反映工程现场实际的基本要求，而形成的计价精准化、管控精益化的造价管理模式。

施工图预算管理理论在工程招标阶段的运用，是指采用基于施工图预算深度的招标工程量清单与最高投标限价，进行施工招标。在施工图编制阶段，设计单位、建设单位等均已对现场建设条件进行了翔实的现场踏勘、地质勘测，并对建设条件等进行了确认。同时，施工图设计阶段对工程量的测算具有更高的精准度与设计深度，保证了工程量更加精准、更加贴近现场实际施工的工程量。并且，施工图预算编制采用预算定额，定额子目较概算定额子目划分更详细，使得清单项目的综合单价构成更符合实际造价。

施工图预算管理理论在工程施工阶段的运用，是指在施工过程中，通过对施工图预算中各工作内容包含的人、材、机要素组成含量与费用构成的精准计算，对项目所需要的人、财、物等各类建设资源进行精准配置。同时，施工单位在组织施工时，根据人工工日、材料、机械台班消耗量等合理安排施工工序与物资供应，完善施工组织设计，使得施工方案组织与综合单价衔接更加合理，避免窝工、工序交叉等降低施工效率的事件发生，避免因此造成的费用增加。

施工图预算管理理论在竣工结算阶段的运用，是指以施工图预算工程量为标尺，将其作为工程实施过程中设计变更、现场签证的唯一基准，运用设计变更、现场签证来完善与管控施工过程中的工程量变化，并通过分部结算校核工程实际工程量，发挥结算的汇总、总结、对比分析作用，大幅提高结算进度，加快有效资产的形成。

施工图预算管理理论在工程建设各阶段发挥的管理成效包括以下几点。

（1）有效防范工程建设合规风险。因施工图设计精度的提高，避免了因工程前期建设条件未充分落实、现场实际工程量与招标工程量大幅变化、招标清单项目特征描述不清或特征描述与现场实际不一致等问题产生的费用纠纷，有效减少设计变更与现场签证，提高管理精度和效率，真正从源头上实现风险预控、可控、在控，为后期现场实施和管理提供有力的保障。

（2）提升工程成本精益化管控。采用施工图预算综合单价的计价方式进行施工招标，综合单价中所包含的定额子目对应的工作内容更加细化。投标人为了防止废标，在投标报价时不得不对每个清单项目进行响应，以此迫使投标人报价更为精准，规避了投标人低价中标、高价索赔等投标技巧。保证中标综合单价可以准确地匹配清单项目的工作内容，计价更为精准，实现工程造价的有效控制。

（3）实现“五算”科学对比。通过应用综合单价法编制施工图预算，统一了设计阶段与招投标阶段乃至结算阶段的计价方法与表现形式，为工程预算与概算进行分部工程深度造价对比、工程预算与工程结算进行同口径造价对比提供基础，形成“五算”（估算、概算、预算、结算、决算）科学比对的造价管理体系。便于在工程阶段性完工后，按照施工工序确认现场工程量与已完工程造价，便于甄别各工序工程量偏差并及时发现造价偏差，及时采取纠偏措施，保证工程造价精准、可控。

（4）建立事前管控模式。将造价管控重心前移到招投标阶段和施工阶段，取代以前重结算的事后管控模式，形成事前和事中的造价管理模式，从“抓住尾巴”变成“控制龙头”。以贴近建设现场实际的施工图预算为参照，及时发现并处理设计变更与现场签证，解决可能的结算争议，切实防范造价失控风险。

（5）提高资金流转速度。利用施工图预算，实现人、财、物的合理配置，使工程进度款的拨付更加科学、分部结算更加有理有据，为工程进度款、设计变更费用与现场签证费用的快速确定提供便利。

二、现场造价管理理论

现场造价管理是指从工程开工到竣工投产期间发生的施工现场造价管理活动，是工程造价全过程管理的一个重要组成部分，既是初步设计概算和施工图预算管理落地的关键环节，也是工程结算精益化管理的基础。现场造价管理应以合同为前提，以施工图预算为控制主线，涵盖现场工程量管理、设计变更与现场签证管理、进度款支付合规性管理、现场造价资料管理等方面。

（1）合理配置现场造价管理人员。业主、施工、监理项目部应严格按照工程建设规模配置现场造价管理人员，做到持证上岗、到岗到位。现场造价管理人员应具备懂造价、懂现场、熟悉合同管理等业务能力，能够独立胜任现场造价管理工作。在合同交底会议、施工图文件交底会议上，对工程存在的费用风险进行重点说明，并提出防范措施，实现工前预控；全程参与施工建设，参与工程量测算与核实工作，对设计变更与现场签证的费用金额进行审核与把关，实现过程管控。确保在施工过程中，现场造价不遗留争议性费用。

（2）严格执行现场工程量规范管理。现场阶段性工程完工、施工项目部申报验收后，监理项目部应及时组织现场验收，开展旁站实测，精准计量现场相关数据，并按照工程量计量规则计算实际完工工程量，做到“工完量清”。同时，通过工程施工图现场跟踪管理，动态开展现场实际工程量与施工图预算量的比对校核，对工程量存在重大偏差的工作项目及时开展原因分析，及时采取纠偏措施，精准定位主要风险，主动采取风险防控措施。确保施工现场工程量精准计量，不遗留工程量测量死角。

（3）规范设计变更与现场签证管理。在工程实施过程中，当出现现场实际与审定施工图设计不符或其他需签认事项时，应及时履行设计变更与现场签证流程，技术方案与费用调整金额应同步提出、同步审核。并且，设计变更与现场签证应经过技术经济比选分析后确定，在确保安全质量前提下，变更方案应力求经济最优。同时，应进行设计变更与现场签证原因分析，制定有针对性的防控措施，为后续项目施工图预算编制、评审提供更加完整、更加切合施工实务的案例支撑，有效提升设计质量。规范设计变更与现场签证管理，强化对现场造价关键节点的把控，有利于为工程结算提供准确、全面的支撑，实现建设过程精准管控。

（4）加强进度款支付合规性管理。在施工项目部根据现场工程实际进度提出进度款支付申请后，业主项目部应在施工过程中对已完工的阶段性工程量进行实时测量与实时确认，通过已认定的工程量和现阶段的设计变更、现场签证费用确认当期进度款支付金额。保证工程进度款拨付确定更加合理，有效防止高估冒算、超额拨付进度款等管理风险。

（5）注重现场造价资料的归集。在工程施工过程中，应注重现场造价资料的收集与整理，尤其对于隐蔽工程、不可追溯的工作内容等，必须保存记录资料，并确保工程资料记录清晰、规范、可追溯。同时，应对施工日记、监理日记进行严格管理，杜绝不实内容。全面规范归档结算量价费差异造价支撑资料，为后期分部结算、竣工结算等提供翔实的现场支撑资料，保证结算环节高效、规范开展。

三、高质量结算管理理论

工程结算是对工程发承包合同价款进行约定，依据合同约定对工程预付款、工程进度款、工程竣工价款等工程建设费用进行结算的活动，是包括工程建设全过程的建筑工程费、安装工程费、设备购置费以及其他费用的全口径结算。工程结算应遵循“合法、平等、诚信、准确、及时、规范”的原则，确保结算准确率达到100%。

（1）切实开展设计量、施工量、结算量“三量”核查管理。加强结算管理，强化结算过程预警，业主项目部应及时组织设计单位、施工单位、监理单位、造价咨询单位、物资部门开展设计量、施工量、结算量“三量”核查工作，确保“三量”核查一致，保证“结算量＝施工量＝设计量＋设计变更量＋现场签证量”，提高结算精准水平。

（2）落实工程分部结算管理。对于工期较长的工程应以单项工程或施工转序节点为界面，优化结算管理流程，开展分部结算。通过结算工作节点前移，督促各参建单位及时完成设计变更与现场签证的收资审核工作，已完工工程量得以及时签认，确保隐蔽工程结算的准确性，实现“工完、量清、价实”，提高结算工作质量与效率；促进工程款的支付，减轻施工单位的资金垫付压力；使工程结算周期缩短、有效资产形成加快，项目有效资产的转资能力显著提高，进一步确保了项目投资的合理价值。

（3）结算条件完备性管理。工程结算前，建设管理单位应逐一审核工程投产真实性、设计变更和现场签证合规性、竣工资料完备性等结算先期必备条件。以工程实际竣工投产为前提开展工程结算，坚决杜绝未完先结、假完不能结等现象的发生。同时，防止因结算条件不具备或结算资料不齐全等原因，而造成结算过程受阻、影响结算效率的情况发生，消除参建单位报批拖沓、结算补遗、签证内容随意篡改等乱象，实现造价过程管控与分部结算、竣工结算的统一、有序推进。

第四章　工程造价经济评价

本章主要讲解工程造价绩效经济评价的应用，其中涉及较多经济学知识，同学们在学习前建议阅读《工程经济学》，了解基本的经济学知识，重点理解资金的时间价值和价值工程。本章选用一个城乡供排水一体化建设项目进行分析评价。

资金的时间价值是指，在工程经济计算中，方案的经济效益所消耗的人力、物力和自然资源，最后都是以价值形态，即资金的形式表现出来的。资金的运动反映了物化劳动和活劳动的运动过程，而这个过程也是资金随时间运动的过程。因此，在工程经济分析时不仅要着眼于方案资金量的大小（资金收入和支出的多少），而且也要考虑资金发生的时间。资金是运动的价值，资金的价值是随时间变化而变化的，是时间的函数，其增值的这部分资金就是原有资金的时间价值。其实质是资金作为生产要素，在扩大再生产及其流通过程中，随时间的变化而产生的增值。

影响资金时间价值的因素很多，主要有以下几点。

（1）资金的使用时间。在单位时间的资金增值率一定的条件下，资金的使用时间越长，则资金的时间价值越大；资金的使用时间越短，则资金的时间价值越小。

（2）资金数量的大小。在其他条件不变的情况下，资金的数量越大，其时间价值越大；反之，其时间价值越小。

（3）资金的投入和回收的特点。在总资金一定的条件下，前期投入的资金越多，资金的负效益越大；反之，资金的负效益越小。在资金的回收额一定的情况下，离现在越近的时间回收的资金越多，资金的时间价值越大；反之，资金的时间价值越小。

（4）资金的周转速度。资金周转越快，在一定的时间内等量资金的时间价值越大；反之，资金的时间价值越小。

资金的时间价值的换算方法与采用复利计算利息的方法完全相同，因为利息就是资金时间价值的一种重要表现形式。通常用利息额的多少作为衡量资金时间价值的绝对尺度，用利率作为衡量资金时间价值的相对尺度。

价值工程是一种把功能与成本、技术与经济结合起来进行技术经济评价的方法。价值工程不仅广泛应用于产品设计和产品开发，而且应用于各种建设项目，甚至应用于组织机构的改革。

价值工程是以提高产品（或作业）价值和有效利用资源为目的的，通过有组织的创造性工作，寻求用最低的寿命周期成本，可靠地实现使用者所需功能，以获得最佳的综合效益的一种管理技术。价值工程中所述的“价值”也是一个相对的概念，是指作为某种产品（或作业）所具有的功能与获得该功能的全部费用的比值。它不是对象的使用价值，也不是对象的交换价值，而是对象的比较价值，是评价事物有效程度的一种尺度。

第一节　工程建设规模与内容

新建某城区污水收集管网 28.35 km；新建乡镇污水处理厂 12 座，配套建设乡镇污水收集管网 124.98 km；新建农村供水总厂原水引水管网 12.84 km；扩建某供水厂 1 座，新增日供水能力 2 000 m^3，配套建设引水管网 1.64 km，输配水管网 2.86 km，新建提升泵房 2 座。

项目建设进度：建设期为 36 个月。

第二节　建设工程投资估算

一、建设项目投资汇总

某地供排水一体化建设项目总投资为 52 933.12 万元，其中工程建设费用为 35 203.61 万元，占总投资的 66.51%；工程建设其他费用为 12 917.41 万元（含征地补偿费 9 100 万元，占总投资的 17.19%），占总投资的 24.40%；基本预备费为 4 812.10 万元，占总投资的 9.09%（表 4-1）。

表 4-1　建设项目投资汇总

编号	工程及费用名称	金额 / 万元			占总投资比例 /%
		建安工程	其他费用	总价	
Ⅰ	**第一部分费用**	**35 203.61**		**35 203.61**	**66.51**
1.1	某城区污水收集管网建设工程	6 881.17		6 881.17	13.00
1.2	某乡镇污水处理厂及污水收集管网建设工程	20 289.98		20 289.98	38.33
1.3	某农村供水总厂原水引水管道建设工程	5 550.40		5 550.40	10.49
1.4	某供水厂扩建工程	2 482.06		2 482.06	4.69

续表

编号	工程及费用名称	金额 / 万元			占总投资比例 /%
		建安工程	其他费用	总价	
Ⅱ	**第二部分费用**		**12 917.41**	**12 917.41**	**24.40**
2.1	建设单位管理费		315.04	315.04	0.60
2.2	建设工程监理费		726.89	726.89	1.37
2.3	建设项目前期工作咨询费		84.18	84.18	0.16
2.4	工程勘察费（Ⅰ×1%）		352.04	352.04	0.67
2.5	工程设计费		1 034.81	1 034.81	1.95
2.6	施工图预算编制（工程设计费 ×10%）		103.48	103.48	0.20
2.7	竣工图编制（工程设计费 ×8%）		82.78	82.78	0.16
2.8	环境影响咨询服务费		23.05	23.05	0.04
2.9	劳动安全卫生评审费（Ⅰ×0.3%）		105.61	105.61	0.20
2.10	场地准备费及临时设施费（Ⅰ×1.0%）		352.04	352.04	0.67
2.11	工程保险费（Ⅰ×0.6%）		211.22	211.22	0.40
2.12	联合试运转费		283.22	283.22	0.54
2.13	招标代理服务费		80.96	80.96	0.15
2.14	施工图审查费（工程设计费 ×6%）		62.09	62.09	0.12
2.15	征地及补偿费用		9 100.00	9 100.00	17.19
	Ⅰ＋Ⅱ			48 121.02	90.91
Ⅲ	**基本预备费（Ⅰ＋Ⅱ）×10%**		**4 812.10**	**4 812.10**	**9.09**
总投资		**35 203.61**	**17 729.51**	**52 933.12**	**100.00**

二、城区污水收集管网建设工程投资

某城区污水收集管网建设工程投资 6 881.17 万元，具体见表 4-2。

表 4-2　某城区污水收集管网建设工程投资

序号	名称	规格型号	数量	单价 / 元	投资 / 万元	备注
1	污水检查井	ϕ1 500×1 100	104 座	11 000	114.40	—
2	圆形污水检查井	ϕ1 500	37 座	8 500	31.45	—
3	圆形污水检查井	ϕ1 250	367 座	6 000	220.20	—
4	污水收集支管	DN400	9 100 m	1 300	1 183.00	承插式钢筋砼管

续表

序号	名称	规格型号	数量	单价 / 元	投资 / 万元	备注
5	污水收集干管	DN600	5 500 m	1 500	825.00	承插式钢筋砼管
6	污水收集干管	DN800	3 640 m	1 900	691.60	承插式钢筋砼管
7	污水收集干管	DN1000	3 200 m	2 700	864.00	承插式钢筋砼管
8	污水收集干管	DN1200	6 911 m	3 200	2 211.52	承插式钢筋砼管
9	围堰工程	—	10 000 m	300	300.00	—
10	破除及恢复防洪堤	—	24 处	100 000	240.00	—
11	降排水工程	—	1 处	2 000 000	200.00	—
12	总投资	—	—	—	6 881.17	—

三、乡镇污水处理厂及收集管网建设工程投资

乡镇污水处理厂及收集管网建设工程投资 20 289.45 万元，具体见表 4-3。

表 4-3　乡镇污水处理厂及收集管网建设工程投资

序号	名称	规格型号	数量	单价 / 元	投资 / 万元	备注
一	**某 A 镇污水处理厂及污水收集管网建设工程**				**2 100.50**	
1.1	某 A 镇污水处理厂建设工程		900 m^3/d	8 200	738.00	A^2/O+ 人工湿地
1.2	某 A 镇污水收集支管建设工程	DN300	4 835 m	1 000	483.50	承插式钢筋砼管
1.3	某 A 镇污水收集干管建设工程	DN500	5 860 m	1 500	879.00	承插式钢筋砼管
二	**某 B 镇污水处理厂及污水收集管网建设工程**				**1 762.39**	
2.1	某 B 镇污水处理厂建设工程		900 m^3/d	7 200	648.00	A^2/O+ 人工湿地
2.2	某 B 镇污水收集支管建设工程	DN300	5 343 m	1 000	534.3	承插式钢筋砼管
2.3	某 B 镇污水收集干管建设工程	DN400	4 463 m	1 300	580.19	承插式钢筋砼管
三	**某 C 镇污水处理厂及污水收集管网建设工程**				**1 636.5**	
3.1	某 C 镇污水处理厂建设工程		900m^3/d	7 200	648.00	A^2/O+ 人工湿地
3.2	某 C 镇污水收集支管建设工程	DN300	4 503 m	1 000	450.3	承插式钢筋砼管
3.3	某 C 镇污水收集干管建设工程	DN400	4 140 m	1 300	538.2	承插式钢筋砼管

续表

序号	名称	规格型号	数量	单价 / 元	投资 / 万元	备注
四	**某 D 镇污水处理厂及污水收集管网建设工程**				**1 407.65**	
4.1	某 D 镇污水处理厂建设工程		600 m^3/d	9 300	558.00	$A^2/O+$ 人工湿地
4.2	某 D 镇污水收集支管建设工程	DN300	2 900 m	1 000	290.00	承插式钢筋砼管
4.3	某 D 镇污水收集干管建设工程	DN400	4 305 m	1 300	559.65	承插式钢筋砼管
五	**某 E 乡污水处理厂及污水收集管网建设工程**				**1 492.35**	
5.1	某 E 乡污水处理厂建设工程		600 m^3/d	9 300	558.00	$A^2/O+$ 人工湿地
5.2	某 E 乡污水收集支管建设工程	DN300	3 370 m	1 000	337.00	承插式钢筋砼管
5.3	某 E 乡污水收集干管建设工程	DN400	4 595 m	1 300	597.35	承插式钢筋砼管
六	**某 F 镇污水处理厂及污水收集管网建设工程**				**2 781.14**	
6.1	某 F 镇污水处理厂建设工程		600 m^3/d	9 300	558.00	$A^2/O+$ 人工湿地
6.2	某 F 镇污水收集支管建设工程	DN300	5 178 m	1 000	517.8	承插式钢筋砼管
6.3	某 F 镇污水收集干管建设工程	DN400	13 120 m	1 300	1 705.6	承插式钢筋砼管
七	**某 G 镇污水处理厂及污水收集管网建设工程**				**2 038.50**	
7.1	某 G 镇污水处理厂建设工程		600 m^3/d	9 300	558.00	$A^2/O+$ 人工湿地
7.2	某 G 镇污水收集支管建设工程	DN300	5 250 m	1 000	525.00	承插式钢筋砼管
7.3	某 G 镇污水收集干管建设工程	DN400	7 350 m	1 300	955.50	承插式钢筋砼管
八	**某 H 镇污水处理厂及污水收集管网建设工程**				**1 993.00**	
8.1	某 H 镇污水处理厂建设工程		600 m^3/d	9 300	558.00	$A^2/O+$ 人工湿地
8.2	某 H 镇污水收集支管建设工程	DN300	5 250 m	1 000	525.00	承插式钢筋砼管
8.3	某 H 镇污水收集干管建设工程	DN400	7 000 m	1 300	910.00	承插式钢筋砼管
九	**某 I 镇污水处理厂及污水收集管网建设工程**				**1 323.00**	
9.1	某 I 镇污水处理厂建设工程		200 m^3/d	9 900	198.00	$A^2/O+$ 人工湿地
9.2	某 I 镇污水收集支管建设工程	DN300	4 750 m	1 000	475.00	承插式钢筋砼管
9.3	某 I 镇污水收集干管建设工程	DN400	6 500 m	1 000	650.00	承插式钢筋砼管

续表

序号	名称	规格型号	数量	单价 / 元	投资 / 万元	备注
十	**某 J 乡污水处理厂及污水收集管网建设工程**				**1 513.00**	
10.1	某 J 乡污水处理厂建设工程		200 m^3/d	9 900	198.00	$A^2/O+$ 人工湿地
10.2	某 J 乡污水收集支管建设工程	DN300	2 750 m	1 000	275.00	承插式钢筋砼管
10.3	某 J 乡污水收集干管建设工程	DN400	8 000 m	1 300	1 040.00	承插式钢筋砼管
十一	**某 K 乡污水处理厂及污水收集管网建设工程**				**1 076.35**	
11.1	某 K 乡污水处理厂建设工程		200 m^3/d	9 900	198	$A^2/O+$ 人工湿地
11.2	某 K 乡污水收集支管建设工程	DN300	1 809 m	1 000	180.9	承插式钢筋砼管
11.3	某 K 乡污水收集干管建设工程	DN400	5 365 m	1 300	697.45	承插式钢筋砼管
十二	**某 L 乡污水处理厂及污水收集管网建设工程**				**1 165.45**	
12.1	某 L 乡污水处理厂建设工程		200 m^3/d	9 900	198.00	$A^2/O+$ 人工湿地
12.2	某 L 乡污水收集支管建设工程	DN300	3 935 m	1 000	393.50	承插式钢筋砼管
12.3	某 L 乡污水收集干管建设工程	DN400	4 415 m	1 300	573.95	承插式钢筋砼管
十三	总投资				**20 289.45**	

四、农村供水总厂原水引水管道建设工程投资

农村供水总厂原水引水管道建设工程投资 5 550.40 万元，具体见表 4-4。

表 4-4　农村供水总厂原水引水管道建设工程投资

序号	名称	规格型号	数量	单价 / 元	投资 / 万元	备注
1	引水工程输水管	DN 1000	11 240	3 600	4 046.40	球墨铸铁管
2	引水工程输水涵洞		1 600	9 400	1 504.00	
3	总投资				5 550.40	

五、供水厂扩建工程投资

供水厂扩建工程投资 2 482.06 万元，具体见表 4-5。

表 4–5　供水厂扩建工程投资

序号	名称	规格型号	数量	单价 / 元	投资 / 万元	备注
一	**某供水厂**				**1 872.60**	
1.1	穿孔旋流絮凝池	5 m × 3 m × 3 m	2 座	1 460 000	292.00	
1.2	异向流斜管沉淀池	5.6 m × 5.4 m × 5.5 m	2 座	1 520 000	304.00	
1.3	集水槽（选用不锈钢矩形槽）	5.8 m × 0.3 m × 0.3 m	2 座	420 000	84.00	
1.4	重力式无阀滤池	4.2 m × 4.2 m × 4.65 m	2 座	2 200 000	440.00	
1.5	清水池	23.3 m × 15.2 m × 4.3 m	1 座	2 600 000	260.00	
1.6	管理用房	二层	288 m^2	2 000	57.60	框架，层高 3.5 m
1.7	千佛寺沟取水工程		1 座	300 000	30.00	
1.8	场平工程		6 333.37 m^2	450	285.00	
1.9	场区附属工程		1 项	1 200 000	120.00	
二	**岷江支渠引水工程**				**316.06**	
2.1	提升泵房工程	12.5 m × 11.8 m × 6.7 m	147.5 m^2	2 500	36.88	矩形框架结构
2.2	提升泵设备工程	D155–30X8 型多级清水离心泵	2 台	250 000	50.00	
2.3	引水管网工程	DN300	1 637 m	1 400	229.18	
三	**输水管网建设工程**				**210.60**	
3.1	提升泵房（供景区）	12.5 m × 11.8 m × 6.7 m	147.5 m^2	1 600	23.60	
3.2	提升泵设备工程	D50–30X8 型多级清水离心泵	2 台	195 000	39.00	
3.3	输水管网工程	DN100	1 480 m	1 000	148.00	
四	**配水管网建设工程**				**82.80**	
4.1	配水管网工程	DN60	1 380 m	600	82.80	
五	**总投资**				**2 482.06**	

第三节　污水处理厂建设工程财务绩效评价

项目包含某城区污水收集管网建设工程、乡镇污水处理厂及收集管网建设工程、农村供水总厂原水引水管道建设工程和供水厂扩建工程。其中污水收集管网及饮用水原水输送管网均不进行财务评价，因无销售收入。项目仅对污水处理厂和自来水厂进行单独的财务评价。

一、利润及利润分配

营业收入扣除营业税金及附加和总成本费用后，加上其他收入为利润总额，扣除所得税后为净利润。该项目达产期，年利润总额 258 万元。新增净利润为 194 万元。

二、盈利能力分析

1. 静态财务评价指标计算

总投资收益率 = 年息税前利润 /（建设资产投资 + 建设期利息 + 流动资金）× 100%=4.07%

资本金净利润率 = 年净利润 / 项目新增资本金 ×100%=3.05%

2. 现金流量分析

项目财务内部收益率是指能够使未来现金流入量现值等于未来现金流出量现值的贴现率。

项目财务净现值指项目未来现金流入量的现值与项目未来现金流出量现值的差额。本项目税后净现值为 651.22 万元。

项目投资回收期指投资项目引起的现金流入现值累积到与投资额相等所需要的时间。本项目税后动态投资回收期为 17 年（含建设期）。

3. 盈亏平衡分析

投产年的固定成本不尽相同，按各年实际成本构成计算。以项目年生产能力利用率表示的盈亏平衡点（BEP），其公式为

BEP= 年固定成本 /［销售收入 – 可变成本 – 销售（营业）税金］×100%

经测算，本项目达产年 BEP 为 63.26%。由盈亏平衡分析可知，按基价计算，本项目生产能力利用率达到 63.26% 时，即能达到盈亏平衡。超过该比例就有盈利，否则将产生亏损。

三、财务绩效评价表

该项目相关财务绩效评价数据见表 4-6～表 4-18。

表 4-6　乡镇污水处理厂主要经济数据及评价指标汇总

序号	名称	单位	数据	备注
1	建设规模	—	—	—
1.1	污水处理	t/d	6 500	—
2	规模总投资	万元	6 294.8	—
2.1	固定资产投资	万元	6 294.8	—
2.2	铺底流动资金	万元	—	—
3	资金筹措方案	万元	6 294.8	—
3.1	资本金	万元	6 294.8	—
3.2	申请银行贷款	万元	0	—
3.3	申请财政专项资金	万元	0	—
3.4	地方配套	万元	0	—
4	项目总占地面积	m^2	248 679	—
5	项目建设期	年	3	—
6	财务评价主要指标	—	—	—
6.1	销售收入	万元	767	—
6.2	销售税金及附加	万元	11	达产年平均数
6.3	总成本费用	万元	497	达产年平均数
6.4	利润总额	万元	258	达产年平均数
6.5	所得税	万元	65	达产年平均数
6.6	净利润	万元	194	达产年平均数
6.7	增值税	万元	58	达产年平均数
6.8	项目财务内部收益率	%	1.49	税后
6.9	项目投资回收期	年	17.02	静态，税后
6.10	项目财务净现值	万元	651.22	税后
6.11	资本金财务内部收益率	%	1.49	—
6.12	总投资收益率	%	4.07	—
6.13	资本金净利润率	%	3.05	—
6.14	资产负债率	%	0.10	生产期最高年份
6.15	盈亏平衡点	%	63.26	—

表 4–7 建设投资估算

序号	工程或费用名称	建筑工程费 / 万元	设备购置费 / 万元	安装工程费 / 万元	其他费用 / 万元	合计 / 万元	比例 /%
Ⅰ	**工程费用**	**5 268.0**	**0.0**			**5 268.0**	**76.52**
1.1	乡镇污水处理厂	5 268.0				5 268.0	76.52
Ⅱ	**工程建设其他费用**				**1 089.9**	**1 089.9**	**15.83**
2.1	征地及青苗补偿费				400.0	400.0	5.81
2.2	建设单位管理费				15.7	15.7	0.23
2.3	建设工程监理费				126.2	126.2	1.83
2.4	建设项目前期工作咨询费				17.2	17.2	0.25
2.5	工程勘察费（Ⅰ×1%）				52.7	52.7	0.77
2.6	工程设计费				173.1	173.1	2.51
2.7	施工图预算编制（工程设计费 ×10%）				17.3	17.3	0.25
2.8	竣工图编制（工程设计费 ×8%）				13.8	13.8	0.20
2.9	环境影响咨询服务费				7.2	7.2	0.10
2.10	劳动安全卫生评审费（Ⅰ×0.3%）				15.8	15.8	0.23
2.11	场地准备费及临时设施费（Ⅰ×1%）				52.7	52.7	0.77
2.12	工程保险费(Ⅰ×0.6%)				31.6	31.6	0.46
2.13	联合试运转费				52.7	52.7	0.77
2.14	招标代理服务费				103.6	103.6	1.50
2.15	施工图审查费（工程设计费 ×6%）				10.4	10.4	0.15
Ⅲ	**预备费用**				**526.8**	**526.8**	**7.65**
3.1	基本预备费				526.8	526.8	7.65
3.2	涨价预备费						
Ⅳ	**建设投资合计**	**5 268.0**	**0.0**	**0.0**	**1 616.7**	**6 884.7**	**100.00**
	比例 /%	76.52	0.00	0.00	23.48	100.00	—

表 4-8　流动资金估算

单位：万元

序号	项目	最低周转天数 /d	周转次数 / 次	建设期			营运期						
				第 1 年	第 2 年	第 3 年	第 4 年	第 5 年	第 6 年	第 7 年	第 8 年	第 9 年	第 10 年
1	**流动资产**						**36.3**	**49.7**	**58.6**	**58.6**	**58.6**	**58.6**	**58.6**
1.1	应收账款	30	12				12.4	16.4	19.0	19.0	19.0	19.0	19.0
1.2	存货						19.5	26.2	30.7	30.7	30.7	30.7	30.7
1.2.1	原材料	30	12										
1.2.2	燃料、动力	30	12				2.2	3.5	4.4	4.4	4.4	4.4	4.4
1.2.3	在产品	20	18				7.6	9.9	11.4	11.4	11.4	11.4	11.4
1.2.4	产成品	24	15				9.7	12.8	14.9	14.9	14.9	14.9	14.9
1.3	现金	30	12				4.4	7.1	8.9	8.9	8.9	8.9	8.9
1.4	预付账款												
2	**流动负债**						**4.0**	**6.4**	**8.0**	**8.0**	**8.0**	**8.0**	**8.0**
2.1	应付账款	55	7				4.0	6.4	8.0	8.0	8.0	8.0	8.0
2.2	预收账款												
3	流动资金（1-2）						32.3	43.3	50.6	50.6	50.6	50.6	50.6
4	流动资金当期增加额						32.3	11.0	7.3				

表 4–9 项目总投资使用计划与资金筹措

单位：万元

序号	项目	合计	建设期			营运期						
			第 1 年	第 2 年	第 3 年	第 4 年	第 5 年	第 6 年	第 7 年	第 8 年	第 9 年	第 10 年
1	**总投资使用计划**	**6 935.2**	**2 753.9**	**2 753.9**	**1 376.9**	**32.3**	**11.0**	**7.3**				
1.1	固定资产投资	6 884.7	2 753.9	2 753.9	1 376.9	0.0	0.0	0.0				
1.1.1	建设投资	6 884.7	2 753.9	2 753.9	1 376.9	*	*	*	*	*	*	*
1.1.2	建设期利息	0.0	0.0	0.0	0.0	*	*	*	*	*	*	*
1.2	流动资金	50.6				32.3	11.0	7.3				
1.2.1	铺底流动资金	15.2				9.7	3.3	2.2				
1.3	规模总投资（1.1+1.2.1）	6 899.8	2 753.9	2 753.9	1 376.9	9.7	3.3	2.2				
2	**资金筹措及使用**	**6 935.2**	**2 753.9**	**2 753.9**	**1 376.9**	**32.3**	**11.0**	**7.3**				
2.1	项目资本金	6 935.2	2 753.9	2 753.9	1 376.9	32.3	11.0	7.3				
2.1.1	用于建设投资	6 884.7	2 753.9	2 753.9	1 376.9	*	*	*	*	*	*	*
2.1.2	用于流动资金	50.6				32.3	11.0	7.3				
2.1.3	用于建设期利息	0.0	0.0	0.0	0.0	*	*	*	*	*	*	*
2.2	债务资金	0.0	0.0	0.0	0.0							
2.2.1	用于建设投资	0.0	0.0	0.0	0.0	*	*	*	*	*	*	*
	银行借款	0.0	0.0	0.0	0.0	*	*	*	*	*	*	*
2.2.2	用于流动资金											
	银行借款											
2.3	申请财政资金	0.0	0.0	0.0	0.0							
2.3.1	用于建设投资	0.0	0.0	0.0	0.0	*	*	*	*	*	*	*
	国家财政资金				0.0							
	地方配套资金	0.0	0.0	0.0	0.0	*	*	*	*	*	*	*

表 4–10　营业收入、营业税金及附加和增值税估算

序号	项目	税率 /%	合计	建设期	营运期						
					第 4 年	第 5 年	第 6 年	第 7 年	第 8 年	第 9 年	第 10 年
0	**生产负荷 /%**	—	—	—	**50**	**80**	**100**	**100**	**100**	**100**	**100**
1	**营业收入 / 万元**		**4 829.0**		**383.3**	**613.2**	**766.5**	**766.5**	**766.5**	**766.5**	**766.5**
1.1	污水处理收费 / 万元		4 829.0		383.3	613.2	766.5	766.5	766.5	766.5	766.5
	单价 /（元 /t）		*		3.000	3.000	3.000	3.000	3.000	3.000	3.000
	数量 /（万 t）		1 609.7		127.8	204.4	255.5	255.5	255.5	255.5	255.5
	销项税额 / 万元	13	734.5		58.3	93.3	116.6	116.6	116.6	116.6	116.6
1.2					0.0	0.0	0.0	0.0	0.0	0.0	0.0
	单价 /（元 /t）		*		1.2	1.2	1.2	1.2	1.2	1.2	1.2
	数量 /t				0.0	0.0	0.0	0.0	0.0	0.0	0.0
	销项税额 / 万元				0.0	0.0	0.0	0.0	0.0	0.0	0.0
1.3					0.0	0.0	0.0	0.0	0.0	0.0	0.0
	单价 /（万元 /t）		*		0.0	0.0	0.0	0.0	0.0	0.0	0.0
	数量 /t				0.0	0.0	0.0	0.0	0.0	0.0	0.0
	销项税额 / 万元	17			0.0	0.0	0.0	0.0	0.0	0.0	0.0
1.4					0.0	0.0	0.0	0.0	0.0	0.0	0.0
	单价 /（万元 /t）		*		0.0	0.0	0.0	0.0	0.0	0.0	0.0
	数量 /t				0.0	0.0	0.0	0.0	0.0	0.0	0.0
	销项税额 / 万元	17			0.0	0.0	0.0	0.0	0.0	0.0	0.0
2	**营业税金与附加 / 万元**		69.1		5.5	8.8	11.0	11.0	11.0	11.0	11.0
2.1	营业税 / 万元										
2.2	城市建设维护税 / 万元	7	48.4		3.8	6.1	7.7	7.7	7.7	7.7	7.7
2.3	教育费附加 / 万元	3	20.7		1.6	2.6	3.3	3.3	3.3	3.3	3.3
3	增值税 / 万元		691.3		54.9	87.8	109.7	109.7	109.7	109.7	109.7
3.1	销项税额 / 万元		734.5		58.3	93.3	116.6	116.6	116.6	116.6	116.6
3.2	进项税额 / 万元		43.1		3.4	5.5	6.8	6.8	6.8	6.8	6.8

表 4-11　总成本费用估算

单位：万元

序号	项目	合计	计算期									
			第 1 年	第 2 年	第 3 年	第 4 年	第 5 年	第 6 年	第 7 年	第 8 年	第 9 年	第 10 年
0	**生产负荷**	**—**				**50%**	**80%**	**100%**	**100%**	**100%**	**100%**	**100%**
1	**外购原材料**	**0.0**	*	*	*	**0.0**	**0.0**	**0.0**	**0.0**	**0.0**	**0.0**	**0.0**
2	**外购燃料及动力**	**331.9**	*	*	*	**26.3**	**42.1**	**52.7**	**52.7**	**52.7**	**52.7**	**52.7**
3	**工资及福利**	**527.4**	*	*	*	**41.9**	**67.0**	**83.7**	**83.7**	**83.7**	**83.7**	**83.7**
4	**修理费**	**481.9**	*	*	*	**68.8**	**68.8**	**68.8**	**68.8**	**68.8**	**68.8**	**68.8**
5	**其他费用**	**144.9**	*	*	*	**11.5**	**18.4**	**23.0**	**23.0**	**23.0**	**23.0**	**23.0**
5.1	其他制造费用	0.0	*	*	*	0.0	0.0	0.0	0.0	0.0	0.0	0.0
5.2	其他管理费用	96.6	*	*	*	7.7	12.3	15.3	15.3	15.3	15.3	15.3
5.3	其他营业费用	48.3	*	*	*	3.8	6.1	7.7	7.7	7.7	7.7	7.7
6	**经营成本（1+2+3+4+5）**	**1 486.1**	*	*	*	**148.5**	**196.4**	**228.2**	**228.2**	**228.2**	**228.2**	**228.2**
7	**折旧费**	**1 475.0**	*	*	*	**210.7**	**210.7**	**210.7**	**210.7**	**210.7**	**210.7**	**210.7**
8	**摊销费**	**795.0**	*	*	*	**148.3**	**148.3**	**148.3**	**148.3**	**148.3**	**26.7**	**26.7**
9	**利息支出**	**0.0**	*	*	*	**0.0**	**0.0**	**0.0**	**0.0**	**0.0**	**0.0**	**0.0**
10	**总成本费用（6+7+8+9）**	**3 756.1**	*	*	*	**507.6**	**555.4**	**587.3**	**587.3**	**587.3**	**465.6**	**465.6**
	其中：固定成本	3 424.2	*	*	*	481.3	513.3	534.6	534.6	534.6	412.9	412.9
	可变成本	331.9	*	*	*	26.3	42.1	52.7	52.7	52.7	52.7	52.7

表 4-12　固定资产折旧费估算

单位：万元

序号	项目	折旧年限	营运期						
			第 4 年	第 5 年	第 6 年	第 7 年	第 8 年	第 9 年	第 10 年
1	**建（构）筑物**	**25 年**							
	原值		5 268.0	5 268.0	5 268.0	5 268.0	5 268.0	5 268.0	5 268.0
	当期折旧费		210.7	210.7	210.7	210.7	210.7	210.7	210.7
	净值		5 057.3	4 846.6	4 635.8	4 425.1	4 214.4	4 003.7	3 793.0
2	**机器设备**	**15 年**							
	原值		0.0	0.0	0.0	0.0	0.0	0.0	0.0
	当期折旧费		0.0	0.0	0.0	0.0	0.0	0.0	0.0
	净值		0.0	0.0	0.0	0.0	0.0	0.0	0.0
3	**合计**								
	原值		5 268.0	5 268.0	5 268.0	5 268.0	5 268.0	5 268.0	5 268.0
	当期折旧费		210.7	210.7	210.7	210.7	210.7	210.7	210.7
	净值		5 057.3	4 846.6	4 635.8	4 425.1	4 214.4	4 003.7	3 793.0

表 4–13　无形和递延资产摊销估算

单位：万元

序号	项目	摊销年限	折旧及摊销年份						
			第 4 年	第 5 年	第 6 年	第 7 年	第 8 年	第 9 年	第 10 年
1	**无形资产**	**15 年**							
	原值		400.0	400.0	400.0	400.0	400.0	400.0	400.0
	当期摊销费		26.7	26.7	26.7	26.7	26.7	26.7	26.7
	净值		373.3	346.7	320.0	293.3	266.7	240.0	213.3
2	**递延资产**	**10 年**							
	原值		1 216.7	1 216.7	1 216.7	1 216.7	1 216.7		
	当期摊销费		121.7	121.7	121.7	121.7	121.7		
	净值		1 095.0	973.3	851.7	730.0	608.3		
3	**合计**								
	原值		1 616.7	1 616.7	1 616.7	1 616.7	1 616.7	400.0	400.0
	当期折旧摊销费		148.3	148.3	148.3	148.3	148.3	26.7	26.7
	净值		1 468.3	1 320.0	1 171.7	1 023.3	875.0	240.0	213.3

表 4–14 利润及利润分配

单位：万元

序号	项目	合计	经济效益计算分析期									
			第 1 年	第 2 年	第 3 年	第 4 年	第 5 年	第 6 年	第 7 年	第 8 年	第 9 年	第 10 年
0	生产负荷					50%	80%	100%	100%	100%	100%	100%
1	营业收入	4 829.0				383.3	613.2	766.5	766.5	766.5	766.5	766.5
2	营业税金及附加	69.1				5.5	8.8	11.0	11.0	11.0	11.0	11.0
3	总成本费用	3 756.1				507.6	555.4	587.3	587.3	587.3	465.6	465.6
4	补贴收入											
5	利润总额（1−2−3+4）	1 003.7				−129.8	49.0	168.2	168.2	168.2	289.9	289.9
6	弥补以前年度亏损											
7	应纳税所得额（5−6）	1 003.7				−129.8	49.0	168.2	168.2	168.2	289.9	289.9
8	所得税	250.9				−32.5	12.3	42.1	42.1	42.1	72.5	72.5
9	净利润（5−8）	752.8				−97.4	36.8	126.2	126.2	126.2	217.4	217.4
10	期初未分配利润	809.7				0.0	−82.8	−51.5	55.7	163.0	270.2	455.0
11	可供分配的利润（9+10）	1 562.5				−97.4	−46.0	74.7	181.9	289.2	487.7	672.5
12	提取法定盈余公积金	75.3				−9.7	3.7	12.6	12.6	12.6	21.7	21.7
13	可供投资者分配的利润	1 487.2				−87.6	−49.7	62.0	169.3	276.5	465.9	650.7
14	提取任意盈余公积金	37.6				−4.9	1.8	6.3	6.3	6.3	10.9	10.9
15	未分配利润	1 449.6				−82.8	−51.5	55.7	163.0	270.2	455.0	639.9
16	息税前利润	1 003.7				−129.8	49.0	168.2	168.2	168.2	289.9	289.9
17	息税折旧摊销前利润	2 977.1				229.2	408.1	527.3	405.6	405.6	500.6	500.6

注：1. 企业所得税税率为 25%。

2. 法定盈余公积按税后利润 10% 的标准提取；任意盈余公积按税后利润 5% 的标准提取。

表 4–15　项目投资现金流量表

单位：万元

序号	项目	合计	经济效益计算分析期									
			第 1 年	第 2 年	第 3 年	第 4 年	第 5 年	第 6 年	第 7 年	第 8 年	第 9 年	第 10 年
1	**现金流入**	8 885.8				383.3	613.2	766.5	766.5	766.5	766.5	4 823.4
1.1	营业收入	4 829.0				383.3	613.2	766.5	766.5	766.5	766.5	766.5
1.2	补贴收入											
1.3	回收固定资产余值	4 006.3	*	*	*	*	*	*	*	*	*	4 006.3
1.4	回收流动资金	50.6	*	*	*	*	*	*	*	*	*	50.6
2	**现金流出**	8 490.4	2 753.9	2 753.9	1 376.9	186.3	216.1	246.5	239.2	239.2	239.2	239.2
2.1	固定资产投资（不含建设期利息）	6 884.7	2 753.9	2 753.9	1 376.9	*	*	*	*	*	*	*
2.2	流动资金	50.6				32.3	11.0	7.3				
2.3	经营成本	1 486.1			*	148.5	196.4	228.2	228.2	228.2	228.2	228.2
2.4	营业税金及附加	69.1				5.5	8.8	11.0	11.0	11.0	11.0	11.0
2.5	维持运营投资											
3	**所得税前净现金流量（1–2）**	395.4	−2 753.9	−2 753.9	−1 376.9	196.9	397.1	520.0	527.3	527.3	527.3	4 584.1
4	**累计所得税前净现金流量**	−47 648.1	−2 753.9	−5 507.7	−6 884.7	−6 687.7	−6 290.6	−5 770.6	−5 243.3	−4 716.1	−4 188.8	395.4
5	**调整所得税**	250.9			0.0	−32.5	12.3	42.1	42.1	42.1	72.5	72.5
6	**所得税后净现金流量（3–5）**	144.4	−2 753.9	−2 753.9	−1 376.9	229.4	384.9	477.9	485.2	485.2	454.8	4 511.7
7	**累计所得税后净现金流量**		−2 753.9	−5 507.7	−6 884.7	−6 655.3	−6 270.4	−5 792.5	−5 307.3	−4 822.0	−4 367.2	144.4

表 4–16　项目资本金现金流量表

单位：万元

序号	项目	合计	经济效益计算分析期									
			第 1 年	第 2 年	第 3 年	第 4 年	第 5 年	第 6 年	第 7 年	第 8 年	第 9 年	第 10 年
1	**现金流入**	8 885.8				383.3	613.2	766.5	766.5	766.5	766.5	4 823.4
1.1	营业收入	4 829.0	*	*	*	383.3	613.2	766.5	766.5	766.5	766.5	766.5
1.2	补贴收入		*	*	*							
1.3	回收固定资产余值	4 006.3	*	*	*	*	*	*	*	*	*	4 006.3
1.4	回收流动资金	50.6	*	*	*	*	*	*	*	*	*	50.6
2	**现金流出**	8 741.4	2 753.9	2 753.9	1 376.9	153.9	228.3	288.6	281.3	281.3	311.7	311.7
2.1	项目资本金	6 935.2	2 753.9	2 753.9	1 376.9	32.3	11.0	7.3				
2.2	借款本金偿还	0.0					0.0					
2.3	借款利息支付	0.0	0.0	0.0	0.0	0.0	0.0					
2.4	经营成本	1 486.1	*	*	*	148.5	196.4	228.2	228.2	228.2	228.2	228.2
2.5	营业税金及附加	69.1	*	*	*	5.5	8.8	11.0	11.0	11.0	11.0	11.0
2.6	所得税	250.9	*	*	*	−32.5	12.3	42.1	42.1	42.1	72.5	72.5
2.7	维持运营投资											
3	**净现金流量（1–2）**	144.4	−2 753.9	−2 753.9	−1 376.9	229.4	384.9	477.9	485.2	485.2	454.8	4 511.7

表 4–17　财务计划现金流量表

单位：万元

序号	项目	合计	经济效益计算分析期									
			第 1 年	第 2 年	第 3 年	第 4 年	第 5 年	第 6 年	第 7 年	第 8 年	第 9 年	第 10 年
1	**经营活动净现金流量（1.1–1.2）**	3 022.8				261.7	395.8	485.2	485.2	485.2	454.8	454.8
1.1	现金流入	5 563.4				441.5	706.5	883.1	883.1	883.1	883.1	883.1
1.1.1	营业收入	4 829.0				383.3	613.2	766.5	766.5	766.5	766.5	766.5
1.1.2	增值税销项税	734.5				58.3	93.3	116.6	116.6	116.6	116.6	116.6
1.1.3	补贴收入											
1.1.4	其他流入											
1.2	现金流出	2 540.6				179.9	310.7	397.9	397.9	397.9	428.3	428.3
1.2.1	经营成本	1 486.1				148.5	196.4	228.2	228.2	228.2	228.2	228.2
1.2.2	增值税进项税	43.1				3.4	5.5	6.8	6.8	6.8	6.8	6.8
1.2.3	营业税金及附加	69.1				5.5	8.8	11.0	11.0	11.0	11.0	11.0
1.2.4	增值税	691.3				54.9	87.8	109.7	109.7	109.7	109.7	109.7
1.2.5	所得税	250.9				−32.5	12.3	42.1	42.1	42.1	72.5	72.5
1.2.6	其他流出											
2	**投资活动净现金流量（2.1–2.2）**	−6 935.2	−2 753.9	−2 753.9	−1 376.9	−32.3	−11.0	−7.3		0.0	0.0	0.0
2.1	现金流入											
2.2	现金流出	6 935.2	2 753.9	2 753.9	1 376.9	32.3	11.0	7.3				
2.2.1	建设投资	6 884.7	2 753.9	2 753.9	1 376.9	0.0	0.0	0.0	0.0	0.0	0.0	0.0

续表

序号	项目	合计	经济效益计算分析期									
			第 1 年	第 2 年	第 3 年	第 4 年	第 5 年	第 6 年	第 7 年	第 8 年	第 9 年	第 10 年
2.2.2	维持运营投资											
2.2.3	流动资金	50.6	0.0	0.0	0.0	32.3	11.0	7.3	0.0	0.0	0.0	0.0
2.2.4	其他流出											
3	**筹资活动净现金流量（3.1–3.2）**	6 935.2	2 753.9	2 753.9	1 376.9	32.3	11.0	7.3				
3.1	现金流入	6 935.2	2 753.9	2 753.9	1 376.9	32.3	11.0	7.3				
3.1.1	项目资本金投入	6 935.2	2 753.9	2 753.9	1 376.9	32.3	11.0	7.3				
3.1.2	建设投资借款	0.0	0.0									
3.1.3	流动资金借款											
3.1.4	债券		*	*	*	*	*	*	*	*	*	*
3.1.5	短期借款		*	*	*	*	*	*	*	*	*	*
3.1.6	其他流入	0.0			0.0							
3.2	现金流出	0.0	0.0	0.0	0.0	0.0	0.0					
3.2.1	各种利息支出	0.0	0.0	0.0	0.0	0.0	0.0					
3.2.2	偿还债务本金	0.0					0.0					
3.2.3	应付利润（股利分配）											
3.2.4	其他流出											
4	**净现金流量**	3 022.8	0.0	0.0	0.0	261.7	395.8	485.2	485.2	485.2	454.8	454.8
5	**累计盈余资金**	11 393.8	0.0	0.0	0.0	261.7	657.5	1 142.7	1 628.0	2 113.2	2 568.0	3 022.8

表 4–18　资产负债表

单位：万元

序号	项目	计算期							
		第 1 年	第 2 年	第 3 年	第 4 年	第 5 年	第 6 年	第 7 年	第 8 年
1	**资产**	**2 753.9**	**5 507.7**	**6 884.7**	**6 823.6**	**6 873.7**	**7 008.8**	**7 135.0**	**7 261.2**
1.1	流动资产总额	0.0	0.0	0.0	298.0	707.2	1 201.3	1 686.6	2 171.8
1.1.1	货币资金	0.0	0.0	0.0	266.1	664.6	1 151.6	1 636.8	2 122.1
1.1.2	应收账款	0.0	0.0	0.0	12.4	16.4	19.0	19.0	19.0
1.1.3	预付账款	0.0	0.0	0.0	0.0	0.0	0.0	0.0	0.0
1.1.4	存货	0.0	0.0	0.0	19.5	26.2	30.7	30.7	30.7
1.1.5	其他								
1.2	在建工程	2 753.9	5 507.7	6 884.7					
1.3	固定资产净值				5 057.3	4 846.6	4 635.8	4 425.1	4 214.4
1.4	无形及其他资产净值				1 468.3	1 320.0	1 171.7	1 023.3	875.0
2	**负债及所有者权益（2.4+2.5）**	**2 753.9**	**5 507.7**	**6 884.7**	**6 823.6**	**6 873.7**	**7 008.8**	**7 135.0**	**7 261.2**
2.1	流动负债合计				4.0	6.4	8.0	8.0	8.0
2.1.1	短期借款	*	*	*	*	*	*	*	*
2.1.2	应付账款	0.0	0.0	0.0	4.0	6.4	8.0	8.0	8.0
2.1.3	预收账款	0.0	0.0	0.0	0.0	0.0	0.0	0.0	0.0
2.1.4	其他	*	*	*	*	*	*	*	*
2.2	建设投资借款	0.0	0.0	0.0	0.0				
2.3	流动资金借款	*	*	*	*	*	*	*	*
2.4	负债小计（2.1+2.2+2.3）	0.0	0.0	0.0	4.0	6.4	8.0	8.0	8.0
2.5	所有者权益	2 753.9	5 507.7	6 884.7	6 819.6	6 867.3	7 000.8	7 127.0	7 253.1
2.5.1	资本金	2 753.9	5 507.7	6 884.7	6 917.0	6 927.9	6 935.2	6 935.2	6 935.2
2.5.2	资本公积			0.0	0.0	0.0	0.0	0.0	0.0
2.5.3	累计盈余公积金、公益金	0.0	0.0	0.0	−14.6	−9.1	9.8	28.8	47.7
2.5.4	累计未分配利润				−82.8	−51.5	55.7	163.0	270.2
计算指标	资产负债率 /%				0.06	0.09	0.11	0.11	0.11
	流动比率 /%				74.05	109.83	149.26	209.54	269.83
	速冻比率 /%				69.20	105.76	145.44	205.73	266.01

第四节　自来水厂建设工程财务绩效评价

一、利润及利润分配

营业收入扣除营业税金及附加和总成本费用后，加上其他收入为利润总额，扣除所得税后为净利润。该项目达产期，年利润总额为 138 万元，新增净利润为 103 万元。

二、盈利能力分析

1. 静态财务评价指标计算

总投资收益率 = 年息税前利润 /（建设资产投资 + 建设期利息 + 流动资金）× 100%=4.19%

资本金净利润率 = 年净利润 / 项目新增资本金 ×100%=3.14%

2. 现金流量分析

项目财务内部收益率是指能够使未来现金流入量现值等于未来现金流出量现值的贴现率。

项目财务净现值指项目未来现金流入量的现值与项目未来现金流出量现值的差额。本项目税后净现值为 19.91 万元。

项目投资回收期指投资项目引起的现金流入现值累积到与投资额相等所需要的时间。本项目税后动态投资回收期为 18 年（含建设期）。

3. 盈亏平衡分析

投产年的固定成本不尽相同，按各年实际成本构成计算。以项目年生产能力利用率表示的盈亏平衡点（BEP）公式为

BEP= 年固定成本 /［销售收入 – 可变成本 – 销售（营业）税金］×100%

经测算，本项目达产年 BEP 为 53.61%。由盈亏平衡分析可知，按基价计算，本项目生产能力利用率达到 53.61% 时，即能达到盈亏平衡。超过该比率就有盈利，否则将产生亏损。

三、财务绩效评价表

该项目相关财务绩效评价数据见表 4-19～表 4-31。

表 4–19　主要经济数据及评价指标汇总

序号	名称	单位	数据	备注
1	建设规模	—	—	—
1.1	某自来水厂	t/d	2 000	—
2	规模总投资	万元	3 365.0	—
2.1	固定资产投资	万元	3 274.1	—
2.2	铺底流动资金	万元	90.9	—
3	资金筹措方案	万元	3 365.0	—
3.1	资本金	万元	3 365.0	—
3.2	申请银行贷款	万元	0	—
3.3	申请财政专项资金	万元	0	—
3.4	地方配套	万元	0	—
4	项目总占地面积	m^2	248 679	—
5	项目建设期	年	3	—
6	财务评价主要指标	—	—	—
6.1	销售收入	万元	350	—
6.2	销售税金及附加	万元	5	达产年平均数
6.3	总成本费用	万元	208	达产年平均数
6.4	利润总额	万元	138	达产年平均数
6.5	所得税	万元	34	达产年平均数
6.6	净利润	万元	103	达产年平均数
6.7	增值税	万元	25	达产年平均数
6.8	项目财务内部收益率	%	2.29	税后
6.9	项目投资回收期	年	18.22	静态，税后
6.10	项目财务净现值	万元	19.91	税后
6.11	资本金财务内部收益率	%	2.29	—
6.12	总投资收益率	%	4.19	—
6.13	资本金净利润率	%	3.14	—
6.14	资产负债率	%	0.18	生产期最高年份
6.15	盈亏平衡点	%	53.61	—

表 4–20　建设投资估算

序号	工程或费用名称	建筑工程费 / 万元	设备购置费 / 万元	安装工程费 / 万元	其他费用 / 万元	合计 / 万元	比例 /%
Ⅰ	**工程费用**	**2 482.0**	**0.0**	**0.0**		**2 482.0**	**75.81**
1.1	某水厂	2 482.0				2 482.0	75.81
Ⅱ	**工程建设其他费用**				**543.9**	**543.9**	**16.61**
2.1	征地及青苗补偿费				200.0	200.0	6.11
2.2	建设单位管理费				24.8	24.8	0.76
2.3	建设工程监理费				70.3	70.3	2.15
2.4	建设项目前期工作咨询费				10.8	10.8	0.33
2.5	工程勘察费（Ⅰ×1%）				24.8	24.8	0.76
2.6	工程设计费				92.7	92.7	2.83
2.7	施工图预算编制（工程设计费 ×10%）				9.3	9.3	0.28
2.8	竣工图编制（工程设计费 ×8%）				7.4	7.4	0.23
2.9	环境影响咨询服务费				5.7	5.7	0.17
2.10	劳动安全卫生评审费（Ⅰ×0.3%）				7.4	7.4	0.23
2.11	场地准备费及临时设施费（Ⅰ×1%）				24.8	24.8	0.76
2.12	工程保险费（Ⅰ×0.6%）				14.9	14.9	0.45
2.13	联合试运转费				24.8	24.8	0.76
2.14	招标代理服务费				20.6	20.6	0.63
2.15	施工图审查费（工程设计费 ×6%）				5.6	5.6	0.17
Ⅲ	**预备费用**				**248.2**	**248.2**	**7.58**
3.1	基本预备费				248.2	248.2	7.58
3.2	涨价预备费						
Ⅳ	**建设投资合计**	**2 482.0**	**0.0**	**0.0**	**792.1**	**3 274.1**	**100.00**
	比例 /%	75.81	0.00	0.00	24.19	100.00	—

表 4-21　流动资金估算

单位：万元

序号	项目	最低周转天数 /d	周转次数 / 次	建设期			营运期						
				第 1 年	第 2 年	第 3 年	第 4 年	第 5 年	第 6 年	第 7 年	第 8 年	第 9 年	第 10 年
1	**流动资产**						**13.2**	**19.2**	**23.1**	**23.1**	**23.1**	**23.1**	**23.1**
1.1	应收账款	30	12				4.3	6.0	7.1	7.1	7.1	7.1	7.1
1.2	存货						8.1	11.9	14.3	14.3	14.3	14.3	14.3
1.2.1	原材料	30	12										
1.2.2	燃料、动力	30	12				2.0	3.3	4.1	4.1	4.1	4.1	4.1
1.2.3	在产品	20	18				2.8	3.9	4.6	4.6	4.6	4.6	4.6
1.2.4	产成品	24	15				3.3	4.7	5.6	5.6	5.6	5.6	5.6
1.3	现金	30	12				0.9	1.4	1.7	1.7	1.7	1.7	1.7
1.4	预付账款												
2	**流动负债**						**3.7**	**6.0**	**7.5**	**7.5**	**7.5**	**7.5**	**7.5**
2.1	应付账款	55	7				3.7	6.0	7.5	7.5	7.5	7.5	7.5
2.2	预收账款												
3	**流动资金（1-2）**						**9.5**	**13.2**	**15.6**	**15.6**	**15.6**	**15.6**	**15.6**
4	**流动资金当期增加额**						**9.5**	**3.7**	**2.5**				

表 4-22　项目总投资使用计划与资金筹措

单位：万元

序号	项目	合计	建设期			营运期						
			第 1 年	第 2 年	第 3 年	第 4 年	第 5 年	第 6 年	第 7 年	第 8 年	第 9 年	第 10 年
1	**总投资使用计划**	**3 289.8**	**1 309.6**	**1 309.6**	**654.8**	**9.5**	**3.7**	**2.5**				
1.1	固定资产投资	3 274.1	1 309.6	1 309.6	654.8	0.0	0.0	0.0				
1.1.1	建设投资	3 274.1	1 309.6	1 309.6	654.8	*	*	*	*	*	*	*
1.1.2	建设期利息	0.0	0.0	0.0	0.0	*	*	*	*	*	*	*
1.2	流动资金	15.6				9.5	3.7	2.5				
1.2.1	其中：铺底流动资金	4.7				2.8	1.1	0.7				
1.3	规模总投资（1.1+1.2.1）	3 278.8	1 309.6	1 309.6	654.8	2.8	1.1	0.7				
2	**资金筹措及使用**	**3 289.8**	**1 309.6**	**1 309.6**	**654.8**	**9.5**	**3.7**	**2.5**				
2.1	项目资本金	3 289.8	1 309.6	1 309.6	654.8	9.5	3.7	2.5				
2.1.1	用于建设投资	3 274.1	1 309.6	1 309.6	654.8	*	*	*	*	*	*	*
2.1.2	用于流动资金	15.6				9.5	3.7	2.5				
2.1.3	用于建设期利息	0.0	0.0	0.0	0.0	*	*	*	*	*	*	*
2.2	债务资金	0.0	0.0	0.0	0.0							
2.2.1	用于建设投资	0.0	0.0	0.0	0.0	*	*	*	*	*	*	*
	银行借款	0.0	0.0	0.0	0.0	*	*	*	*	*	*	*
2.2.2	用于流动资金											
	银行借款											
2.3	申请财政资金	0.0	0.0	0.0	0.0							
2.3.1	用于建设投资	0.0	0.0	0.0	0.0	*	*	*	*	*	*	*
	国家财政资金				0.0							
	地方配套资金	0.0	0.0	0.0	0.0	*	*	*	*	*	*	*

表 4–23　营业收入、营业税金及附加和增值税估算

序号	项目	税率 /%	合计	建设期	营运期						
					第 4 年	第 5 年	第 6 年	第 7 年	第 8 年	第 9 年	第 10 年
0	**生产负荷 /%**				**50**	**80**	**100**	**100**	**100**	**100**	**100**
1	**营业收入 / 万元**		**2 207.5**		**175.2**	**280.3**	**350.4**	**350.4**	**350.4**	**350.4**	**350.4**
1.1	自来水销售 /%		2 207.5		175.2	280.3	350.4	350.4	350.4	350.4	350.4
	单价 /（元 /t）		*		4.800	4.800	4.800	4.800	4.800	4.800	4.800
	数量 /（万 t）		459.9		36.5	58.4	73.0	73.0	73.0	73.0	73.0
	销项税额 / 万元	13	335.8		26.6	42.6	53.3	53.3	53.3	53.3	53.3
1.2					0.0	0.0	0.0	0.0	0.0	0.0	0.0
	单价 /（元 /t）		*		1.2	1.2	1.2	1.2	1.2	1.2	1.2
	数量 /t				0.0	0.0	0.0	0.0	0.0	0.0	0.0
	销项税额 / 万元				0.0	0.0	0.0	0.0	0.0	0.0	0.0
1.3					0.0	0.0	0.0	0.0	0.0	0.0	0.0
	单价 /（万元 /t）		*		0.0	0.0	0.0	0.0	0.0	0.0	0.0
	数量 /t				0.0	0.0	0.0	0.0	0.0	0.0	0.0
	销项税额 / 万元	17			0.0	0.0	0.0	0.0	0.0	0.0	0.0
2	**营业税金与附加 / 万元**		**29.6**		**2.3**	**3.8**	**4.7**	**4.7**	**4.7**	**4.7**	**4.7**
2.1	营业税 / 万元										
2.2	城市建设维护税 / 万元	7	20.7		1.6	2.6	3.3	3.3	3.3	3.3	3.3
2.3	教育费附加 / 万元	3	8.9		0.7	1.1	1.4	1.4	1.4	1.4	1.4
3	**增值税 / 万元**		**295.8**		**23.5**	**37.6**	**47.0**	**47.0**	**47.0**	**47.0**	**47.0**
3.1	销项税额 / 万元		335.8		26.6	42.6	53.3	53.3	53.3	53.3	53.3
3.2	进项税额 / 万元		40.0		3.2	5.1	6.3	6.3	6.3	6.3	6.3

表 4-24　总成本费用估算

单位：万元

序号	项目	合计	计算期									
			第 1 年	第 2 年	第 3 年	第 4 年	第 5 年	第 6 年	第 7 年	第 8 年	第 9 年	第 10 年
0	**生产负荷**					**50%**	**80%**	**100%**	**100%**	**100%**	**100%**	**100%**
1	**外购原材料**	**0.0**	*	*	*	**0.0**	**0.0**	**0.0**	**0.0**	**0.0**	**0.0**	**0.0**
2	**外购燃料及动力**	**307.5**	*	*	*	**24.4**	**39.0**	**48.8**	**48.8**	**48.8**	**48.8**	**48.8**
3	**工资及福利**	**111.3**	*	*	*	**8.8**	**14.1**	**17.7**	**17.7**	**17.7**	**17.7**	**17.7**
4	**修理费**	**114.6**	*	*	*	**16.4**	**16.4**	**16.4**	**16.4**	**16.4**	**16.4**	**16.4**
5	**其他费用**	**17.7**	*	*	*	**1.4**	**2.2**	**2.8**	**2.8**	**2.8**	**2.8**	**2.8**
5.1	其他制造费用	0.0	*	*	*	0.0	0.0	0.0	0.0	0.0	0.0	0.0
5.2	其他管理费用	11.0	*	*	*	0.9	1.4	1.8	1.8	1.8	1.8	1.8
5.3	其他营业费用	6.6	*	*	*	0.5	0.8	1.1	1.1	1.1	1.1	1.1
6	**经营成本（1+2+3+4+5）**	**551.0**	*	*	*	**51.0**	**71.8**	**85.6**	**85.6**	**85.6**	**85.6**	**85.6**
7	**折旧费**	**579.1**	*	*	*	**82.7**	**82.7**	**82.7**	**82.7**	**82.7**	**82.7**	**82.7**
8	**摊销费**	**277.2**	*	*	*	**39.6**	**39.6**	**39.6**	**39.6**	**39.6**	**39.6**	**39.6**
9	**利息支出**	**0.0**	*	*	*	**0.0**	**0.0**	**0.0**	**0.0**	**0.0**	**0.0**	**0.0**
10	**总成本费用（6+7+8+9）**	**1 407.4**	*	*	*	**173.3**	**194.1**	**208.0**	**208.0**	**208.0**	**208.0**	**208.0**
	其中：固定成本	1 099.9	*	*	*	148.9	155.1	159.2	159.2	159.2	159.2	159.2
	可变成本	307.5	*	*	*	24.4	39.0	48.8	48.8	48.8	48.8	48.8

表 4–25　固定资产折旧费估算

单位：万元

序号	项目	折旧年限	营运期						
			第 4 年	第 5 年	第 6 年	第 7 年	第 8 年	第 9 年	第 10 年
1	**建（构）筑物**	**30 年**							
	原值		2 482.0	2 482.0	2 482.0	2 482.0	2 482.0	2 482.0	2 482.0
	当期折旧费		82.7	82.7	82.7	82.7	82.7	82.7	82.7
	净值		2 399.3	2 316.5	2 233.8	2 151.1	2 068.3	1 985.6	1 902.9
2	**机器设备**	**15 年**							
	原值		0.0	0.0	0.0	0.0	0.0	0.0	0.0
	当期折旧费		0.0	0.0	0.0	0.0	0.0	0.0	0.0
	净值		0.0	0.0	0.0	0.0	0.0	0.0	0.0
3	**合计**								
	原值		2 482.0	2 482.0	2 482.0	2 482.0	2 482.0	2 482.0	2 482.0
	当期折旧费		82.7	82.7	82.7	82.7	82.7	82.7	82.7
	净值		2 399.3	2 316.5	2 233.8	2 151.1	2 068.3	1 985.6	1 902.9

表 4–26　无形和递延资产摊销估算

单位：万元

序号	项目	摊销年限	折旧及摊销年份						
			第 4 年	第 5 年	第 6 年	第 7 年	第 8 年	第 9 年	第 10 年
1	**无形资产**	**20 年**							
	原值		200.0	200.0	200.0	200.0	200.0	200.0	200.0
	当期摊销费		10.0	10.0	10.0	10.0	10.0	10.0	10.0
	净值		190.0	180.0	170.0	160.0	150.0	140.0	130.0
2	**递延资产**	**20 年**							
	原值		592.1	592.1	592.1	592.1	592.1	592.1	592.1
	当期摊销费		29.6	29.6	29.6	29.6	29.6	29.6	29.6
	净值		562.5	532.9	503.3	473.7	444.1	414.5	384.9
3	**合计**								
	原值		792.1	792.1	792.1	792.1	792.1	792.1	792.1
	当期折旧摊销费		39.6	39.6	39.6	39.6	39.6	39.6	39.6
	净值		752.5	712.9	673.3	633.7	594.1	554.5	514.9

表 4-27　利润及利润分配

序号	项目	合计	经济效益计算分析期									
			第 1 年	第 2 年	第 3 年	第 4 年	第 5 年	第 6 年	第 7 年	第 8 年	第 9 年	第 10 年
0	生产负荷 /%					50	80	100	100	100	100	100
1	营业收入 / 万元	2 207.5				175.2	280.3	350.4	350.4	350.4	350.4	350.4
2	营业税金及附加 / 万元	29.6				2.3	3.8	4.7	4.7	4.7	4.7	4.7
3	总成本费用 / 万元	1 407.4				173.3	194.1	208.0	208.0	208.0	208.0	208.0
4	补贴收入 / 万元											
5	利润总额（1−2−3+4）/ 万元	770.6				−0.5	82.4	137.7	137.7	137.7	137.7	137.7
6	弥补以前年度亏损 / 万元											
7	应纳税所得额（5−6）/ 万元	770.6				−0.5	82.4	137.7	137.7	137.7	137.7	137.7
8	所得税 / 万元	192.6				−0.1	20.6	34.4	34.4	34.4	34.4	34.4
9	净利润（5−8）/ 万元	577.9				−0.4	61.8	103.3	103.3	103.3	103.3	103.3
10	期初未分配利润 / 万元	1 138.9				0.0	−0.3	52.2	140.0	227.8	315.6	403.4
11	可供分配的利润（9+10）/ 万元	1 716.8				−0.4	61.5	155.5	243.3	331.1	418.9	506.7
12	提取法定盈余公积金 / 万元	57.8				0.0	6.2	10.3	10.3	10.3	10.3	10.3
13	可供投资者分配的利润 / 万元	1 659.0				−0.3	55.3	145.2	233.0	320.8	408.6	496.4
14	提取任意盈余公积金 / 万元	28.9				0.0	3.1	5.2	5.2	5.2	5.2	5.2
15	未分配利润 / 万元	1 630.1				−0.3	52.2	140.0	227.8	315.6	403.4	491.2
16	息税前利润 / 万元	770.6				−0.5	82.4	137.7	137.7	137.7	137.7	137.7
17	息税折旧摊销前利润 / 万元	1 547.7				121.8	204.8	260.1	260.1	260.1	220.5	220.5

表 4–28　项目投资现金流量表

单位：万元

序号	项目	合计	经济效益计算分析期									
			第 1 年	第 2 年	第 3 年	第 4 年	第 5 年	第 6 年	第 7 年	第 8 年	第 9 年	第 10 年
1	**现金流入**	**4 640.9**				**175.2**	**280.3**	**350.4**	**350.4**	**350.4**	**350.4**	**2 783.8**
1.1	营业收入	2 207.5				175.2	280.3	350.4	350.4	350.4	350.4	350.4
1.2	补贴收入											
1.3	回收固定资产余值	2 417.7	*	*	*	*	*	*	*	*	*	2 417.7
1.4	回收流动资金	15.6	*	*	*	*	*	*	*	*	*	15.6
2	**现金流出**	**3 870.3**	**1 309.6**	**1 309.6**	**654.8**	**62.8**	**79.2**	**92.8**	**90.3**	**90.3**	**90.3**	**90.3**
2.1	固定资产投资（不含建设期利息）	3 274.1	1 309.6	1 309.6	654.8	*	*	*	*	*	*	*
2.2	流动资金	15.6				9.5	3.7	2.5				
2.3	经营成本	551.0			*	51.0	71.8	85.6	85.6	85.6	85.6	85.6
2.4	营业税金及附加	29.6				2.3	3.8	4.7	4.7	4.7	4.7	4.7
2.5	维持运营投资											
3	**所得税前净现金流量（1-2）**	**770.6**	**−1 309.6**	**−1 309.6**	**−654.8**	**112.4**	**201.1**	**257.6**	**260.1**	**260.1**	**260.1**	**2 693.4**
4	**累计所得税前净现金流量**	**−21 806.7**	**−1 309.6**	**−2 619.3**	**−3 274.1**	**−3 161.8**	**−2 960.7**	**−2 703.1**	**−2 443.0**	**−2 182.9**	**−1 922.9**	**770.6**
5	**调整所得税**	**192.6**			**0.0**	**−0.1**	**20.6**	**34.4**	**34.4**	**34.4**	**34.4**	**34.4**
6	**所得税后净现金流量（3-5）**	**577.9**	**−1 309.6**	**−1 309.6**	**−654.8**	**112.5**	**180.5**	**223.2**	**225.6**	**225.6**	**225.6**	**2 659.0**
7	**累计所得税后净现金流量**		**−1 309.6**	**−2 619.3**	**−3 274.1**	**−3 161.6**	**−2 981.2**	**−2 758.0**	**−2 532.3**	**−2 306.7**	**−2 081.1**	**577.9**

表 4–29　项目资本金现金流量表

单位：万元

序号	项目	合计	经济效益计算分析期									
			第 1 年	第 2 年	第 3 年	第 4 年	第 5 年	第 6 年	第 7 年	第 8 年	第 9 年	第 10 年
1	**现金流入**	**4 640.9**				**175.2**	**280.3**	**350.4**	**350.4**	**350.4**	**350.4**	**2 783.8**
1.1	营业收入	2 207.5	*	*	*	175.2	280.3	350.4	350.4	350.4	350.4	350.4
1.2	补贴收入		*	*	*							
1.3	回收固定资产余值	2 417.7	*	*	*	*	*	*	*	*	*	2 417.7
1.4	回收流动资金	15.6	*	*	*	*	*	*	*	*	*	15.6
2	**现金流出**	**4 063.0**	**1 309.6**	**1 309.6**	**654.8**	**62.7**	**99.8**	**127.2**	**124.8**	**124.8**	**124.8**	**124.8**
2.1	项目资本金	3 289.8	1 309.6	1 309.6	654.8	9.5	3.7	2.5				
2.2	借款本金偿还	0.0					0.0					
2.3	借款利息支付	0.0	0.0	0.0	0.0	0.0	0.0					
2.4	经营成本	551.0	*	*	*	51.0	71.8	85.6	85.6	85.6	85.6	85.6
2.5	营业税金及附加	29.6	*	*	*	2.3	3.8	4.7	4.7	4.7	4.7	4.7
2.6	所得税	192.6	*	*	*	−0.1	20.6	34.4	34.4	34.4	34.4	34.4
2.7	维持运营投资											
3	**净现金流量（1–2）**	**577.9**	**−1 309.6**	**−1 309.6**	**−654.8**	**112.5**	**180.5**	**223.2**	**225.6**	**225.6**	**225.6**	**2 659.0**

表 4-30　财务计划现金流量表

单位：万元

序号	项目	合计	经济效益计算分析期									
			第 1 年	第 2 年	第 3 年	第 4 年	第 5 年	第 6 年	第 7 年	第 8 年	第 9 年	第 10 年
1	**经营活动净现金流量（1.1-1.2）**	**1 434.3**				**122.0**	**184.2**	**225.6**	**225.6**	**225.6**	**225.6**	**225.6**
1.1	现金流入	2 543.3				201.8	323.0	403.7	403.7	403.7	403.7	403.7
1.1.1	营业收入	2 207.5				175.2	280.3	350.4	350.4	350.4	350.4	350.4
1.1.2	增值税销项税	335.8				26.6	42.6	53.3	53.3	53.3	53.3	53.3
1.1.3	补贴收入											
1.1.4	其他流入											
1.2	现金流出	1 109.0				79.9	138.8	178.1	178.1	178.1	178.1	178.1
1.2.1	经营成本	551.0				51.0	71.8	85.6	85.6	85.6	85.6	85.6
1.2.2	增值税进项税	40.0				3.2	5.1	6.3	6.3	6.3	6.3	6.3
1.2.3	营业税金及附加	29.6				2.3	3.8	4.7	4.7	4.7	4.7	4.7
1.2.4	增值税	295.8				23.5	37.6	47.0	47.0	47.0	47.0	47.0
1.2.5	所得税	192.6				−0.1	20.6	34.4	34.4	34.4	34.4	34.4
1.2.6	其他流出											
2	**投资活动净现金流量（2.1-2.2）**	**−3 289.8**	**−1 309.6**	**−1 309.6**	**−654.8**	**−9.5**	**−3.7**	**−2.5**		**0.0**	**0.0**	**0.0**
2.1	现金流入											
2.2	现金流出	3 289.8	1 309.6	1 309.6	654.8	9.5	3.7	2.5				
2.2.1	建设投资	3 274.1	1 309.6	1 309.6	654.8	0.0	0.0	0.0	0.0	0.0	0.0	0.0
2.2.2	维持运营投资											

续表

序号	项目	合计	经济效益计算分析期									
			第 1 年	第 2 年	第 3 年	第 4 年	第 5 年	第 6 年	第 7 年	第 8 年	第 9 年	第 10 年
2.2.3	流动资金	15.6	0.0	0.0	0.0	9.5	3.7	2.5	0.0	0.0	0.0	0.0
2.2.4	其他流出											
3	**筹资活动净现金流量（3.1-3.2）**	**3 289.8**	**1 309.6**	**1 309.6**	**654.8**	**9.5**	**3.7**	**2.5**				
3.1	现金流入	3 289.8	1 309.6	1 309.6	654.8	9.5	3.7	2.5				
3.1.1	项目资本金投入	3 289.8	1 309.6	1 309.6	654.8	9.5	3.7	2.5				
3.1.2	建设投资借款	0.0	0.0									
3.1.3	流动资金借款											
3.1.4	债券		*	*	*	*	*	*	*	*	*	*
3.1.5	短期借款		*	*	*	*	*	*	*	*	*	*
3.1.6	其他流入	0.0			0.0							
3.2	现金流出	0.0	0.0	0.0	0.0	0.0	0.0					
3.2.1	各种利息支出	0.0	0.0	0.0	0.0	0.0	0.0					
3.2.2	偿还债务本金	0.0					0.0					
3.2.3	应付利润（股利分配）											
3.2.4	其他流出											
4	**净现金流量**	**1 434.3**	**0.0**	**0.0**	**0.0**	**122.0**	**184.2**	**225.6**	**225.6**	**225.6**	**225.6**	**225.6**
5	**累计盈余资金**	**5 343.3**	**0.0**	**0.0**	**0.0**	**122.0**	**306.1**	**531.8**	**757.4**	**983.0**	**1 208.7**	**1 434.3**

表 4-31　资产负债表

单位：万元

序号	项目	计算期									
		第 1 年	第 2 年	第 3 年	第 4 年	第 5 年	第 6 年	第 7 年	第 8 年	第 9 年	第 10 年
1	**资产**	**1309.64**	**2 619.28**	**3 274.10**	**3 286.96**	**3 354.71**	**3 461.96**	**3 565.26**	**3 668.55**	**3 771.84**	**3 875.14**
1.1	流动资产总额				135.19	325.29	554.87	780.51	1 006.14	1 231.77	1 457.41
1.1.1	货币资金	0.00	0.00	0.00	122.82	307.50	533.48	759.11	984.74	1 210.37	1 436.01
1.1.2	应收账款	0.00	0.00	0.00	4.25	5.98	7.14	7.14	7.14	7.14	7.14
1.1.3	预付账款	0.00	0.00	0.00	0.00	0.00	0.00	0.00	0.00	0.00	0.00
1.1.4	存货	0.00	0.00	0.00	8.12	11.81	14.26	14.26	14.26	14.26	14.26
1.1.5	其他										
1.2	在建工程	1 309.64	2 619.28	3 274.10							
1.3	固定资产净值				2 399.27	2 316.53	2 233.80	2 151.07	2 068.33	1 985.60	1 902.87
1.4	无形及其他资产净值				752.50	712.89	673.29	633.68	594.08	554.47	514.87
2	**负债及所有者权益（2.4+2.5）**	**1 309.64**	**2 619.28**	**3 274.10**	**3 286.96**	**3 354.71**	**3 461.96**	**3 565.26**	**3 668.55**	**3 771.84**	**3 875.14**
2.1	流动负债合计				3.73	5.96	7.46	7.46	7.46	7.46	7.46
2.1.1	短期借款	*	*	*	*	*	*	*	*	*	*
2.1.2	应付账款	0.00	0.00	0.00	3.73	5.96	7.46	7.46	7.46	7.46	7.46
2.1.3	预收账款	0.00	0.00	0.00	0.00	0.00	0.00	0.00	0.00	0.00	0.00
2.1.4	其他	*	*	*	*	*	*	*	*	*	*

续表

序号	项目	计算期									
		第 1 年	第 2 年	第 3 年	第 4 年	第 5 年	第 6 年	第 7 年	第 8 年	第 9 年	第 10 年
2.2	建设投资借款	0.00	0.00	0.00	0.00						
2.3	流动资金借款	*	*	*	*	*	*	*	*	*	*
2.4	负债小计（2.1+2.2+2.3）	0.00	0.00	0.00	3.73	5.96	7.46	7.46	7.46	7.46	7.46
2.5	所有者权益	1 309.64	2 619.28	3 274.10	3 283.23	3 348.75	3 454.51	3 557.80	3 661.09	3 764.39	3 867.68
2.5.1	资本金	1 309.64	2 619.28	3 274.10	3 283.60	3 287.29	3 289.75	3 289.75	3 289.75	3 289.75	3 289.75
2.5.2	资本公积			0.00	0.00	0.00	0.00	0.00	0.00	0.00	0.00
2.5.3	累计盈余公积金、公益金	0.00	0.00	0.00	−0.06	9.22	24.71	40.21	55.70	71.20	86.69
2.5.4	累计未分配利润				−0.31	52.24	140.04	227.84	315.64	403.44	491.24
计算指标	资产负债率 /%				0.00	0.00	0.00	0.00	0.00	0.00	0.00
	流动比率 /%				36.26	54.53	74.42	104.68	134.94	165.21	195.47
	速冻比率 /%				34.09	52.56	72.51	102.77	133.03	163.29	193.55

第五节　冶炼电解废渣项目经济评价

一、建设规模

项目规划用地 23 333 m^2，总建筑面积为 15 465 m^2；新建年处理 8 万 t 有色金属冶炼电解废渣综合回收生产线，形成年产贵铅 15 000 t、粗铟 18 t、冰铜及有价金属 1 000 t、次氧化锌 19 000 t 的生产能力，预计实现销售收入 3.2 亿元。

二、产品方案

项目主要产品为贵铅、粗铟、冰铜及有价金属、次氧化锌。以电解锌废尾渣和阳极泥为原料，采用火法冶炼技术回收渣料中的铅、氧化锌、银和铜等产品。

根据原材料和辅助材料的成分含量，拟定采用火法、湿法并举的工程技术方案。首先将原材料的含量高的铅元素采用火法提炼出来，使含量低的有价元素锌、铟、锡、在高温富氧作用下氧化富集形成次氧化锌、铟、锡等元素混合物料，铜在炼铅过程中富集在冰铜层形成半成品，熔炼过程中所产生的水渣因为炉温的变化和炉熔液循环不均匀，部分锌、铟、银被带入水渣中，仍有利用价值。

通过回转窑回收水渣中的锌、铟，同时水渣中铁、银还原富集，经过磁选分离形成铁粉返到熔炼作还原剂。对次级氧化锌混合物采用湿法分离，提取铟、铜、锡单个元素时，余热蒸汽锅炉安装在烧结、熔炼、回转窑的生产生线上，对湿法生产线浸出工序加热水，余热锅炉起到了充分的综合利用效能。锌形成氢氧化物后参与回转窑系统，铅在湿法分离过程中形成硫酸铅，且含量提高到 50% 以上。但仍有部分锌、铟、锡金属残留在铅泥中，为了降低综合能耗，将含量高的铅泥掺至原料中提高火法提炼主元素铅的品位，提高产量，降低能耗，使铅泥中残留的部分有价元素进一步氧化富集至次级氧化锌混合物料中达到二次循环的目的。

回转窑系统主要处理熔炼中产生的水渣和湿法中产生含锌渣，两者混合进入回转窑系统，使水渣中铁还原，提高锌的品位，形成锌含量 38% 以上的产品。经过磁选分离铁后的废铁渣是红砖厂内掺发热材料。整个生产过程中的水全部是循环使用，综合利用，没有外排。烧结、熔炼、回转窑及湿法系统联合生产线具体工艺包括铅熔炼工艺、次级氧化锌及铟浸出工艺、回转窑冶炼工艺和磁选铁工艺等。其主要产品为贵铅（Pb98%）、粗铟（In99%）、冰铜（Cu55%）及有价金属和次氧化锌（Zn38%）。

相关技术与工艺流程见图 4-1。

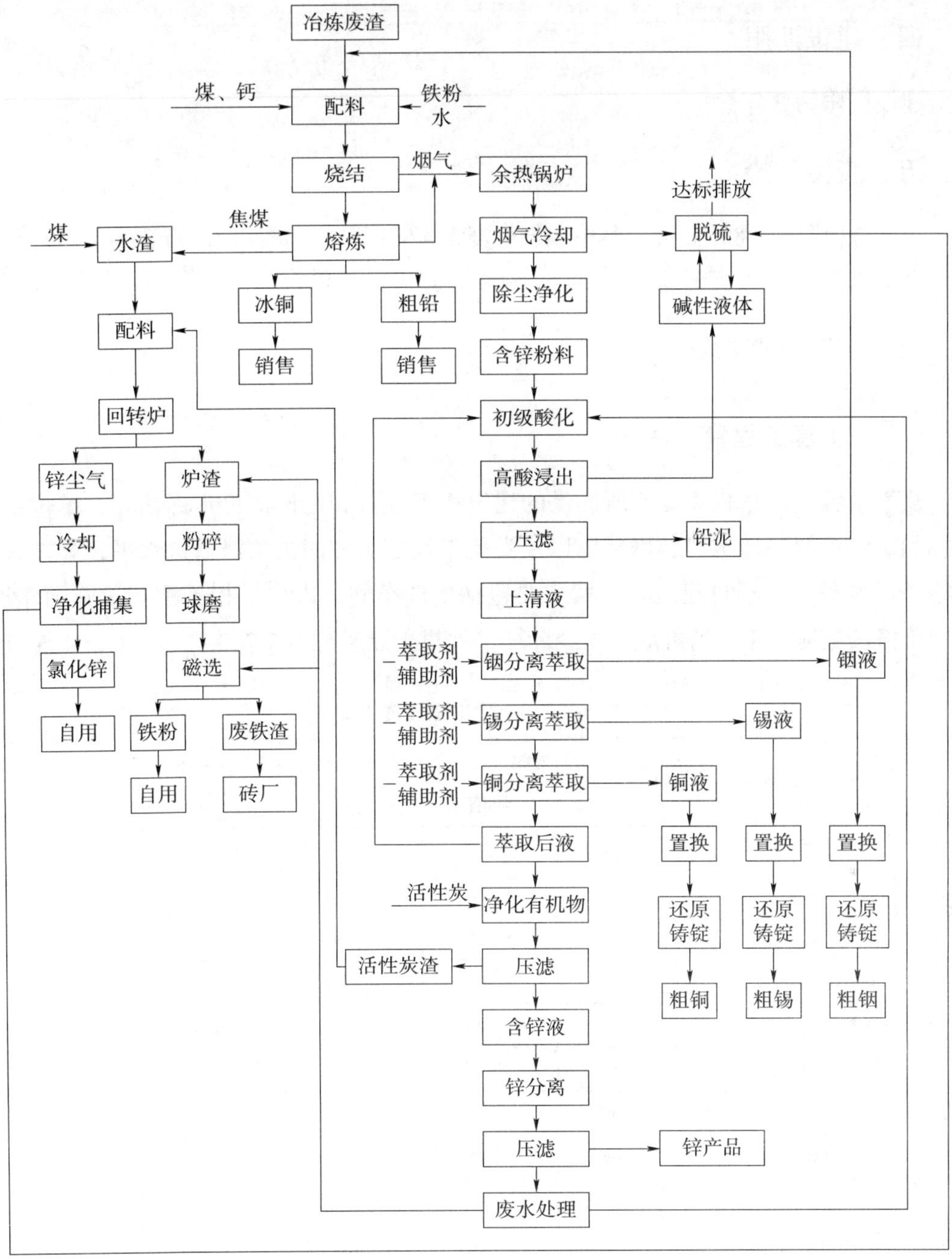

图 4-1 技术与工艺流程

三、建设工程内容

项目主要工程内容为生产办公建筑和研发建筑，总建筑面积为 15 465 m^2。建成国内一流的有色金属冶炼电解废渣综合回收生产线 1 条，形成年产贵铅 15 000 t、粗铟 18 t、冰铜及有价金属 1 000 t、次氧化锌 19 000 t 的生产能力。

四、建设期限

建设期限为 3 年。

五、资金筹措

项目总投资为 5 800 万元，其中建设投资为 4 501 万元，铺底流动资金为 1 299 万元。资金来源：5 200 万元为自筹资金，600 万元为银行贷款。

六、工程投资估算

（一）土建工程费

建筑工程费依据相关专业所提供的建筑物工程量和单位造价指标估算，单位造价指标的确定参照当地土建装修装饰以及安装工程定额和同类项目造价水平，并按现行价格予以调整。本项目建筑工程费主要包括生产车间、库房及相关配套设施的建设，材料价格按当地当年市场价取值。经计算，项目土建工程费 2 230.1 万元（表 4-32）。

表 4-32　土建工程投资明细

序号	工程名称	工程量		单位造价 / 元	投资额 / 万元	备注
		单位	数值			
1	**主体工程**	**m^2**	**11 320**		**1 132.0**	—
1.1	烧结车间	m^2	4 200	1 000	420.0	钢混
1.2	还原熔炼车间	m^2	5 520	1 000	552.0	钢混
1.3	除尘器车间	m^2	1 600	1 000	160.0	钢混
2	**辅助工程**	**m^2**	**4 145**		**337.5**	—
2.1	废水处理系统	m^2	860	800	68.8	—
2.2	办公楼及宿舍	m^2	2 800	820	229.6	—
2.3	风机基础	m^3	15	1 000	1.5	—
2.4	风机房	m^2	20	800	1.6	—
2.5	配电室及控制房	m^3	150	800	12.0	—
2.6	仓库	m^2	300	800	24.0	—
3	**公用工程**				**110.3**	—
3.1	给排水工程				33.0	—
3.2	变配电站				50.0	—
3.3	运输及通信工程				8.0	—
3.4	门卫室及厕所				10.0	—

续表

序号	工程名称	工程量		单位造价 / 元	投资额 / 万元	备注
		单位	数值			
3.5	医务室				4.3	—
3.6	浴室				5.0	—
4	**室外工程**				**650.3**	**—**
4.1	大门	m^2			5	—
4.2	土地平整				20	—
4.3	挡土墙				580	—
4.4	停车场	m^2	700	180	12.6	—
4.5	道路及硬化	m^2	1 167	150	17.5	—
4.6	绿化及景观	m^2	2 335	65	15.2	—
合计		—	—	—	**2 230.1**	—

（二）设备投资费

项目设备购置，主要包括生产设备和辅助设备，各类设备价格根据设备供应商提供的价格及现行市场价格估算。

项目设备投资费 1 623.6 万元，其中生产设备 1 623.6 万元。

表 4-33 设备投资明细

序号	设备名称	型号	单位	数量	单价 / 万元	投资额 / 万元	备注
1	熔炼炉	2.5 m^2	台	1	90	90.0	—
2	烧结机	3.4M × 17M	台	2	225	450.0	—
3	罗茨风机	50kW-8	台	2	7.5	15.0	—
4	引风机	10C	台	20	1.85	37.0	—
5	布袋收尘室	Φ300 × 128	套	8	8	64.0	—
6	回转窑	Φ3 500 × 39 000	台	1	355	355.0	—
7	冷却系统	水冷及风冷	套	1	185	185.0	—
8	捕集系统	布袋及旋风	套	1	248	248.0	—
9	风机	75 kW	台	4	3.6	14.4	—
10	粉碎机	F80-1	台	3	5.4	16.2	—
11	球磨机	Φ1 500 × 8 000	台	1	65	65.0	—
12	磁选机	双向 Φ800	台	2	4.5	9.0	—
13	萃取机	800L16	台	1	75	75.0	—
合计		—	—	—	—	1 623.6	—

（三）工程建设其他费用估算

项目工程建设其他费用包括土地购置费、勘察设计费、招标代理费、监理费、咨询费、建设单位管理费、环境评估费。工程建设其他费用按建设工程相关规定的比例提取。本项目工程建设其他费用为 415.4 万元。

（四）预备费估算

根据国家有关标准，项目只需计算基本预备费用。基本预备费是指在项目实施中可能发生，但在项目决策阶段难以预料的支出，需要事先预留的费用，又称为工程建设不可预见费。预备费一般由三项内容构成：①在批准的设计范围内，技术设计、施工图设计过程中所增加的工程费用，经批准的设计变更、工程变更、材料代用、局部地基处理等增加的费用；②一般自然灾害造成的损失和预防自然灾害所采取的措施费用；③竣工验收时为鉴定工程质量对隐蔽工程进行必要的挖掘和修复费用。项目基本预备费按工程费用和工程建设其他费用 5.0% 提取，费用为 200.8 万元。

经以上测算，项目建设投资为 4 632.3 万元。

表 4–34　建设投资估算

序号	工程或费用名称	建筑工程费 / 万元	设备购置费 / 万元	安装工程费 / 万元	其他费用 / 万元	合计 / 万元	比例 /%
1	**工程费用**	**2 230.1**	**1 623.6**	**81.2**		**3 934.9**	**87.43**
1.1	主体工程	1 132.0	1 623.6	81.2		2 836.8	63.03
1.1.1	烧结车间	420.0				420.0	9.33
1.1.2	还原熔炼车间	552.0				552.0	12.26
1.1.3	除尘器车间	160.0		0.0		160.0	3.55
1.2	辅助工程	337.5		0.0	0.0	337.5	7.50
1.2.1	废水处理系统	68.8		0.0		68.8	1.53
1.2.2	办公楼及宿舍	229.6					
1.2.3	风机基础	1.5					
1.2.4	风机房	1.6				1.6	0.04
1.2.5	配电室及控制房	12.0				12.0	0.27
1.2.6	仓库	24.0					
1.3	公用工程	110.3					
1.4	室外工程	650.3				650.3	14.45

续表

序号	工程或费用名称	建筑工程费 / 万元	设备购置费 / 万元	安装工程费 / 万元	其他费用 / 万元	合计 / 万元	比例 /%
2	**工程建设其他费用**				**369.2**	**369.2**	**8.20**
2.1	土地购置费				180.0	180.0	4.00
2.2	勘察设计费				31.5	31.5	0.70
2.3	招标代理费				10.0	10.0	0.22
2.4	监理费				19.7	19.7	0.44
2.5	咨询费				16.0	16.0	0.36
2.6	建设单位管理费				19.7	19.7	0.44
2.7	环境评估费				5.5	5.5	0.12
2.8	劳动安全卫生评价费				4.0	4.0	0.09
2.9	场地准备及临时设施费				11.8	11.8	0.26
2.10	工程保险费				15.7	15.7	0.35
2.11	联合试运转费				39.3	39.3	0.87
2.12	生产准备及开办费				16.0	16.0	0.36
3	**预备费用**				**196.7**	**196.7**	**4.37**
3.1	基本预备费				196.7	196.7	4.37
3.2	涨价预备费						
4	**建设投资合计**	**2 230.1**	**1 623.6**	**81.2**	**565.9**	**4 500.8**	**100.00**
	比例 /%	49.55	36.07	1.80	12.57	100.00	—

（五）建设期利息估算

本项目贷款为 600 万元，建设期利息为 202.5 万元。

（六）流动资金估算

根据国家规定，采用详细估算法计算流动资金需要量。流动资金以年需要各种原材料、燃料动力、人工费用等按分项详细估算法估算。项目的流动资金为 4 330.6 万元。

表 4–35　流动资金估算

单位：万元

序号	项目	最低周转天数 /d	周转次数 / 次	建设期			营运期						
				第 1 年	第 2 年	第 3 年	第 4 年	第 5 年	第 6 年	第 7 年	第 8 年	第 9 年	第 10 年
1	**流动资产**						**3 996.4**	**6 337.7**	**7 898.5**	**7 898.5**	**7 898.5**	**7 898.5**	**7 898.5**
1.1	应收账款	30	12				1 198.7	1 894.9	2 359.0	2 359.0	2 359.0	2 359.0	2 359.0
1.2	存货						2 610.4	4 143.2	5 165.1	5 165.1	5 165.1	5 165.1	5 165.1
1.2.1	原材料	30	12				903.8	1 446.1	1 807.7	1 807.7	1 807.7	1 807.7	1 807.7
1.2.2	燃料、动力	30	12				69.3	110.8	138.5	138.5	138.5	138.5	138.5
1.2.3	在产品	20	18				697.9	1 101.3	1 370.2	1 370.2	1 370.2	1 370.2	1 370.2
1.2.4	产成品	24	15				939.4	1 485.0	1 848.7	1 848.7	1 848.7	1 848.7	1 848.7
1.3	现金	30	12				187.2	299.5	374.4	374.4	374.4	374.4	374.4
1.4	预付账款												
2	**流动负债**						**1 784.0**	**2 854.4**	**3 568.0**	**3 568.0**	**3 568.0**	**3 568.0**	**3 568.0**
2.1	应付账款	55	7				1 784.0	2 854.4	3 568.0	3 568.0	3 568.0	3 568.0	3 568.0
2.2	预收账款												
3	**流动资金（1-2）**						**2 212.4**	**3 483.3**	**4 330.6**	**4 330.6**	**4 330.6**	**4 330.6**	**4 330.6**
4	**流动资金当期增加额**						**2 212.4**	**1 270.9**	**847.3**				

（七）项目总投资

项目建设投资为 4 501 万元，铺底流动资金为 1 299 万元，项目总投资为 5 800 万元。

（八）资金筹措

项目资金 5 200 万元为自筹，600 万元为银行贷款。

表 4–36　项目总投资使用计划与资金筹措　　单位：万元

序号	项目	合计	计算期					
			第 1 年	第 2 年	第 3 年	第 4 年	第 5 年	第 6 年
1	**总投资使用计划**	**8 943.9**	**922.7**	**2 295.4**	**1 395.2**	**2 212.4**	**1 270.9**	**847.3**
1.1	建设投资	4 500.8	900.2	2 250.4	1 350.2			
1.2	建设期利息	112.5	22.5	45.0	45.0			
1.3	流动资金	4 330.6				2 212.4	1 270.9	847.3
2	**资金筹措及使用**	**8 943.9**	**922.7**	**2 295.4**	**1 395.2**	**2 212.4**	**1 270.9**	**847.3**
2.1	项目资本金	6 951.9	322.7	2 295.4	3.2	2 212.4	1 270.9	847.3
2.1.1	用于建设投资	2 508.8	300.2	2 250.4	−41.8			
2.1.2	用于流动资金	4 330.6				2 212.4	1 270.9	847.3
2.1.3	用于建设期利息	112.5	22.5	45.0	45.0			
2.2	债务资金	600.0	600.0	0.0	0.0			
2.2.1	用于建设投资	600.0	600.0	0.0	0.0			
	银行借款	600.0	600.0	0.0	0.0			
2.2.2	用于流动资金							
	银行借款							
2.3	申请财政资金	1 392.0	0.0	0.0	1 392.0			
2.3.1	用于建设投资	1 392.0	0.0	0.0	1 392.0			
	国家财政资金				1 160.0			
	地方配套资金	232.0	0.0	0.0	232.0			

七、工程投资财务评价

（一）财务评价方法及说明

依据国家发展改革委和建设部联合发布的《建设项目经济评价方法与参数》（第三版）的规定，参考《投资项目可行性研究指南（试用版）》（中国电力出版社

2002 年 3 月出版），并根据企业会计准则、其他有关现行经济及税务法规和项目实际需要进行评价。分析范围包括对本项目的经营收入与成本的估算、项目盈利能力分析、盈亏及敏感性分析等，所用的各项指标按照国家有关规定选取。

计算不考虑项目单位其他业务的收入与成本效益，财务评价仅对项目的新增效益进行评价。

项目计算期为 10 年，其中建设期为 10 个月。

项目运营期第一年按 50% 投产，第二年按 80% 投产，第三年达产。

财务基准收益率按 10% 设定。

成本和销售的各种价格均按不含税价测算。

（二）成本费用估算

1. 原材料费用

项目所需的原材料主要为电解冶炼渣，预计达产期年需求量为 80 000 t，预计每年需要原材料费用 12 000 万元。

2. 燃料动力费

项目动力主要有水、电和燃煤，年需水量 5.01 万 t，需电量 900 万 kW · h，需要燃煤 1.8 万 t。水、电、煤费用分别为 3 000 元 /t、0.49 元 /（kW · h）、680 元 /t。燃料动力费用合计 1 662 万元。

3. 折旧费

固定资产折旧年限：厂房按 20 年折旧，设备按 10 年折旧，则年折旧费用为 282 万元。

无形资产摊销：土地使用费及其他无形资产按 10 年摊销，则年摊销费用为 18 万元。

4. 工资及福利费

项目定员 180 人，其中工人 160 人、技术人员 15 人、管理人员 5 人。

人均年工资及福利：工人 3.6 万元、技术人员 4.2 万元、管理人员 4.8 万元。

则达产年工资及福利费 848.64 万元。

5. 修理费

修理费按照固定资产原值的 10% 计取，正常年修理费估算为 461.3 万元。

6. 其他费用

其他费用为其他管理费用、其他销售费用和其他制造费用，合计 3 644.4 万元。其中其他管理费用按照营业收入的 5.0% 计取，其他销售费用按照营业收入的 3% 计取，其他制造费用按照外购原材料费用的 5.0% 计取。

达产期时产品总成本费用为 28 608.3 万元，其中固定成本 5 254.4 万元，包括工资福利费、修理费、折旧费、销售费用、管理费用等；可变成本 23 353.9 万元，包括主要原材料、燃料及动力费等。经营成本 28 308.3 万元，包括主要原材料、燃料及动力费、工资福利费、修理费、制造费用、管理费用、财务费用等。

（三）销售收入和税金估算

1. 营业收入

项目建设完成后，其主要经济收入来源包括贵铅、粗铟、冰铜及有价金属、次氧化锌销售。预计达产期年销售收入为 31 998 万元。

2. 销售税金及附加

城市维护建设税和教育费附加分别按 7% 和 3% 计算，销售税金及附加为 15 万元。

3. 增值税

产品销售的增值税税率为 17%，增值税为 79.2 万元。

（四）盈利能力分析

1. 利润及利润分配

营业收入扣除营业税金及附加和总成本费用后，加上其他收入为利润总额，扣除所得税后为净利润。该项目达产期，年利润总额为 3 315 万元。所得税按税率 25% 计，新增所得税为 829 万元。新增净利润为 2 486 万元。

2. 盈利能力分析

（1）静态财务评价指标计算

本项目达产期时新增利润总额 3 315 元，新增净利润为 2 486 万元。

总投资收益率 = 年息税前利润 /（建设资产投资 + 建设期利息 + 流动资金）× 100%=3 314.8/（4 500.8+112.5+4 330.6）× 100%=37.06%

资本金净利润率 = 年净利润 / 项目新增资本金 × 100%= 2 486.1/ 6 951.9 × 100%=35.76%

（2）现金流量分析

项目财务内部收益率是指能够使未来现金流入量现值等于未来现金流出量现值的贴现率。

项目税前财务内部收益率为 32.16%，税后财务内部收益率为 25.42%。

项目财务净现值指项目未来现金流入量的现值与项目未来现金流出量现值的差额。本项目税后净现值为 3 850 万元（i=12%）。

项目投资回收期指投资项目引起的现金流入现值累积到与投资额相等所需要的时间。本项目税后动态投资回收期为 6.85 年（含建设期）。

3. 偿债能力分析

资产负债率 = 负债总额 / 资产总额 × 100%

每年负债率都在变化，项目资产负债率最大为投产第一年 25.14%，以后各年逐渐减小，说明负债比率很低，企业偿债有保证，但企业也应该更合理地利用财务杠杆作用进行举债经营。

（五）不确定性分析

1. 盈亏平衡分析

投产年的固定成本不尽相同，按各年实际成本构成计算，以项目年生产能力利用率表示的盈亏平衡点（BEP），其公式为

BEP= 年固定成本 /［销售收入 - 可变成本 - 销售（营业）税金］×100%

项目达产年 BEP 为 61.59%。由盈亏平衡分析可知，按基价计算，本项目生产能力利用率达到 61.59% 时，即能达到盈亏平衡。超过该比例就有盈利，否则将产生亏损。本项目该项指标表明，项目有一定的抗风险能力（图 4-2）。

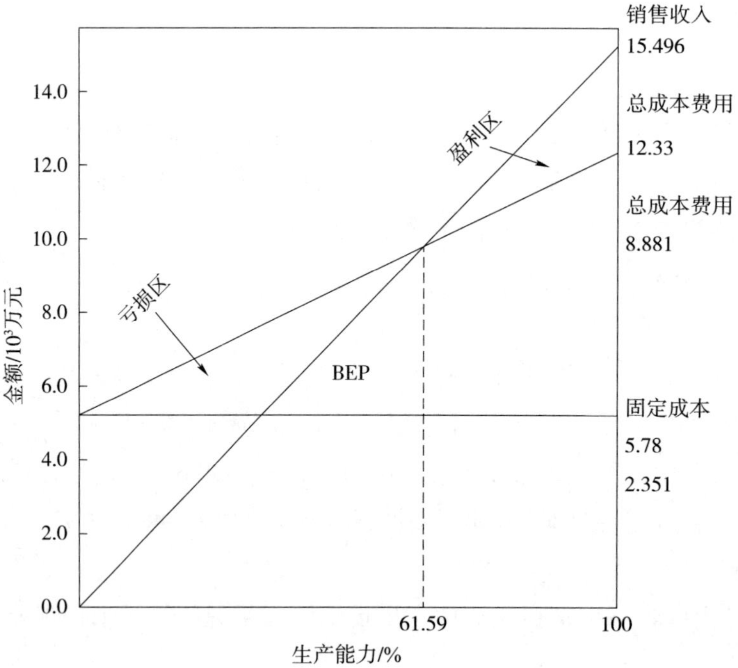

图 4-2　项目盈亏平衡

2. 敏感性分析

项目的财务分析是在设定的财务条件下进行的，为了考察项目适应各种因素变化的能力。对影响项目财务效益的项目投资、产品产量、产品价格、原材料价格等因素在 ±5%、±10% 和 ±15% 的范围内进行了敏感性分析（表 4-37、图 4-3）。

表 4-37 项目敏感性分析

变动因素	-15%	-10%	-5%	+5%	+10%	+15%
基本方案	30.43%	30.43%	30.43%	30.43%	30.43%	30.43%
销售价格	14.20%	20.11%	25.49%	35.01%	39.28%	43.29%
经营成本	44.96%	40.41%	35.58%	24.91%	18.96%	12.51%
原材料	39.42%	36.54%	33.55%	27.19%	23.80%	20.25%
建设投资	34.98%	33.36%	31.85%	29.11%	27.86%	26.68%

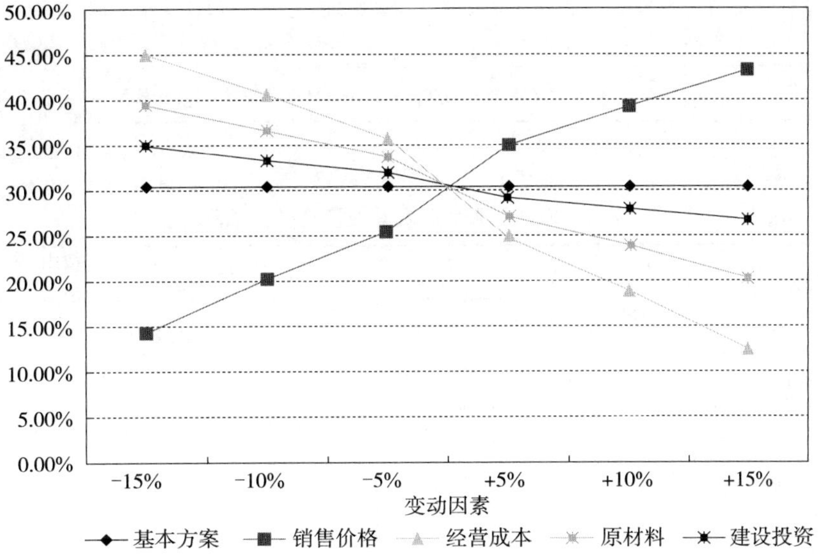

图 4-3 敏感性分析

产品销售价格和经营成本对项目盈利性指标的影响最为敏感，几乎持平，其次是原材料。企业在生产过程中应加强经营管理，努力提高产品质量，以优质优价赢得用户的信赖，同时注意节能降耗，降低成本，以达到项目预测的经济效益。

表 4-38 固定资产折旧估算 单位：万元

序号	项目	折旧年限	营运期						
			第 4 年	第 5 年	第 6 年	第 7 年	第 8 年	第 9 年	第 10 年
1	**建（构）筑物**	**20 年**							
	原值		2 230.1	2 230.1	2 230.1	2 230.1	2 230.1	2 230.1	2 230.1
	当期折旧费		111.5	111.5	111.5	111.5	111.5	111.5	111.5
	净值		2 118.6	2 007.1	1 895.6	1 784.1	1 672.6	1 561.1	1 449.6

续表

序号	项目	折旧年限	营运期						
			第 4 年	第 5 年	第 6 年	第 7 年	第 8 年	第 9 年	第 10 年
2	**机器设备**	**10 年**							
	原值		1 704.8	1 704.8	1 704.8	1 704.8	1 704.8	1 704.8	1 704.8
	当期折旧费		170.5	170.5	170.5	170.5	170.5	170.5	170.5
	净值		1 534.3	1 363.8	1 193.3	1 022.9	852.4	681.9	511.4
3	**合计**								
	原值		3 934.9	3 934.9	3 934.9	3 934.9	3 934.9	3 934.9	3 934.9
	当期折旧费		282.0	282.0	282.0	282.0	282.0	282.0	282.0
	净值		3 652.9	3 370.9	3 088.9	2 807.0	2 525.0	2 243.0	1 961.0

表 4–39 无形资产及其他资产摊销估算 单位：万元

序号	项目	摊销年限	折旧及摊销年份						
			第 4 年	第 5 年	第 6 年	第 7 年	第 8 年	第 9 年	第 10 年
1	**无形资产**	**10 年**							
	原值		180.0	180.0	180.0	180.0	180.0	180.0	180.0
	当期摊销费		18.0	18.0	18.0	18.0	18.0	18.0	18.0
	净值		162.0	144.0	126.0	108.0	90.0	72.0	54.0
2	**递延资产**	**5 年**							
	原值		498.4	498.4	498.4	498.4	498.4		
	当期摊销费		99.7	99.7	99.7	99.7	99.7		
	净值		398.7	299.1	199.4	99.7	0.0		
3	**合计**								
	原值		678.4	678.4	678.4	678.4	678.4	180.0	180.0
	当期折旧摊销费		117.7	117.7	117.7	117.7	117.7	18.0	18.0
	净值		560.7	443.1	325.4	207.7	90.0	72.0	54.0

表 4–40　总成本费用估算

单位：万元

序号	项目	合计	计算期									
			第 1 年	第 2 年	第 3 年	第 4 年	第 5 年	第 6 年	第 7 年	第 8 年	第 9 年	第 10 年
0	生产负荷					50%	80%	100%	100%	100%	100%	100%
1	外购原材料	136 659.0				10 846.0	17 353.5	21 691.9	21 691.9	21 691.9	21 691.9	21 691.9
2	外购燃料及动力	10 470.6				831.0	1 329.6	1 662.0	1 662.0	1 662.0	1 662.0	1 662.0
3	工资及福利	5 346.4				424.3	678.9	848.6	848.6	848.6	848.6	848.6
4	修理费	3 229.3				461.3	461.3	461.3	461.3	461.3	461.3	461.3
5	其他费用	22 959.9				1 822.2	2 915.5	3 644.4	3 644.4	3 644.4	3 644.4	3 644.4
5.1	其他制造费用	6 832.9				542.3	867.7	1 084.6	1 084.6	1 084.6	1 084.6	1 084.6
5.2	其他管理费用	10 079.4				800.0	1 279.9	1 599.9	1 599.9	1 599.9	1 599.9	1 599.9
5.3	其他营业费用	6 047.6				480.0	768.0	959.9	959.9	959.9	959.9	959.9
6	经营成本（1+2+3+4+5）	178 665.3				14 384.8	22 738.9	28 308.3	28 308.3	28 308.3	28 308.3	28 308.3
7	折旧费	1 973.9				282.0	282.0	282.0	282.0	282.0	282.0	282.0
8	摊销费	624.4				117.7	117.7	117.7	117.7	117.7	18.0	18.0
9	利息支出	90.0				45.0	45.0	0.0	0.0	0.0	0.0	0.0
10	总成本费用（6+7+8+9）	181 353.6				14 829.5	23 183.6	28 708.0	28 708.0	28 708.0	28 608.3	28 608.3
	其中：固定成本	34 224.0				3 152.5	4 500.5	5 354.1	5 354.1	5 354.1	5 254.4	5 254.4
	可变成本	147 129.6				11 677.0	18 683.1	23 353.9	23 353.9	23 353.9	23 353.9	23 353.9

表 4-41　销售收入、销售税金及附加和增值税估算

序号	项目	税率	合计	建设期	营运期						
					第 4 年	第 5 年	第 6 年	第 7 年	第 8 年	第 9 年	第 10 年
0	**生产负荷 /%**				**50**	**80**	**100**	**100**	**100**	**100**	**100**
1	**营业收入 / 万元**		**201 587.4**		**15 999.0**	**25 598.4**	**31 998.0**	**31 998.0**	**31 998.0**	**31 998.0**	**31 998.0**
1.1	粗铅 / 万元		128 425.5		10 192.5	16 308.0	20 385.0	20 385.0	20 385.0	20 385.0	20 385.0
	单价 /（万元 /t）		*		1.359	1.359	1.359	1.359	1.359	1.359	1.359
	数量 /t		94 500.0		7 500.0	12 000.0	15 000.0	15 000.0	15 000.0	15 000.0	15 000.0
	销项税额 / 万元	17%	25 543.8		2 027.3	3 243.7	4 054.6	4 054.6	4 054.6	4 054.6	4 054.6
1.2	次氧化锌 / 万元		36 747.9		2 916.5	4 666.4	5 833.0	5 833.0	5 833.0	5 833.0	5 833.0
	单价 /（万元 /t）		*		3 070.0	3 070.0	3 070.0	3 070.0	3 070.0	3 070.0	3 070.0
	数量 /t		119 700.0		9 500.0	15 200.0	19 000.0	19 000.0	19 000.0	19 000.0	19 000.0
	销项税额 / 万元	17%	7 309.2		580.1	928.1	1 160.2	1 160.2	1 160.2	1 160.2	1 160.2
1.3	粗铟 / 万元		29 484.0		2 340.0	3 744.0	4 680.0	4 680.0	4 680.0	4 680.0	4 680.0
	单价 /（万元 /t）		*		260.0	260.0	260.0	260.0	260.0	260.0	260.0
	数量 /t		113.4		9.0	14.4	18.0	18.0	18.0	18.0	18.0
	销项税额 / 万元	17%	5 864.4		465.4	744.7	930.9	930.9	930.9	930.9	930.9
1.4	冰铜 / 万元		6 930.0		550.0	880.0	1 100.0	1 100.0	1 100.0	1 100.0	1 100.0
	单价 /（万元 /t）		*		1.1	1.1	1.1	1.1	1.1	1.1	1.1
	数量 /t		6 300.0		500.0	800.0	1 000.0	1 000.0	1 000.0	1 000.0	1 000.0
	销项税额 / 万元	17%	1 378.4		109.4	175.0	218.8	218.8	218.8	218.8	218.8
2	**营业税金与附加 / 万元**		**95.1**		**7.5**	**12.1**	**15.1**	**15.1**	**15.1**	**15.1**	**15.1**
2.1	营业税 / 万元										
2.2	城市建设维护税 / 万元	7%	66.5		5.3	8.5	10.6	10.6	10.6	10.6	10.6
2.3	教育费附加 / 万元	3%	28.5		2.3	3.6	4.5	4.5	4.5	4.5	4.5
3	**增值税 / 万元**		**950.6**		**75.4**	**120.7**	**150.9**	**150.9**	**150.9**	**150.9**	**150.9**
3.1	销项税额 / 万元		25 543.8		2 027.3	3 243.7	4 054.6	4 054.6	4 054.6	4 054.6	4 054.6
3.2	进项税额 / 万元		24 593.2		1 951.8	3 122.9	3 903.7	3 903.7	3 903.7	3 903.7	3 903.7

表 4-42　利润与利润分配

单位：万元

序号	项目	合计	经济效益计算分析期									
			第 1 年	第 2 年	第 3 年	第 4 年	第 5 年	第 6 年	第 7 年	第 8 年	第 9 年	第 10 年
0	生产负荷 /%					50	80	100	100	100	100	100
1	营业收入	201 587.4				15 999.0	25 598.4	31 998.0	31 998.0	31 998.0	31 998.0	31 998.0
2	营业税金及附加	95.1				7.5	12.1	15.1	15.1	15.1	15.1	15.1
3	总成本费用	181 353.6				14 829.5	23 183.6	28 708.0	28 708.0	28 708.0	28 608.3	28 608.3
4	补贴收入											
5	利润总额（1-2-3+4）	20 138.8				1 162.0	2 402.7	3 274.9	3 274.9	3 274.9	3 374.6	3 374.6
6	弥补以前年度亏损											
7	应纳税所得额（5-6）	20 138.8				1 162.0	2 402.7	3 274.9	3 274.9	3 274.9	3 374.6	3 374.6
8	所得税	5 034.7				290.5	600.7	818.7	818.7	818.7	843.7	843.7
9	净利润（5-8）	15 104.1				871.5	1 802.1	2 456.2	2 456.2	2 456.2	2 531.0	2 531.0
10	期初未分配利润	33 044.5				0.0	740.8	2 272.5	4 360.3	6 448.0	8 535.8	10 687.1
11	可供分配的利润（9+10）	48 148.6				871.5	2 542.8	4 728.7	6 816.5	8 904.2	11 066.8	13 218.1
12	提取法定盈余公积金	1 510.4				87.1	180.2	245.6	245.6	245.6	253.1	253.1
13	可供投资者分配的利润	46 638.2				784.3	2 362.6	4 483.1	6 570.9	8 658.6	10 813.7	12 965.0
14	提取任意盈余公积金	755.2				43.6	90.1	122.8	122.8	122.8	126.5	126.5
15	未分配利润	45 883.0				740.8	2 272.5	4 360.3	6 448.0	8 535.8	10 687.1	12 838.5
16	息税前利润	20 228.8				1 207.0	2 447.7	3 274.9	3 274.9	3 274.9	3 374.6	3 374.6
17	息税折旧摊销前利润	22 591.7				1 606.6	2 847.4	3 674.6	3 574.9	3 574.9	3 656.6	3 656.6

表 4–43　项目投资现金流量表

单位：万元

序号	项目	合计	经济效益计算分析期									
			第 1 年	第 2 年	第 3 年	第 4 年	第 5 年	第 6 年	第 7 年	第 8 年	第 9 年	第 10 年
1	**现金流入**	**207 933.0**				**15 999.0**	**25 598.4**	**31 998.0**	**31 998.0**	**31 998.0**	**31 998.0**	**38 343.6**
1.1	营业收入	201 587.4				15 999.0	25 598.4	31 998.0	31 998.0	31 998.0	31 998.0	31 998.0
1.2	补贴收入											
1.3	回收固定资产余值	2 015.0										2 015.0
1.4	回收流动资金	4 330.6										4 330.6
2	**现金流出**	**187 591.7**	**900.2**	**2 250.4**	**1 350.2**	**16 604.7**	**24 021.9**	**29 170.7**	**28 323.4**	**28 323.4**	**28 323.4**	**28 323.4**
2.1	固定资产投资（不含建设期利息）	4 500.8	900.2	2 250.4	1 350.2							
2.2	流动资金	4 330.6				2 212.4	1 270.9	847.3				
2.3	经营成本	178 665.3				14 384.8	22 738.9	28 308.3	28 308.3	28 308.3	28 308.3	28 308.3
2.4	营业税金及附加	95.1				7.5	12.1	15.1	15.1	15.1	15.1	15.1
2.5	维持运营投资											
3	**所得税前净现金流量（1-2）**	**20 341.3**	**–900.2**	**–2 250.4**	**–1 350.2**	**–605.7**	**1 576.5**	**2 827.3**	**3 674.6**	**3 674.6**	**3 674.6**	**10 020.2**
4	**累计所得税前净现金流量**	**22 389.9**	**–900.2**	**–3 150.6**	**–4 500.8**	**–5 106.6**	**-3 530.0**	**–702.7**	**2 971.9**	**6 646.5**	**10 321.1**	**20 341.3**
5	**调整所得税**	**5 057.2**			**0.0**	**301.7**	**611.9**	**818.7**	**818.7**	**818.7**	**843.7**	**843.7**
6	**所得税后净现金流量（3-5）**	**15 284.1**	**–900.2**	**–2 250.4**	**–1 350.2**	**–907.5**	**964.6**	**2 008.6**	**2 855.9**	**2 855.9**	**2 830.9**	**9 176.5**
7	**累计所得税后净现金流量**		**–900.2**	**–3 150.6**	**–4 500.8**	**–5 408.3**	**-4 443.7**	**–2 435.1**	**420.7**	**3 276.6**	**6 107.6**	**15 284.1**

表 4–44　资产负债表

单位：万元

序号	项目	计算期									
		第 1 年	第 2 年	第 3 年	第 4 年	第 5 年	第 6 年	第 7 年	第 8 年	第 9 年	第 10 年
1	**资产**	**922.7**	**3 218.1**	**4 613.3**	**9 481.1**	**13 024.5**	**17 041.6**	**19 497.8**	**21 954.0**	**24 484.9**	**27 015.9**
1.1	流动资产总额				5 267.5	9 210.5	13 627.3	16 483.1	19 339.0	22 169.9	25 000.9
1.1.1	货币资金	0.0	0.0	0.0	1 458.4	3 172.4	6 103.2	8 959.0	11 814.9	14 645.8	17 476.8
1.1.2	应收账款	0.0	0.0	0.0	1 198.7	1 894.9	2 359.0	2 359.0	2 359.0	2 359.0	2 359.0
1.1.3	预付账款	0.0	0.0	0.0	0.0	0.0	0.0	0.0	0.0	0.0	0.0
1.1.4	存货	0.0	0.0	0.0	2 610.4	4 143.2	5 165.1	5 165.1	5 165.1	5 165.1	5 165.1
1.1.5	其他										
1.2	在建工程	922.7	3 218.1	4 613.3							
1.3	固定资产净值				3 652.9	3 370.9	3 088.9	2 807.0	2 525.0	2 243.0	1 961.0
1.4	无形及其他资产净值				560.7	443.1	325.4	207.7	90.0	72.0	54.0
2	**负债及所有者权益（2.4+2.5）**	**922.7**	**3 218.1**	**4 613.3**	**9 481.1**	**13 024.5**	**17 041.6**	**19 497.8**	**21 954.0**	**24 484.9**	**27 015.9**
2.1	流动负债合计				1 784.0	2 854.4	3 568.0	3 568.0	3 568.0	3 568.0	3 568.0
2.1.1	短期借款										
2.1.2	应付账款	0.0	0.0	0.0	1 784.0	2 854.4	3 568.0	3 568.0	3 568.0	3 568.0	3 568.0
2.1.3	预收账款	0.0	0.0	0.0	0.0	0.0	0.0	0.0	0.0	0.0	0.0
2.1.4	其他										

续表

序号	项目	计算期									
		第 1 年	第 2 年	第 3 年	第 4 年	第 5 年	第 6 年	第 7 年	第 8 年	第 9 年	第 10 年
2.2	建设投资借款	600.0	600.0	600.0	600.0						
2.3	流动资金借款										
2.4	负债小计（2.1+2.2+2.3）	600.0	600.0	600.0	2 384.0	2 854.4	3 568.0	3 568.0	3 568.0	3 568.0	3 568.0
2.5	所有者权益	322.7	2 618.1	4 013.3	7 097.2	10 170.1	13 473.6	15 929.8	18 386.0	20 917.0	23 447.9
2.5.1	资本金	322.7	2 618.1	2 621.3	4 833.7	6 104.6	6 951.9	6 951.9	6 951.9	6 951.9	6 951.9
2.5.2	资本公积			1 392.0	1 392.0	1 392.0	1 392.0	1 392.0	1 392.0	1 392.0	1 392.0
2.5.3	累计盈余公积金、公益金	0.0	0.0	0.0	130.7	401.0	769.5	1 137.9	1 506.3	1 886.0	2 265.6
2.5.4	累计未分配利润				740.8	2 272.5	4 360.3	6 448.0	8 535.8	10 687.1	12 838.5
计算指标	资产负债率 /%				25.14	21.92	20.94	18.30	16.25	14.57	13.21
	流动比率 /%				2.95	3.23	3.82	4.62	5.42	6.21	7.01
	速冻比率 /%				1.49	1.78	2.37	3.17	3.97	4.77	5.56

表 4–45　财务计划现金流量表

单位：万元

序号	项目	合计	经济效益计算分析期									
			第 1 年	第 2 年	第 3 年	第 4 年	第 5 年	第 6 年	第 7 年	第 8 年	第 9 年	第 10 年
1	**经营活动净现金流量（1.1–1.2）**	**17 792.4**				**1 316.1**	**2 246.7**	**2 855.9**	**2 855.9**	**2 855.9**	**2 830.9**	**2 830.9**
1.1	现金流入	227 131.2				18 026.3	28 842.1	36 052.6	36 052.6	36 052.6	36 052.6	36 052.6
1.1.1	营业收入	201 587.4				15 999.0	25 598.4	31 998.0	31 998.0	31 998.0	31 998.0	31 998.0
1.1.2	增值税销项税	25 543.8				2 027.3	3 243.7	4 054.6	4 054.6	4 054.6	4 054.6	4 054.6
1.1.3	补贴收入											
1.1.4	其他流入											
1.2	现金流出	209 338.9				16 710.1	26 595.3	33 196.7	33 196.7	33 196.7	33 221.6	33 221.6
1.2.1	经营成本	178 665.3				14 384.8	22 738.9	28 308.3	28 308.3	28 308.3	28 308.3	28 308.3
1.2.2	增值税进项税	24 593.2				1 951.8	3 122.9	3 903.7	3 903.7	3 903.7	3 903.7	3 903.7
1.2.3	营业税金及附加	95.1				7.5	12.1	15.1	15.1	15.1	15.1	15.1
1.2.4	增值税	950.6				75.4	120.7	150.9	150.9	150.9	150.9	150.9
1.2.5	所得税	5 034.7				290.5	600.7	818.7	818.7	818.7	843.7	843.7
1.2.6	其他流出											
2	**投资活动净现金流量（2.1–2.2）**	**-8 831.4**	**-900.2**	**-2 250.4**	**-1 350.2**	**-2 212.4**	**-1 270.9**	**-847.3**		**0.0**	**0.0**	**0.0**
2.1	现金流入											
2.2	现金流出	8 831.4	900.2	2 250.4	1 350.2	2 212.4	1 270.9	847.3				
2.2.1	建设投资	4 500.8	900.2	2 250.4	1 350.2	0.0	0.0	0.0	0.0	0.0	0.0	0.0
2.2.2	维持运营投资											

续表

序号	项目	合计	经济效益计算分析期									
			第 1 年	第 2 年	第 3 年	第 4 年	第 5 年	第 6 年	第 7 年	第 8 年	第 9 年	第 10 年
2.2.3	流动资金	4 330.6	0.0	0.0	0.0	2 212.4	1 270.9	847.3	0.0	0.0	0.0	0.0
2.2.4	其他流出											
3	**筹资活动净现金流量（3.1–3.2）**	**8 141.4**	**900.2**	**2 250.4**	**1 350.2**	**2 167.4**	**625.9**	**847.3**				
3.1	现金流入	8 943.9	922.7	2 295.4	1 395.2	2 212.4	1 270.9	847.3				
3.1.1	项目资本金投入	6 951.9	322.7	2 295.4	3.2	2 212.4	1 270.9	847.3				
3.1.2	建设投资借款	600.0	600.0									
3.1.3	流动资金借款											
3.1.4	债券											
3.1.5	短期借款											
3.1.6	其他流入	1 392.0			1 392.0							
3.2	现金流出	802.5	22.5	45.0	45.0	45.0	645.0					
3.2.1	各种利息支出	202.5	22.5	45.0	45.0	45.0	45.0					
3.2.2	偿还债务本金	600.0					600.0					
3.2.3	应付利润（股利分配）											
3.2.4	其他流出											
4	**净现金流量**	**17 102.4**	**0.0**	**0.0**	**0.0**	**1 271.1**	**1 601.7**	**2 855.9**	**2 855.9**	**2 855.9**	**2 830.9**	**2 830.9**
5	**累计盈余资金**	**61 271.6**	**0.0**	**0.0**	**0.0**	**1 271.1**	**2 872.9**	**5 728.7**	**8 584.6**	**11 440.5**	**14 271.4**	**17 102.4**

第五章　工程造价风险防控

第一节　风险管理的作用

风险管理是指项目或者企业在一个肯定有风险的环境里，通过一定的管理手段将风险可能造成的不良影响减至最低甚至避免。风险管理包括对风险的识别、定义、评估以及采取应对风险的措施。

有效地进行风险管理，有助于建设单位在应对风险时做出合理的决策，以提高应对风险的能力。现阶段，工程建设行业面临的环境越来越复杂，尤其对于市政项目来说不确定因素多而杂，科学决策的难度大大增加，只有通过建立起有效的风险管理机制，更好地实施风险管理，才能在应对各种复杂问题、风险阻力时做出正确的决策。

有效地进行风险管理有助于建设单位项目目标的实现。在建设生产经营活动中，追求价值最大化、利润最大化都是无可厚非的，但在实现这一目标的过程中，难免会遇到各式各样不确定性因素的影响，进而影响到建设项目目标的实现。因此，建设单位十分有必要进行风险的有效管理，以化解在建设过程中面临的各种不利因素的影响，从而保证项目目标的实现。

第二节　风险控制的流程

在项目管理中，通常所指的风险都是造成负面影响。风险事件发生的概率和该事件造成的影响程度是决定风险大小的重要因素。因此，风险管理就是采取相应措施，以降低风险的影响程度和发生概率。工程建设项目由于自身投入资金高，建设周期长，耗费人力、物资较多，且建成后不易更改，因此对风险的管控就显得十分重要。风险管理可以在项目前期充分考虑各类风险，有针对性地优化方案，制定相应措施，在实施过程中直接或者间接降低风险的危害。

风险管理按流程依次有三个阶段：首先是风险识别，即结合事件特点，提炼相关联的各类风险因素；其次是风险评价，通过参考固定的规范要求或者相互比较的排序，对影响项目的某种因素或项目全部的风险进行评价；最后是风险应对，根据评价结果，提出应对措施。

（一）风险识别

风险识别的要点在于将复杂的事件进行细化归类，构成不同的影响因素。工程造价从可行性研究开始就面临较多的影响因素，且纷繁复杂。因此，选择合适的识别方法是顺利开展造价风险管控的基础。风险识别是指在发生风险事故之前，通过运用科学的手段，全面地剖析可能发生的风险，并对可能发生的风险事故原因进行分析，具体流程见图 5-1。风险感知与风险分析是工程项目风险识别中的两项重要工作。

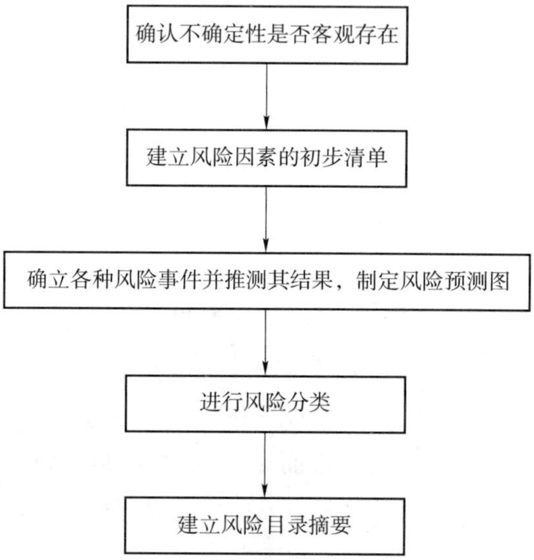

图 5-1　风险识别流程

风险感知是指收集与项目风险相关的全面信息，结合实际情况对信息进行筛选，从而确定风险因素。风险分析是指对风险感知所得到的风险因素进行分析，找出因素与可能发生的风险事故联系。有效识别风险的方法主要有以下几种：

（1）生产流程分析法，即流程图法。生产流程分析法起初是针对产品制造行业提出的风险分析方法，其分析思路是按照产品生产加工顺序的各个环节，对生产全过程进行全面的风险分析，从而找出潜在的风险因素。

（2）风险专家调查列举法。该方法的分析思路是由风险管理人员逐个罗列工程项目可能面临的风险，并根据风险属性的不同进行分类，然后通过不同专业领域的专家对各类型风险进行剖析，得出风险因素。应用该方法需要注意的是，专家的专业领域尽量能够覆盖所罗列的不同类别的风险，保证识别结果的有效性。

（3）分解分析法。分解分析法指按照一定的规则，将某一个项目或者流程分解为多个子项，分别分析各子系统中可能面临的风险，找出风险因素。

（4）失误树分析法。失误树分析法的思路是统计风险事故发生前所出现的各种失误事件发生的可能性，并通过图解法表示出来，形成失误树，可直观地表达出各种失误导致事故发生的可能性。

风险识别需要对所识别对象的全过程进行调查分析，对过程中发现的风险因素按照一定的原则进行分类，最终形成风险因素识别清单。风险识别的过程需要保证真实性、客观性及全面性。风险识别需要系统开展社会风险、政策风险、经济风险、技术风险、管理风险、自然风险等维度的风险因子识别（表 5-1）。

表 5-1　风险识别因子

维度	指标
社会风险	项目审批延误
	政府干预
	公众干预
政策风险	法律法规调整
	环保政策变动
	税费政策变动
	土地政策变化
经济风险	材料价格波动
	设备价格波动
	通货膨胀
	利率变化
技术风险	建设规模
	勘查深度
	设计方案选择
	招标控制价编制
	工程变更签证
管理风险	人力资源不足
	物资供应
	业主过度干预
	质量管理
	进度管理
自然风险	自然灾害
	地形地貌复杂
	气候恶劣
	地质不良

1. 社会风险识别

社会风险主要是受政府、公众、审批等社会环境影响的风险。

项目审批延误。工程建设审批程序复杂，涉及行政机关过多，花费时间长且成本高，会导致工期耽误、成本增加。

政府干预。政府工作人员直接干预项目建设，影响项目决策，导致项目不按计划进行，从而产生费用偏差，可能出现返工导致成本增加和工期推延等情况。

公众干预。一方面，由于项目预期收费过高或者项目的环评、可行性研究不合理，使得公众利益得不到保护或受损，引发社会公众对项目的反对情绪。另一方面，公众维权意识逐渐增强，对于征地、房屋拆迁以及青苗损毁提出的补偿费用不断上涨，地方政府对建设项目的支持力度有限，造成建场费在实际赔付时往往“漫天要价”，难以控制。

2. 政策风险识别

国家政策间接反映了国家对建设项目的支持程度，表现在法律法规调整、环保政策变动、税费政策变动、土地政策变化四个方面。

法律法规调整。由于相关法律条款的变更，导致现有项目的合同条款设置与其有一定程度的冲突，可能导致成本增加。

环保政策变动。政府发布提高环保标准的新文件，导致必须调整已确定的工程方案，从而增加成本。

税费政策变动。中央或者地方政府的税收政策变更，导致工程相关的税金及行政性收费发生变化。

土地政策变化。政府土地宏观经济政策变更、征地拆迁等费用增加引起工程成本增加。

3. 经济风险识别

全国或区域性经济发展形势对工程造价产生一定影响，主要有材料价格波动、设备价格波动、通货膨胀、利率变化等风险。

材料价格波动。受到国家总体经济形势的影响，导致装置性材料、地方性材料的价格呈现反复波动的趋势。

设备价格波动。主要设备都是通过集中化、规模化的招标进行采购。

通货膨胀。主要指社会总体价格呈上涨趋势，货币贬值，导致项目成本增加。

利率变化。国家宏观调控或金融市场调节引起的利率变化，导致建设期利息调整，动态投资发生变化。

4. 技术风险识别

技术条件作为工程造价的基础，其主要风险有建设规模、勘察深度、设计方案选择、招标控制价编制、工程变更签证等。

建设规模。投资方因发展战略目标或实际需求变更建设规模，可能引起项目成本增加、收益减少或者需要修改部分项目合同条款，需进行重新谈判，延长项目谈判时间。

勘查深度。勘测人员经验不足或疏忽大意，通过勘探工作所获得的资料（如地形地貌、地质构造、岩土层分布及物理学性质、水文气象条件等）与实际情况有差异，使得规划设计产生重大偏差，施工难度增加，可能出现返工导致施工成本增加和工期推迟。

设计方案选择。设计方案主要衡量技术、设备与工程方案是否进行充分比选，设计参数是否满足功能要求，是否考虑了项目的经济性，对设计是否进行良好优化，这些因素对造价影响很大。

招标控制价编制。造价人员经验不足或由于各种原因的疏忽产生的控制价编制误差，将直接影响投标人商务标的误差，使得中标价产生偏差，最终引起中标价及承包价的结果不同。

工程变更签证。工程变更签证不合理，导致造价成本增加。不及时、内容笼统、计量计价不明确、缺乏真实性导致相应费用不予业主认可，造价成本减少。

5. 管理风险识别

虽然工程建设的流程及规范都已经相当成熟，但从前期策划到实施，其周期过长，不确定性因素较多。

人力资源不足。从事相关专业的技术经济人员力量相对薄弱，素质参差不齐。人员除承担工程前期可研、初设、结算等工作外，还承担物资、基建管控平台数据导入、合同管理等工作，导致人员忙于日常的烦琐工作，忽略了对专业技术的学习和自身业务能力的提升。

物资供应。包括设备材料供应商未能按合同约定的时间交付货物，或者燃料、原材料采购困难，使得项目延期、造价上涨。

业主过度干预。业主单位超越合同约束范围行使权力，对设计、招标、施工等过程进行过度干预，使得项目效率降低，沟通成本增加。

质量管理。主要包括设备材料及施工存在质量缺陷、不合格导致工程返修或审核不通过，引起成本增加。

进度管理。由于管理不善引起的资源调配紧张，造成项目进度的偏差直接影响到工程造价。

6. 自然风险识别

建设项目实施周期较长，期间容易发生自然灾害、地质不良、气候恶劣、地形地貌复杂等自然风险。

自然灾害。项目所在地客观存在非双方能够预期或者抵抗的自然灾害因素，如地震、泥石流、滑坡等，可能导致工期拉长或者造价上涨。

地形地貌复杂。建设地形起伏较大、地貌植被覆盖较多、生产生活所需资源（如水、电等）不易获取、物资运输费用较高，可能导致工期延误或施工成本增加。

气候恶劣。当地存在经常性的强降雨、台风、冰雪等不良气候，可能导致工期延误或施工成本增加。

地质不良。项目建设过程中发现前期未勘测到的不良地质，如岩溶、土洞、河流冲刷以及渗透变形等，可能导致工期延误或施工成本增加。

（二）风险评价

风险评价是指在风险识别的基础上，通过对风险发生的概率、损失程度及其他多方面因素进行全盘考虑，以此来评估发生风险的可能性及风险可能造成的危害程度，同时还需要与公认的安全指标相比较，用以衡量风险的程度，最后决定是否采取相应的措施进行应对。

在不同的领域、不同的情况下，风险评价所用的方法不尽相同，主要可将其划分为两类，一类是定性评价，另一类是定量评价。建设工程定性的风险评价方法有专家打分法、层次分析法等，通过定性分析可以对不同风险的严重程度做出区分，并且可以依据确定的风险可接受度制定有针对性的措施。风险的定量评价方法种类较多，常用的方法包括蒙特卡洛模拟法、决策树、敏感性分析、盈亏平衡分析以及随机网络等。

（三）风险对策

1. 风险回避对策

经过预测评价，努力屏蔽风险源，尽可能阻止损失产生或风险发展。即使这能够有效控制风险，但直接否定项目可行性，属于消极的对策，只有在对风险的评价很准确的情况下才能使用。因此，风险回避只适用于两种情况：项目的风险很大或其他应对措施代价昂贵。

2. 风险转移对策

将自身的风险转至有能力的承担主体，并给予相应的费用作为补偿。一种是以保险的方式转移风险，通过投保，由保险单位承担可能的损失。这种方式难以控制高等级的风险。另一种是以非保险的方式转移风险，即除保险以外的方式，主要有出售、发包、免责合同三种形式。

3. 风险减轻对策

风险减轻是运用最多的一种方式，除能通过内部采取技术、管理等措施，还能通过增加风险承担方数量，使风险分散。

4. 风险接受对策

风险接受就是由业主独立承担可能的风险损失。风险接受可能是主动的，也可能是被动的。若采取风险预防措施所需要的费用远大于风险发生的损失，只有通过预先安排相应的资源来主动接受风险。若风险影响不大，能够获得一定利润，而暂时又没有其他对策时，必须被动承担项目的风险。

第三节 典型风险成因分析

一、设计编制精准度不足

设计单位作为初步设计文件及概算的编制单位，缺乏对编制质量的控制与考核。主要表现在：①未做好时间计划管理，初步设计文件及概算的编制工作预留时间不足，容易导致工作在仓促中开展而引发各种问题。②设计人员业务能力欠缺会导致现场勘测深度与设计深度不符，缺乏对可实施性的考虑，造成施工成本增加。③评审单位内部管理不善，评审人员的能力素质不到位，评审质量不高，评审流于形式，未尽到评审把关的职责，未充分发挥项目评审对初步设计文件及概算编制的评审与指导作用。④建设管理单位对施工图预算管理的认识不足、重视不够，导致施工图预算对工程造价全过程管控的指导作用没有充分展现。⑤施工单位缺乏施工图预算管理概念，日常人、材、机控制只凭经验，没有应用施工图预算进行合理的人、财、物资源配置，导致各种资源的浪费。⑥在进度款拨付环节，没有按照实际完工工程量并结合施工图预算的原则对进度款拨付实行严格管理，存在进度款随意拨付、超额拨付、提前拨付的情况，不利于资金时间价值的积累，造成投资浪费。

二、结算管理落实不到位

造价咨询单位作为结算审核单位，存在业务能力不足、对待结算审核工作缺乏严谨性、责任心不强的问题。首先，对合同执行、合同条款、结算规则专业知识掌握不到位，对清单工程量计算规则、清单计价规范、定额子目使用说明等理解不透彻，容易导致竣工结算出现多处工程量、价审核不准确的情况。其次，结算现场复核的工作职责履行不到位，没有针对主要工程量全面开展设计量、施工量、结算量的核查工作。容易导致建设管理单位没有结合咨询合同条款等制定针对咨询单位的考核管理办法，无法对咨询单位的结算审核质量进行约束。这就会导致造价咨询单位的结算审核环节质量不高，审核关口未发挥基本功能，引发所有问题在审查关口集中释放，造成结算审查工作压力大、漏洞多、结算不及时等。

第四节　风险解决经典方案

一、提升初步设计编制深度

初步设计阶段是工程建设的基础，只有严把初步设计关口才能实现造价管理的事前控制，有效地将问题消灭在工程前期。初步设计阶段，应将管理重心落实在提升设计质量与项目评审精度上，加强对设计深度、概算编制精准度的管控，牢牢把握设计与评审质效，认真履行评审管理职责，合理组织、规范开展评审，才能达到精准投资的管控要求。

（一）严格考察设计方案可实施性

在组织项目评审时，应严格把关送审项目是否具备评审条件，对于未取得选址选线意见书批复、核准批复、生态红线评估批复、环评报告、水保报告等相关要件的项目，不得组织开展工程初步设计评审，严格把关项目的可实施性。

（二）开展多方案技术经济比选

在初步设计阶段的管理流程中，加入多方案技术经济比选的环节。也就是说，在确定建设方案时，向合理造价的方向发展，切实提高工程建设的经济效益。

二、深化施工图预算管理

将施工图预算的编制与审查安排在工程招标前，充分发挥施工图预算的精准性，将其作为工程招投标、工程施工、工程竣工结算等环节全过程造价管理的源头和基础。

（一）提高施工图预算编制精准度

强化施工图设计质量的管理。施工图预算源于施工图设计文件，实现施工图预算的精准控制必须从施工图的设计质量抓起。施工图设计方案及建设规模，应与批准的初步设计规模和原则相一致，严禁擅自改变规模、提高标准。同时，也不得以扩大初步设计代替施工图设计，施工组织设计及施工方案应能充分体现施工现场情况、工程特点及主要施工方法。施工图设计深度与质量应满足施工图预算、招标工程量清单的编制要求，实现精准确定合同价款的管理目标。

加强施工图预算编制规范性管理。施工图预算应由具有相应编制资质的造价咨询单位进行编制，以施工图纸、特殊施工方案或施工组织措施、施工规程等为依据准确计量。施工图预算应采用工程量清单计价模式，执行综合单价法确定项目综合单价。

建设管理单位可自行组织专家或委托第三方对施工图预算开展审核工作，重点审核施工图设计深度是否满足施工图预算编制要求，审核施工图预算编制依据是否充分，审查工程量、价格、费用等内容是否准确，审核施工图预算与批准概算的各项费用及主要工程量的对比分析是否控制在合理范围。

（二）分阶段开展施工图预算管理

为了使施工图预算在工程招投标阶段充分发挥对造价控制的较高精准度的特点，在工程施工招标前与工程开工前，开展两阶段的施工图预算编、审工作。

第一阶段，在工程施工招标前，应完成满足招标深度要求、与施工招标范围一致的建安工程施工图预算，用于指导施工招标工程量清单和最高投标限价的编制，为工程招投标阶段实现工程造价精准控制提供基础。

第二阶段，在施工合同签约后、工程开工前，应完成基于施工图设计及物资招标结果的全口径施工图预算，用于指导建设过程中工程量确定、资金支付、资源配置、分部结算等管理工作，为工程全过程造价控制中进度款拨付金额、人财物等资源合理配置、设计变更与现场签证费用等的快速确定提供准确依据，为工程预算与概算进行分部分项工程造价对比、工程预算与工程结算进行同口径造价对比提供基础。

（三）推进施工图预算招标管理模式

在工程招标阶段，应转变招标工程清单及最高投标限价的编制模式，由概算工程量清单计价转变为施工图预算综合单价计价。利用施工图预算深度，从概算子目综合单价调整到预算子目综合单价。综合单价可以准确地反映子目的工作内容，价格内涵更加实化、更贴近现场实际。

在取得工程初步设计批复后，建设管理单位应组织开展施工图与建安工程施工图预算的编制、审核工作。施工图应是满足招标要求、符合施工验收技术规程、包含特殊施工方案与措施的施工图纸，工程量必须准确、完整，与招标范围相一致，并与施工现场实际相符，应做到预算工程量、图纸工程量、现场实际工程量一致，确保招标工程量的精准性。建安施工图预算应采用综合单价法编制，综合单价应使用预算定额进行组价，包括完成一个规定清单项目所需的人工费、材料费、施工机械使用费和管理费、利润以及一定范围内的风险费用。与施工相关的其他费用，如建设场地征用及清理费等，应按照施工方案与相关费用依据进行计列。

在工程招标前，建设管理单位应组织完成基于施工图预算深度的招标工程量清单和最高投标限价的编制、审核工作。招标工程量清单的编制应以审定的施工图、施工组织、施工措施为依据，对清单项目、项目特征、工程量、计量单位等进行重点审核，确保施工图设计内容已全部包含在招标工程量清单中，重点关注安全文明施工费、临时设施费等不可竞争费用的取费基数与取费费率是否符合国家政策要求，严禁采用固定总价方式对不可竞争费用进行招标，严格杜绝清单项目缺项、漏项、重项，超范围列支清单项目，随意估列措施项目，项目特征描述不全面或描述错误，工程量计列错误的情况发生。最高投标限价的编制应结合施工图预算，依据招标文件、施工设计图纸、工程现场和项目特点，对清单组价结构、定额套用及含量、人机调差系数、材料价格等进行重点审查，最高投标限价不得超过批准概算、审定的建安施工图预算费用，确保最高投标限价的合理性与准确性，有效发挥最高投标限价的拦标作用，有效地规避因技术方案深度不足而引起的“低价中标、高价索赔”合同风险，形成事前控制的造价管理模式。

三、落实现场造价管理标准化

（一）加强设计变更与现场签证管理

建设管理单位应规范设计变更与现场签证管理流程，切实履行逐级审批程序，做到“先审批后实施”。设计、施工项目部上报的设计变更与现场签证应明确原因、内容、工程量及费用变化等要素，并提供完整的支撑性资料，费用计算应严格执行施工图预算编制原则或合同确定原则，严禁虚假申报。监理项目部应组织设计变更与现场签证的旁站实测和验收工作，核实变更签证内容是否属实，核算变更签证的量与价，签署明确、翔实、准确的专业意见，并及时做好设计变更与现场签证的汇总。业主项目部应核查设计变更与现场签证的真实性、合理性、规范性，变更方案是否可行，技术与经济是否合理，确保依据充分、资料齐全，避免拆分设计变更与现场签证、虚假设计变更与现场签证等不合规现象。

设计变更文件应准确说明工程名称、变更的卷册号及图号、变更原因、变更提出方、变更内容、变更工程量及费用变化金额，并附变更图纸和变更费用计算书等，严格杜绝以升版施工图替代设计变更等方式规避设计变更。现场签证应详细说明工程名称、签证事项内容，并附相关施工措施方案、纪要或协议、支付凭证、照片、示意图、工程量及签证费用计算书等支撑性材料。针对重大设计变更和现场签证，应采取即时报送、即时审批、即时结算、即时备案的管理方式。

（二）强化合同管理

在工程开工前的第一次工程例会上，应由业主项目部牵头向各参建单位进行合同造价条款交底，重点对施工范围、投标人采购材料范围、价格调整、计量与支付、履约要求及违约责任等内容进行解读。业主项目部还可对清单措施项目、暂列金额、暂估费用、其他特殊费用、拆除工程、余土外运、不平衡报价的情况，以及需要特殊说明的事项进行交底宣贯，确保参建单位现场管理人员充分理解合同造价有关条文，在工程建设管理中按合同的条款执行，避免造价纠纷与风险。

建设管理单位应跟踪检查参建各方的合同履约情况。建设过程中，施工单位、设计单位、监理单位、造价咨询单位应严格履行其合同条款，遇到重大争议问题或现场环境发生变化，业主项目部或监理项目部应组织专题会议进行协调，根据实际情况及时解决。同时，应严格评价施工、设计、监理、咨询合同的履约情况，在合同中设置与工程成本相关的违约条款，并严格按照合同条款对参建各方进行考核，因参建各方原因直接或间接导致工程成本较大时应严格依据违约条款扣减合同价款，既起到约束参建各方工作严谨性的作用，也间接避免了资金的无端浪费。

（三）严格工程量管理

在施工过程中，应加强对现场工程量的管理。在施工单位进场前，业主、监理项目部应组织进行场地原始标高的测量，绘制原始地貌测量网格图，并由各方签字确认。在施工过程中，如果出现现场土质与地勘报告不符的情况，业主、监理、设计、施工单位均应到场进行现场见证，记录现场土质的实际情况，不符部分留存现场照片和视频作为设计变更的支撑性材料。工程涉及余土外运时，如果实际运距超过清单运距，监理和施工项目部确认最近的土方堆放点和运距。在阶段性工程完工后，施工项目部应在规定时间内申报验收，监理项目部应及时组织现场验收，严格按照工程量计算规则开展旁站实测、精准计量，核定已完工程量，并进行业主、施工、监理、设计四方工程量确认，确保工程量与现场实际相符，做到“工完量清”。

对于隐蔽工程的工程计量，应重点进行管理。监理项目部应通过旁站、巡视、见证、平行检验等方式开展隐蔽工程验收和工程量核定，现场造价人员应到岗到位，参与隐蔽工程量、不可追溯工程量的计量。隐蔽工程验收记录签字应完备，并有明确验收结论，为工程量计量提供翔实资料。

（四）规范现场资金管理

工程进度款的支付应严格执行合同约定，做到资料完整、数据准确、流程合规，不得超前或延期支付工程进度款。在每个进度款支付周期内，应遵循施工项目部提出申请、监理项目部审核、业主项目部拨付的流程完成进度款支付工作。施工项目部应根据现场实际施工进度计算阶段工程价款，并及时提出工程款支付申请。监理项目部应认真审核工程进度款支付资料的真实性、准确性和规范性，包括暂列金额是否已扣除、安全文明施工费是否单独拨付、上报申请的工程进度款与现场实际已完工程量是否相符等，保证付款依据充分、拨付资金合理。业主项目部在严格审核相关资料后，上报建设管理单位申请资金拨付预算，并及时向施工单位支付工程进度款，避免出现拖欠情况，坚决杜绝工程进度款提前拨付的情况发生。并且，在向施工单位拨付工程进度款时，应严格杜绝使用现金进行工程进度款支付的行为，避免造成资金流向没有记录、支付行为难以核实、无法监督的管理漏洞，消除管理死角。同时，避免因造价控制失误而导致进度款超额支付的情况。

（五）加强现场造价资料管理

施工过程中形成的各类文档、图纸、图表、照片、声像等工程资料，是项目建设的重要成果，也是工程结算的支撑依据。业主、施工、监理三个项目部应认真做好工程资料的整理工作，现场留存备查，并在工程竣工后于规定时间内立卷归档。对于拆除、余土外运、场地降水排水、围堰、填土垫道等难以查实或不可追溯的临时措施工作内容，监理项目部应做好记录，留下影像资料。对于工程建设中形成的隐蔽工程、不可追溯的工作内容等重要造价资料，应及时签证并留存完整、真实的记录资料与支撑依据，切实反映实际工程量，实现过程控制。

四、加强工程结算精益化管理

（一）实行分部结算管理

开展分部结算可以提高施工进度与费用支出的匹配度，保证工程投资均衡发生，有效地提高工程的投资效益。在项目开工前，建设管理单位应结合工程特点、施工转序、工程建设进度及分部工程完成等节点，制订分部结算实施计划，合理设置分部结算资料编制、分部结算审核的时间节点。分部结算应在结算资料真实、完整、准确的前提下开展。在施工过程中，建设管理单位应加强过程资料的搜集管理，及时组织和督促设计、施工、监理等单位对设计变更、现场签证和已完工程量进行及时签认，确保隐蔽工程结算资料的准确性，实现“工完量清”。在分部分项工程量完成后，各种资料已齐备且具备结算条件的工程应及时完成分部结算工作。分部结算资料应包括分部结算送审结算书、经五方签认的分部工程竣工工程量、施工图纸、新增或调整综合单价表、经审批的设计变更与现场签证、中间验收报告或交工验收报告、纪要及其他依据性资料。

（二）开展工程结算量价费精准管控

在工程结算阶段，结算审核及审查单位应重点关注工程造价三大要素“量、价、费”，工程结算应达到量准、价实、费用合规的管理要求。①把关工程量计量的准确性。以批准的施工图、经审批的设计变更及现场签证作为工程结算的依据，各专业结算审核及审查人员在结算阶段应依据竣工结算资料，到工程现场开展设计量、施工量与结算量的“三量核查”，确保工程量计列支撑依据完整、准确、合理。②把关价格的真实性。应严格按照清单项目特征描述的工作内容确定综合单价。对于招标工程量清单中没有或无类似的清单项目，需对其综合单价进行重新组价，组价时定额选择应符合预算定额使用规定，并按照承包人的报价折扣率进行利润降点。③加强其他费用的管理。强化费用管理的合规性，严格核减不合规费用、未发生费用和重复计列的费用。严禁拼盘、调剂使用工程费用，不得列支与本工程无关的费用，做到专款专用、独立核算，严禁发生套取转移、虚列支出、截留、挤占和挪用其他费用的情况，提高工程建设资金的使用效果。

（三）建立工程结算多级审核制度

在工程结算阶段，应推行工程项目统筹管控的结算审核、审查、审计、审批的“四审”管理模式。竣工投产后，业主项目部、施工项目部、监理项目部应配合建设管理单位开展工程资料的归集工作，施工单位应及时将结算文件报送至建设管理单位。在结算审核、审查、审计、审批的管理流程中，可通过建立结算精益化管控系统平台的信息化管理手段，将结算流程纳入管理平台，便于建设管理单位对结算环节进行分析、预警、通报、督导与考核，全面掌握工程结算完成情况，强化过程管控和结算及时性、精准性监督，确保工程竣工投产后及时结算、及时转资。

第六章　工程造价技术要点

第一节　立项决策阶段造价控制

一、重视投资估算质量

立项决策阶段，确保项目相关信息搜集的准确性和完整性。在构思多方案的基础上对项目的技术方案和经济效益进行比选，确定最优方案。重视投资估算的质量。通过可行性分析、投资估算、项目经济技术指标以及同类型项目的造价、国家相关部门以及地方政府对工程造价的相关规定做出论证。

二、提高财务评价的精准性

立项决策阶段引入财务评价要考虑项目的各项成本。除了对项目地理区位、市政设施、施工条件做相应的分析外，还需要考虑项目地形状况带来的成本等因素，确保成本计算的完整性。重视项目各期现金流的完整性。按季度分期进行财务评价时，由于对各期的管理费用、相关税费等不能精准估计，因此仅考虑每期的财务费用这一现金流，对各期的销售费用、管理费用还有可能发生的税费并没有充分地估计，这也导致各期的现金流计算不一定准确。充分应用财务评价中的敏感性分析。充分考虑施工时间、市场利率变化以及相关成本变动给项目收益带来的变化。在后期进行造价管理的过程中，应当在财务评价中对可能引起项目利润变化的因素单独提出来进行敏感性分析，保障财务评价的精准性。

第二节　工程设计阶段造价控制

一、推行限额设计

通常情况下，每一个单项设计的合计成本不能超过总投资概算，需要将总投资限额逐层分解，然后进行初步设计，确定每一个设计单项的造价，最后汇总形成初步设计概算。每一设计阶段都必须要求设计单位编制设计概（预）算，并和前一阶段的概算对比差异，并一一列出不同说明理由，再提交给建设单位，确保各单项成本在预算控制内，并以此作为下一阶段设计的控制红线。

二、运用价值工程评价优化设计方案

对项目的价值工程进行评价的目的是在有限的成本内实现功能最大化，最终达到价值最优。项目价值提升的途径主要有五种：①保持成本不变，提升项目的功能；②成本略微增加，但是项目的功能得到极大提升；③成本略微降低，项目功能保持不变；④成本略微降低，项目功能得到提升；⑤成本大幅度降低，但是项目的功能仅是略微下降。价值工程评价可以为项目提供良好的解决办法，最终实现项目的最佳功能价值。以生产型项目节能措施优化方面为例：

（一）工艺设计中的节能措施

（1）项目生产工艺是在比较分析目前国际国内先进生产工艺的基础上，综合原辅料供应、工艺操作条件、“三废”情况及收率等各种因素而制定的，工艺过程先进，从根本上避免了能源不必要的浪费，达到节能目的。

（2）合理地选用节能设备，使能源的消耗在设备这一源头就得到有效控制；电气设计中选用高效节能型灯具等；所有加工设备均选用机电部规定的节能型产品。

（3）在工艺装置设计中，凡是载荷变化较大的设备，为了达到节能的目的，都采用节能设备调节输出功率，使设备处于最佳运行状态和节能状态。

（4）对进厂原料，出厂产品及各工序的中间产品、动力消耗均设置计量设施，便于单位成本核算管理，促进节能。

（二）供配电系统节能措施

根据负荷容量、供电距离及分布、用电设备特点等因素合理设计供配电系统，做到系统尽量简单可靠、操作方便。变配电所应尽量靠近负荷中心，以缩短配电半径，减少线路损耗。合理选择变压器的容量和台数，以适应因季节造成负荷变化时能够灵活投切变压器，实现经济运行减少，由于轻载运行造成的不必要电能损耗。

1. 合理使用变压器

根据项目的用电特点选择较为灵活的结线方式，并能随各变压器的负载率及时进行负荷调整，以确保变压器在最佳负载状态。变压器的三相负载力求平衡，不平衡运行不仅会降低出力，而且会增加损耗。采用节能型和容量与电力负荷相适应的变压器，使变压器在使用期内预留适当的余量。变压器最经济节能运行的负载率一般为75%～85%。

2. 减少线路损耗

（1）尽量选用电阻率较小的导线，铜芯导线较佳，铝线次之。

（2）尽可能减少导线长度，在设计中线路应尽量走直线，少走“弯路”，另外在低压配电中尽可能不走或少走“回头路”。变电所应尽可能地靠近负荷中心，以减少供电半径。

（3）适当增大导线截面积，对于较长的线路，在满足载流量、热稳定、保护配合及电压降要求的前提下，在选定线截面时加大一级线截面。这样即使增加了线路费用，但由于节约能耗而减少了年运行费用，综合考虑节能经济时还是合算的。

3. 重视和合理进行无功补偿

项目合理地选择无功补偿方式、补偿点及补偿容量，能有效地稳定系统的电压水平，避免大量的无功通过线路远距离传输而造成有功网损。对配电网的电容器无功补偿，通常采取集中、分散、就地相结合的方式；电容器自动投切的方式可按母线电压的高低、无功功率的方向、功率因数大小、负载电流的大小、昼夜时间划分进行。

（三）照明节能措施

1. 控制照明功率密度值

按照《建筑照明设计标准》（GB 50034—2004）的要求设计建筑物各使用区的照度值。对于不同类型的建筑，其用途和环境特色不同，对于照明的要求也不同，避免照明功率密度值过大。

2. 充分利用自然光

房间的采光系数或采光窗地面积比应符合《建筑采光设计标准》（GB 50033—2013）的规定，以便利用自然光。有条件时，可随室外自然光的变化自动调节人工照明照度。

3. 采用高效节能照明技术及产品

（1）采用高效节能照明技术

科学、合理地进行照明设计和安装方案选择。采用照明节能电器，可以节电15%～20%。使用照明节能电器时，应尽可能地接近末端用电负荷进行安装，这样可以起到最佳的节能效果。

（2）选用高效节能照明产品

办公室和会议室一般以照明 T5 的高效荧光灯或紧凑型荧光灯为主，荧光灯采用电子镇流器，或低温低耗镇流器，既可以提高功率因数，又可以降低能耗，这种荧光灯比粗管径（38 mm）的 T12 荧光灯节电 10%；选用中间色温（3 300～5 300 K）的荧光灯，比高色温（6 200 K）荧光灯节电约 12%；宜优先选用电子镇流器或节能电感镇流器，普通电感镇流器的自身功耗为灯功率的 20%～25%，会耗去大量电能；室外照明原则上采用高效金属卤化物灯，走道及楼梯间均采用声光控延时开关控制。

4. 暖通方面

（1）设备尽量选用节能型制冷、排通风设备，所有热管道均保温。

（2）合理确定排风量，减少空调面积，降低能耗。

（3）空调通风设备选用变频风机，以根据需要调节风量，达到节能目的。

5. 建筑方面

按照建筑节能设计要求，为降低建筑物的能源消耗，该项目拟采取以下节能措施：

（1）建筑物朝向尽量采用南北向，以保证冬天室内能够照到阳光，提高室内温度。同时，避免盛夏灼热的光线射入室内。

（2）墙体采用新型节能材料，推广实用新技术、新工艺。使用轻质、高效、保温性能好的节能材料、复合墙体，加强屋面保温。

（3）控制窗墙面积比，不同朝向的窗墙面积比不应超过规定数值，即北向窗墙面积比为 0.25，东、西向窗墙面积比为 0.30，南向窗墙面积比为 0.35。

（4）使用气密性、保温性较好的塑钢窗。玻璃幕、门、窗使用中空浮法玻璃，密闭保温。

（四）给排水系统节能措施

（1）制订用水计划，做到合理用水。

（2）采用瓷芯水阀和铝塑复合管材。

（3）严格控制安装洁具的选型，不使用水箱容量大于 9 L 的洁具。

（4）加强项目区内精神文明建设，使职工养成良好的道德素养，自觉节约用水。

（5）加强管理，经常检查供水设施的完好情况，及时检修有问题的设备。

（五）空调通风节能措施

（1）对于室内温度的控制，严格按照《国务院办公厅关于严格执行公共建筑空调温度控制标准的通知》的要求，夏季室温低于 26℃、冬季室温高于 18℃时，需关闭空调，减少空调的无效运行及不合理运行。

（2）空调可设置专用配电控制箱进行供电，其中按钮箱应设置在底层，以便管理和控制。

（六）总图运输的节能措施

（1）明确功能分区，合理布置，物料顺行，利用生产工艺流程，有目的地完成一部分或一定距离内的物料运输，减少厂内运输货物的周转量，缩短运输距离。

（2）场地经平整后统一标高，采用连续式竖向布置，考虑地块地势，充分利用地势位能和工艺装置位能。

（3）原料堆场、产品仓库布置在生产车间附近，以减少输送、转动过程的能耗。

（4）配电室设施靠近负荷中心，减少电力输送过程中的损耗，采用节能变压器及其他高效节能的电器设备。采用高压无功补偿，使补偿后的功率因素达到 0.95 及以上，满足供配电节能的要求。

（5）平面布置时主要建筑均按工艺流程按东南朝向布置，充分利用自然采光和自然通风，利用自然能源。厂区范围内空地及通路两侧进行绿化布置。

在总平面布置上充分考虑节能因素，总平面布置方便作业、减少转运次数，可以有效提高生产效率，更加符合国家节能的相关要求。

（七）设备节能措施

项目主要设备遵照“采用国内外先进、大型化设备，较高的自动化装备水平”的要求，立足于国产，同时兼顾成熟、实用的原则，并结合目前设备的应用情况及场地的布置要求进行选择。

（1）设计选用国家推广的技术及可靠、高效、节能的设备。

（2）采用低电压电气节能产品，如交流接触器节电产品。

（3）对有电机负载的设备尽可能采用变频控制，提高设备的功率匹配度，降低无功损耗。

第三节　招投标阶段造价控制

一、精准的工程量清单

工程量清单是招投标阶段工作的前提和基础，准确建立分部分项、措施项目、其他项目、规费、税金，以及各子项目费用结构。专业的造价咨询人员将清单内容和设计图纸进行详细核对，对于图纸上包含的内容，出现理解不一致的情况时，造价咨询人员应该及时和设计人员进行沟通。对于工程量清单中缺项、漏项的内容，及时进行更改和增添，做到工程量清单编制的科学性、完整性、合法性。一般情况下，预算报送政府财评中心时会对清单进行最终审核。

二、设置全清单限价

设置分部分项全清单单价限价和总价限价来控制招投标阶段的造价管理，从而避免投标方随意降低单价或抬高单价来进行投标报价，有效地控制项目在招投标阶段的成本。建设单位在招标期间应及时追踪材料和设备的价格是否符合当下市场价格，避免后期因材料价格涨幅过大导致结算金额超过概算金额。

三、科学的评分标准

评分标准作为评标委员会唯一可参考的评判标准，是评标阶段的核心内容，其是否具备科学性和合理性，直接关系到招标的成败及能否选择到最合适的中标人，与招标人的利益息息相关，是整个招投标过程的关键之一。制定评分标准时应根据项目的实际情况制定合理的评分比例。在采用综合评估法的同时，应在评分标准中适当设定技术比重。对于技术与专业性较强的工程，需要适当提高技术标评审所占比重，反之，如果采用市场上成熟或通用技术的工程，可侧重考虑商务标的合理性。

第四节　工程施工阶段造价控制

一、加强定额和预算管理

项目施工定额预算对于项目建设成本的控制是有利的，能够很快地分析成本超过预算或在成本控制过程中节省成本的原因。而对于施工图的预算，应当按照国家统一的收费标准进行制定，成为规划和控制工程造价的基础数据。工程造价降低的程度可以通过“二算对比”进行评价。

二、工程变更与价款调整

重视监理工程师的作用。工程项目建设过程中严格遵守国家标准，遵照相关法律法规进行监督管理。强调监督管理单位对工程项目施工的监理工程师加强监督管理。强化建造单位对于工程项目的管理，每个项目都必须以每月在仓库和施工现场使用实际材料为基础，并根据与建筑单位在进行合同签订时所商定的材料价格来进行中间结算，根据合同所签订的内容来掌握工程项目的实际施工进度，以便向工程项目的业主收取项目进度的款项。

三、工程索赔与费用确定

（一）人工成本

索赔成本主要包括：在合同之外完成的额外工作所消耗的人工费用，即人工成本；非建设单位自身的责任问题，致其工程项目的工作效率下降，所引起的人工成本增加；

国家法规规定的人工费增加以及非建设单位自身责任问题而导致工程项目施工的滞后，形成施工人员的人工费用和薪资上涨等。

（二）材料成本

索赔成本主要包括：由于索赔中所使用的材料数量已经超出前期计划使用的数量，而导致总体的材料成本增加；由于外在原因、市场原因等客观原因，导致建设项目的材料价格涨幅较大；由于非建设单位自身责任导致工程项目延迟，仓储成本增加，材料和过期材料的价格上涨。

（三）工程机械使用成本

索赔成本主要包括：在对工程项目施工建设中，完成了额外工作而增加的机械使用费成本；由于降低了工作效率而导致的机械使用成本增加，以及因承包商或监督管理工程师的原因导致的机器停机而引起的相应成本增加。

（四）施工现场管理成本

工地管理成本是指在建设单位完成附加工程项目、索赔工作和延长工期的工地管理费用。如果某些工人要求进行损失赔偿，但其工程项目还在施工中，则可能不会计算场地管理成本。

（五）利息成本

利息部分在索赔费用中包括：逾期付款中所存在的利息；因项目的变更而导致整体项目建设滞后而进行的投资利息的增加；索赔款项中包含的利息和错误扣除款项中所产生的利息。这些利息的具体利率计算有以下规律：根据当地银行当时的贷款利率来计算利息；根据当地银行当时的透支利率来计算利息；按双方签订合同中的约定利率来计算利息。

（六）总包管理成本

总包管理成本主要是指项目建设滞后期内管理费用的增加。

（七）利润

承包商可以将因项目范围的变化和施工条件的变化而引起的索赔涵盖在收入中。索赔利润的计算通常与原始报价中的利润百分比是相同的，即原始报价单位中的利润率被添加到直接成本中作为索赔利润。

四、工程进度款的管理

审查项目进度付款是以《建设工程工程量清单计价规范》中指定的施工单位编制的数量清单为依据。主要包括：工程建设中的工程量清单计价规范；国家或省级的行业建设主管部门所颁发的计价依据和办法；工程建设的设计图纸；与建设工程项目有关的标准、规范、技术资料；招标文件及其补充通知；施工现场的具体情况、工程施工过程特点及常规施工方案；工程项目施工协议书；其他相关资料。

《建设工程工程量清单计价规范》规定，工程项目施工方应在每个付款期末，向建设方和监理方递交工程项目进度款支付申请，在递交的同时要带有相关的证明文件。除合同另有约定外，工程项目进度款支付请求应包括下列内容：本周期已完成工程的价款；累计已完成的工程价款；累计已支付的工程价款；本周期已完成工程量金额；应增加和扣减的变更金额；应增加和扣减的索赔金额；应抵扣的工程预付款；应扣减的质量保证金；根据合同应增加和扣减的其他金额；本付款周期实际应支付的工程价款。

一旦建设方和监理方收到施工方提交的工程项目进度付款请求和相关的证明文件时，相关方就需要在约定的时间内验证项目的当月进度并按照合同和有关规定签署相关申请，并支付项目进度款。而《建设工程价款结算暂行办法》中的相关规定如下：

（1）依照对项目测量结果的确定，承包商向开发商提交付工程进度的款项的请求。在 14 d 内，开发商必须向承包商支付不少于项目价格 60% 且不超过 90% 的工程进度款项。承包商必须在约定时间内扣除预付款，并将项目预付款的同时打折并结算。

（2）如果开发商未在约定的付款时间内或超出约定时间支付项目进度款，承包商将立即向开发商发送付款要求，并予以通知。若收到承包商的通知后，开发商仍无法按要求进行付款，这时开发商可以和承包商进行协商来签署“付款延期协议”，付款可以在承包商同意后推迟。协议必须指定延期付款的时间，并在确定项目计量结果后的第 15 d 起计算应付利息。

（3）如果开发商未按合同约定支付工程进度预付款，并且双方没有签署延期付款的条款，则开发商将无法进行施工，而承包商可以对工程项目进行停工，因停工所导致的损失由开发商承担。

（4）工程项目进行变更的原则：在工程项目遭到不稳定因素的影响，亟须对工程的设计进行变更时，工程项目的各方要在不影响工程施工标准以及施工工期的情况下，对工程项目进行设计变更协商。作为价格的证明文件，设计变更程序必须完整、及时且真实，并且变更的内容必须明确。

（5）增项价格的确定：对于合理、有效的设计变更和各方认可的签证，如增加了数量清单的新内容，可以通过以下方法。第一，确定相应的单价，根据合同中已经存在的单价来确定合同所适用的综合单价；第二，合同中有相似的综合单价，该价格将参考相似的综合单价来进行确定；第三，如果合同中没有相似或较为适用的综合单价，承建单位将提出合理的综合单价，并在所有人进行确认后执行。

（6）增项价款的支付：相关增项的付款期限，将在项目进度付款的同时支付额外的现场签证费用。

第五节　工程造价典型问题

工程造价典型问题包括决策失误问题、计划不周问题、现场失控问题、进度失控问题、投资增大问题、合同管理不完善问题、组织协调不力问题、信息不畅问题、风险重视不够问题、工程变更问题、工程索赔问题和工程进度款问题。

第七章　电力行业工程造价

电力工程，特别是大型变电站长距离的高压电缆架空线工程，存在设计难度大、工程造价高、建设周期长等特征。电力工程造价管理的特点为多主体性、动态性、分阶段性以及系统性等。

第一节　配电网工程

配电网是指连接并从输电网或发电厂接收电力，就地或逐级向各类用户供给和配送电能的电力网。配电网设施主要包括配电变电站、开关站、配电线路、断路器、负荷开关、配电（杆上）变压器等。配电网及其二次保护、监视、控制、测量设备组成的整体称为配电系统。配网工程主要包括农网工程和城网工程，农网工程一般是架线工程，城网工程一般是电缆工程。

电力造价主要是基于工程量清单计价模式和定额计价模式。配电网工程造价主要在设计阶段得到主要工程量后，套用定额进行项目造价，确定项目总体建设费用，以此作为项目投资、招投标、结算的依据。配电网全过程工程造价控制强调从投资规划、设计、建设、后期运维等各个阶段，对项目总体的造价进行有效规划和控制，以达到项目造价可控、可管的目的，从多个维度（如投资阶段的静态析、动态分析、盈亏平衡分析以及设计阶段的建设规模、建设质量、设备投资、空间分布、线路损耗、可靠性等）进行配电网工程全过程造价规划及控制管理。

一、架空线路

对于架空线路，主要工程包括土石方工程、基础工程、杆塔工程、架线工程、附件工程、辅助工程、工地运输工程等。其中杆塔工程等对架空线路整体造价影响较大。配变工程对配变容量较为敏感，同时还受运输条件、地形地势等因素影响；电缆工程对导线截面面积较为敏感，在进行电缆工程造价控制过程中，应重点对导线面积进行优化。

架空线路综合单位造价指标主要受到导线截面大小占比、杆塔使用情况、回路数、主材设备单价、导线跨越、地形、地质、运输距离等情况的影响，单位造价指标水平存在不同程度的偏差。工程建设规模越大，单位造价便越低，即架空线路的单位造价与建设规模呈负相关。主要原因是不论建设规模大小，其间接费用都需按一定的总量支出，建设规模越小，间接费占比就越大；同时规模越小的架空线缆工程，材料、人工、机械进出场费用占比便越大，直接导致规模小的项目单位造价上升。造价过程中杆塔占总投资比例最高，其次是导线，接着为人工费，最后是基础混凝土。

二、配变工程

配变工程影响综合单位造价指标的主要原因为：各型容量配变占总样本比例不同；各地区主材设备价格有差异；部分配变工程项目与低压线路共同为一个估算、预算和结算，无法拆分总投资，包含了 380 V、220 V 线路工程投资，会造成单位造价偏高。使综合单位造价指标产生变化的主要原因在于设备材料的价格差异等。在配变型式、容量相同的情况下，建安工程费及设备费差异不大，引起总投资变化的主要因素是其他费用的分摊。

三、电缆工程

10 kV 电缆线路综合单位造价指标平均值为 99.01 万元 /km，有些地区综合单位造价指标达到 112.81 万元 /km，最低为 80.00 万元 /km。年度各地区 10 kV 电缆线路综合单位造价指标水平存在不同程度的偏差，主要原因为使用导线截面大小占比的不同、敷设的方式不同、主材设备单价的波动、电缆线路敷设长度不同、电缆调试费用分摊到每千米的指标偏差。

第二节　单个工程造价分析

根据《电力工业基本建设预算管理制度及规定》的相关规定，把高压架空输电线路分为土石方工程、工地运输工程、杆塔工程、架线工程、基础工程、附件工程。按照《电网工程建设预算编制与计算标准》的相关规定，把架空输电线路分为架线工程、运输工程、土石方工程、杆塔工程、基础工程、附件工程，并把工地运输费用分别摊入与之对应的各个单位工程。直接费、间接费、利润和税金共同组成了单位工程的建筑安装工程费用。人工费、置性材料费、机械费及计价材料费组成了直接费。影响线路工程造价的主要因素是本体工程，也就是输电线路的每个组成部分，如基础型式和数量、杆塔型式和数量、导地线型号等。

一、杆塔型式

杆塔型式和数量就是杆塔工程的主要内容。回路数、电压等级、地形、路径、气象条件因素决定着杆塔型式。杆塔是架空输电线路的重要组成部分，杆塔工程的费用约占本体工程费的1/3，也是三个工程中费用较多的单位工程。

在生活中，较常见的杆塔有水泥杆、铁塔、钢管杆。水泥杆在20世纪50—90年代用得比较多，其造价低、耗钢量少、维护量小。21世纪以来，社会用电量不断增加，输电容量也在不断提高，导线截面也不断增大，迫使杆塔的承载力越来越大，导致水泥杆因为自身缺点被渐渐淘汰。

铁塔按用途分类，可分为直线塔、转角塔、跨越塔、换位塔等。直线塔是输电线路中应用最多的铁塔，耗钢量约为转角塔的一半。转角塔耗钢量较大，工程造价较高，因此在路径选择时应控制转角塔的数量。一般来说，转角塔数量宜控制在总杆塔数的30%以内。转角塔比例直接决定路径方案的选择，比例越大则路径越曲折。

铁塔在结构上分为自立式铁塔、钢管杆。随着城镇化建设的加快，规划新的线路路径越来越困难，因钢管杆有美观简洁、占地少的特点，使用量在不断增加。虽然钢管杆合金钢的强度比普通塔材高，但结构型式和受力体系不同，在相同荷载下耗钢量较常规铁塔多，在单位长度内的用量要比铁塔多。由于杆塔用量的增多，与之配合使用的基础数量也随之增多，相对普通铁塔来讲增加了总体费用。所以钢管杆比例对工程造价有直接的影响。因此，对钢管杆的选择要慎重，在其他塔型可满足技术要求的情况下不要选择钢管杆。自立式铁塔的特点是承载力强，但有根开较大、占地面积多等缺点，在塔位受限制的地方不能使用。单位长度的杆塔数量是衡量输电线路设计是否合理的重要技术经济指标，所以杆塔利用系数在工程设计时应引起足够重视。

二、基础型式

基础工程费在本体工程费中的占比为25%左右。沿线地质条件、塔位现场情况、地形、杆塔型式都是选择基础型式时要考虑的因素。由于原状土的特点，较同类型开挖式现浇基础，掏挖扩底式基础开挖土方量少，能够节省混凝土15%～20%，节省钢筋15%左右，造价相对较低，适用于能掏挖成型的且土质较好的亚黏土和可塑性黏土。钻孔灌注桩基础常用在地下水位较高的塔位，如流沙、淤泥等软弱地基，但造价却比较高。

三、导线型号

导线型号规格与输送能力及建设成本有直接联系，还对杆塔、附件、基础有影响。选择导线型号时要先确定导线类型，再选择导电性好、抗拉强度大的材料。依据输送容量选择合适的导线规格，即选择导线的铝钢截面比。对于相同输送容量来说，铝钢截面比越小，导线的架设费用、材料费就越大，与其相关的运输费用、塔材耗量、基础用量就会增加，但这种导线却具有抗灾能力强的特点。所以导线型号的选择应经过综合技术经济比较后再确定。

四、路径选择

线路设计重中之重是路径选择，路径方案是否合理直接影响线路造价。路径的选择不仅受沿线地形地物、城市规划及民俗民情影响，还涉及各方利益，需要协调配合。长度短，曲折系数小，转角次数少，耐张塔比低，沿线运输条件优，工地运输距离短，沿线地形、地质、气象条件好，房屋拆迁少，林木砍伐少，对规划、通信、航空等影响小等，是路径方案必备特点。路径选择不仅涉及杆塔、基础的型式、数量，还对线路本体工程费有直接的影响，并且关系着其他费用的高低，特别是建设场地征用费及清理费与之关系最大。

第八章　石油天然气工程造价

第一节　工程造价特征

长输管道是指长距离输送原油（成品油）或天然气的管道，一般其长度在 25 km 以上。长距离输送管道由于距离长、管径大，在平原、丘陵或山区等地段敷设，有时还要穿（跨）越天然或人为障碍，如河流、湖泊、沼泽、山谷、铁路、公路、地下电缆（光缆）或管道等，因而施工程序比较复杂。长输管道工程除具有一般工程项目的特点之外，还具有工程投资大、建设周期长、质量要求高、施工作业流动性大、社会依托性差等特点。这些特点决定了长输管道工程建设所涉及的不确定性因素多、面临的风险多、风险导致的损失规模大，因而长输管道工程项目管理的难度和风险也较大。

长距离输送管道工程全过程造价管理属于长输管道项目管理中的一个重要环节，关系到建设单位投资控制的最终成果，对于施工单位来说，则关系到整个工程施工管理的最终效果。同时，长距离输送管道工程的线路工程、穿跨越工程和站场工程又是其中最主要的生产项目，尤其是线路工程和穿跨越工程，无论在施工还是工程造价管理上都是影响长输管道工程的重点和关键，也是现行定额标准与现场实际结合最为紧密的部分，是体现工程造价管理的科学性和合理性的关键。

第二节　工程造价难题

长输管道工程因质量要求高、施工作业流动性大、社会依托性差、外部环境影响大等特点，相较于其他建设项目所涉及的不确定性因素多、面临的风险多，投资控制的难度也更大。以往长输管道工程造价管理存在的主要问题有以下几点。

（1）长输管道工程全过程造价管理存在阶段性脱节现象。

（2）因长输管道工程的特殊性，经常造成设计深度不足，导致变更较大，加上项目管理者在项目实施过程中缺乏投资控制理念，技术经济结合不紧密，造成投资控制难度加大。

（3）在工程建设的全过程中，缺乏具有建设管理经验和实践经验的第三方代表业主参与全过程造价管理。工程监理的主要责任是在施工阶段对质量和进度进行控制，而造价控制基本流于形式。

第三节　长输管道全过程造价要点

一、技术方案的确定

工程投资决策阶段方案从管道线路工程、配套集气工程、站场通信道路等附属工程、消防节能环保等安全隐患治理方面进行综合对比分析，并通过编制投资估算，对以上内容进行技术经济比选，最终对项目的标准、规模、功能等予以确定。

二、设计阶段的严谨

严格遵照相关设计标准规范、法律法规以及投资估算审查意见等，总结气田历年产能建设的经验，在积极推广成熟的新工艺、新技术、新设备、新材料的同时，优先采用节能、环保、降耗的设备、材料，据此编制了初步设计概算以及施工图预算，并确保初步设计概算低于投资估算，以审批的初步设计概算来控制拟建项目工程造价的最高限额。

设计阶段是分析处理工程技术和经济的关键环节，也是有效控制工程造价的重要阶段。在工程设计阶段，工程造价管理人员需要密切配合设计人员，协助处理好工程技术先进性和经济合理性之间的关系。在初步设计阶段，要按照可行性研究报告及投资估算进行多方案的技术经济比较，确定初步设计方案；在施工图设计阶段，要按照审批的初步设计内容、范围和概算造价技术经济评价和分析，确定施工图设计方案。设计方案评价与优化的基本程序见图 8-1。

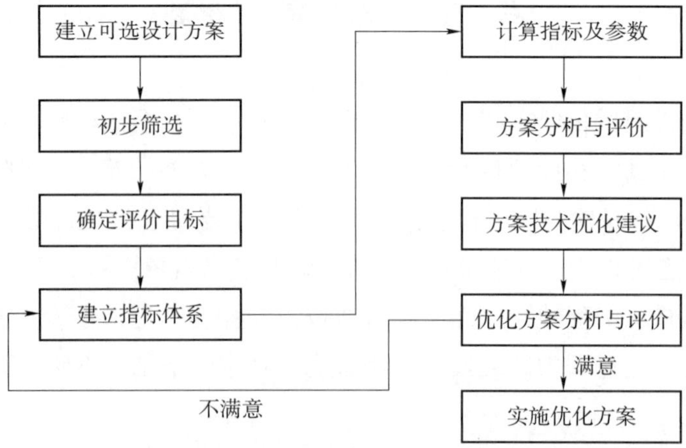

图 8-1　设计方案评价与优化的基本程序

三、招投标阶段的管理

招投标阶段的投资控制是指通过招投标手段合理确定工程造价，将工程造价控制在合理的投资额内。招标控制价是招标人根据国家或省级、行业建设主管部门颁发的有关计价依据和办法，按设计施工图纸计算的，对招标工程限定的最高工程造价，也可称为拦标价、预算控制价或最高报价等。依据《中华人民共和国招标投标法》《中华人民共和国招标投标法实施条例》等国家有关法律法规开展招标工作。招标项目的管理流程见图 8-2。

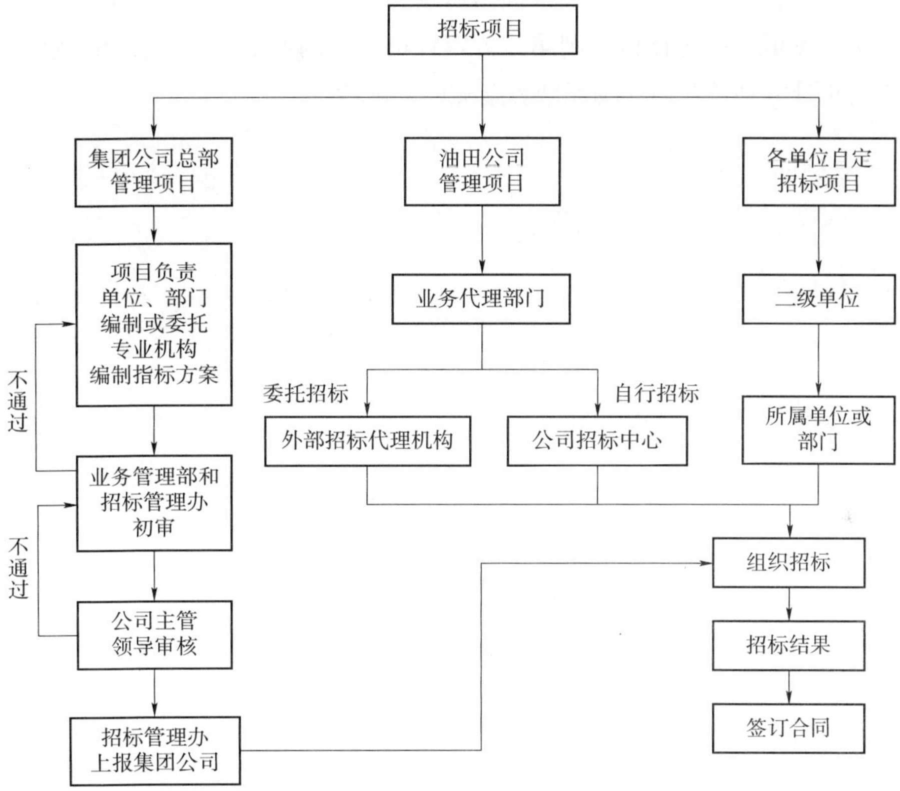

图 8-2 招标项目管理流程

四、施工阶段的控制

施工阶段对于每一个项目来说都是重点控制的一个阶段。①与施工单位签订合同。如约定审减率超过一定比例，由施工方承担第三方审计费用或者施工方承担一定比例的第三方审计费用，这样可以防止施工方虚报工作量，第三方审计单位审核不严格对投资方造成损失。②编制施工阶段跟踪控制计划。根据施工方案，运用 BIM 模型合理制订施工进度计划，及时进行施工模拟，对工程设备、材料进行管理，每天定时了解工程各阶段的进展情况，提高工程量计算的准确度和计算效率。③现场设计变更及签证管理。在施工期间，要求施工方在对现场施工方案提出变更时，应提交《施工变更申请表》，由技术人员、项目组管理人员联合签认，由项目组人员向设计单位提交变更申请，设计单位下达变更设计或方案。对现场临时增加的工作量或隐蔽工程，由施工方、监理单位、技术人员、造价人员、管理人员同时签认。

五、竣工结算的审核

第三方审计单位签订合同中约定，审减率大于一定比例时，将审减额的一定比例作为奖励；当造价人员对审核准确性提出质疑，因第三方审计单位原因造成结算金额不准确，准确率低于一定比例，则第三方审计单位咨询费下调一定比例。这样可以防止施工方与审计方利益互通，确保结算金额的准确性。

第九章　建设工程合同纠纷典型案例

本章使用的案例来自贵州省司法厅（贵州省人民政府法制信息网）。使用这些案例，一是对贵州高级人民法院发布的建设工程合同纠纷典型案例进行宣传和科普，二是通过学习加强对建设工程合同纠纷处理的理解和掌握。

建设工程施工合同是承包人进行工程建设，发包人支付价款的合同，其具有建筑市场实行准入制度的行业专业性（含主体特殊性、标的物质量标准高及含有大量技术性规范等），建设工程立项、施工、竣工验收等均受国家管制的程序严管性，需要严格书面规范当事人权利义务的合同要式性等特点。随着国内建筑市场蓬勃发展，建设工程合同纠纷不断涌现，司法审判面临新的挑战，建设工程合同纠纷各方民事主体对民事权利保护提出了更高的期许。

第一节　建设工程性质认定与鉴定意见采信裁判规则

一、裁判要旨

当事人对案涉工程性质产生争议导致工程造价鉴定应依据的计价标准不明的，人民法院应当结合建设行政主管部门出具的工程性质认定意见，实质审查鉴定人做出的鉴定结论，避免"以鉴代审"，以准确认定工程性质，依法合理确定工程造价的计价依据。

二、基本案情

2019 年某生态文旅单位作为发包人，以招投标方式与承包人某工程单位签订《× × 湖项目湖面应急工程施工合同》，约定工程价款以合同附件《工程量清单》载明的项目单价或合价为计价依据。合同还约定"本合同《工程量清单》中无类似项目的单价或合价可参考的，采用《水利工程工程量清单计价规范》（GB 50501—2007）、《贵州省水利水电建筑工程预算定额》（2011 版）和《贵州省水利水电工程施工机械台班费定额》（2011 版）进行计算"。嗣后，承包人某工程单位将该湖面应急工程以划分标段的形式，向某劳务单位分包了部分标段的土石方、驳岸混凝土浇筑等工程。某劳务单位又将其中驳岸挡墙土石方开挖工程再次分包给自然人谢某某、伍某某。某工程单位与某劳务单位之间，某劳务单位与谢某某、伍某某之间，均未就谢某某、伍某某施工的驳岸挡墙土石方开挖工程订立书面合同，且未约定工程价款金额及工程款计价方式。

谢某某、伍某某实施了部分土石方开挖工程后，案涉 ×× 湖项目湖面应急工程停工，谢某某、伍某某退场，某劳务单位未与谢某某、伍某某进行结算。谢某某、伍某某遂以分包人某劳务单位、承包人某工程单位、发包人某生态文旅单位为被告向法院提起诉讼，请求支付其已施工完成的土石方工程价款。同时，谢某某、伍某某向法院申请就其施工范围进行工程造价鉴定，并主张以《贵州省建筑与装饰工程计价定额》（2016 版）作为工程款计价依据。被告某劳务单位、某工程单位、某生态文旅单位主张案涉 ×× 湖项目湖面应急工程系水利工程，应以《贵州省水利水电建筑工程预算定额》（2011 版）作为工程款计价依据。鉴定人鉴定结论表示案涉 ×× 湖项目湖面应急工程位于市区内，系公园类公共基础配套设施，建议法院参照《贵州省市政工程计价定额》（2016 版）进行计价。本案核心焦点在于当事人对案涉工程性质产生争议导致工程造价鉴定计价标准不明。

三、裁判结果

一审判决以《贵州省市政工程计价定额》（2016 版）作为案涉工程造价鉴定的计价依据。二审判决改判以《贵州省水利水电建筑工程预算定额》（2011 版）作为案涉工程造价鉴定的计价依据。

四、裁判理由

贵阳市中级人民法院经审理认为，本案径直采信鉴定人的建议认定案涉工程性质为市政工程，不符合实际情况。一方面，某市某区水务管理局系案涉 ×× 湖项目湖面应急工程的行政监督管理部门，已出具工程性质说明认定案涉工程性质为水利工程。另一方面，×× 湖项目湖面应急工程的发包人与承包人亦约定以《贵州省水利水电建筑工程预算定额》（2011 版）作为该工程变更估价计算标准。故在谢某某、伍某某与其相对方某劳务单位之间既未约定工程价款金额、又未约定工程款计价方法的情况下，应根据案涉工程行政主管部门对工程性质的认定意见，结合发包人与总承包人之间约定的计价依据，依照《最高人民法院关于审理建设工程施工合同纠纷案件适用法律问题的解释（一）》第十九条的规定，参照签订合同时当地建设行政主管部门发布的计价方法或者计价标准，合理确定工程造价鉴定的计价依据。

五、典型意义

当事人申请司法鉴定确定工程造价的案件中，鉴定人对工程性质及计价依据出具的意见或建议，仅系查明案件事实的证据手段之一，并不直接等同于案件客观事实，人民法院不应径行采信，否则可能造成“以鉴代审”，损害司法公信力。该案二审判决注重划分审判权与鉴定权边界，未直接将鉴定人对工程性质的建议作为定案依据，而是根据建设行政主管部门出具的工程性质认定意见，全面结合已查明的案件事实，充分发挥人民法院审判职能，对鉴定人的建议进行实质审查，准确认定工程性质，依法合理确定了工程造价鉴定的计价依据，实现了当事人利益平衡。该案有效避免了建设工程施工合同纠纷中易发生的“以鉴代审”现象，保障了司法鉴定程序正义，维护了司法裁判权威。

第二节　实际施工人的认定

一、裁判要旨

对实际施工人身份的认定，应当结合当事人是否自筹资金、设备、材料、组织工人施工以及是否自主经营、自负盈亏等“合同的实际履行情况”“施工的实际支配权”“其他相关资料”等因素综合审查确认。非建设工程实际施工人无权直接向发包人主张工程款。

二、基本案情

某房地产开发单位系案涉项目发包人，某建筑工程单位承接案涉项目部分工程后，以某建筑工程单位 ×× 项目部（甲方）名义与张某某（乙方）签订《劳务包干协议》，将诉争工程分包给张某某。《劳务包干协议》约定，“甲方将贵阳市某区 ×× 小学二次结构及初装修工程发包给乙方承包。承包范围内工程采用乙方包施工、包辅助材料、包小机具（含耗材）、保质量、包工包自身收口范围内的清理工作（一次）、包二次转运、包成品保护、包管理费、包利润等一切费用的方式进行承包”。协议还对砌砖、内外墙抹灰、人工计时等项目单价进行了约定。同时，协议约定甲方委派项目经理李某某代表甲方负责施工现场的管理，并委托李某某为最终结算签字人，乙方委托张某某为结算签字人，结算书作为本工程的最终结算唯一有效依据。协议签订后，张某某按协议约定对所承接工程施工完毕。后因工程款纠纷，张某某起诉请求某建筑工程单位支付工程款及利息，并请求发包人某房地产开发单位在欠付某建筑工程单位工程款范围内承担责任。

三、裁判结果

一审判决某建筑工程单位支付张某某工程款及利息，某房地产开发单位在欠付某建筑工程单位工程款范围内承担责任。二审判决改判驳回张某某对某房地产开发单位的诉讼请求。

四、裁判理由

贵阳市中级人民法院经审理认为，张某某对案涉工程并未自筹建设资金，亦未自行投入机械设备与购买施工材料，其仅为案涉工程提供一般劳务，并非对工程自主经营、自负盈亏的实际施工人。因此其与某建筑工程单位之间签订的《劳务包干协议》实际上构成的系劳务合同关系，该合同关系无权突破合同相对性直接向案涉工程的发包人某房地产开发单位主张权利。

五、典型意义

实际施工人可直接向无合同关系的发包人主张权利系基于保护弱势地位的建筑工人根本权益而设，从而成为突破债的相对性法律原则之特殊例外。为避免该条解释被滥用，导致法律原则遭到肆意破坏，应当严格限定实际施工人的范围。本案从是否实际投入“人、财、物”等三个建设工程中的关键要素以及是否对工程“自主经营、自负盈亏”的责任主体角度进行分析，阐释了实际施工人应当具备的构成要件，准确把握了实际施工人认定标准，为同类案件中实际施工人的认定提供了规则指引和适用参照。

第三节　建设工程价款优先受偿权行使主体的认定

一、裁判要旨

建设工程价款优先受偿权作为法定优先权，是指在发包人经承包人催告支付工程款后合理期限内仍未支付工程款时，承包人享有的与发包人协议将该工程折价或者请求人民法院将该工程依法拍卖，并就该工程折价或者拍卖价款优先受偿的权利。因其具有优于普通债权和抵押权的权利属性，故对其权利的享有和行使必须具有明确的法律依据，不得随意扩大优先受偿权的主体范围。依据《中华人民共和国民法典》第八百零七条以及《最高人民法院关于审理建设工程施工合同纠纷案件适用法律问题的解释（一）》第三十五条的规定，只有与发包人订立建设工程施工合同的承包人才享有建设工程价款优先受偿权。实际施工人不属于“与发包人订立建设工程施工合同的承包人”，不享有建设工程价款优先受偿权。

二、基本案情

某农旅投单位通过公开招标将某老年养护楼建设项目采用勘察、设计及施工（EPC）总承包的方式发包给某水利水电单位等进行勘察、设计及施工总承包。某水利水电单位等中标后，与某农旅投单位签订了《某老年养护楼建设项目工程总承包合同》。其后，某水利水电单位与张某某签订了《建设工程施工分包合同》，合同约定张某某承包某水利水电单位承建的某老年养护楼第二标段工程项目。分包合同签订后，张某某对案涉工程进行施工，施工过程中，张某某与某水利水电单位及某建筑劳务单位签订《钢管扣件及物资移交协议》，约定张某某退出案涉工程，将未完工程交由第三方施工。因某水利水电单位欠付工程款，张某某诉至法院请求某水利水电单位支付剩余工程款，并主张对案涉建设工程价款享有优先受偿权。

三、裁判结果

一审判决某水利水电单位支付张某某工程价款及逾期付款利息，驳回张某某关于建设工程价款优先受偿权的诉讼请求。二审判决驳回上诉、维持原判。

四、裁判理由

六盘水市六枝特区人民法院经审理认为，司法解释虽赋予实际施工人可突破合同相对性要求发包人在欠付承包人工程价款范围内承担责任，但未明确实际施工人享有建设工程价款优先受偿权。建设工程价款优先受偿权的请求权主体是与发包人存在直接合同关系的承包人，故对张某某关于对所施工工程拍卖、变卖所得价款主张优先受偿权之请求，无事实和法律依据，不予支持。

五、典型意义

建设工程价款优先受偿权的设立是为了解决长期以来我国建筑市场上存在的拖欠建设工程价款问题而提出的法律对策。在实际施工人只享有部分工程价款的情况下，要求发包人同意折价或者由实际施工人就工程拍卖价款优先受偿，对发包人不公平；在借用资质（挂靠）的情况下，如允许实际施工人享有建设工程价款优先受偿权，实属变相鼓励出借资质行为，也不利于建设行政主管部门对建筑企业资质的管理。本案厘清了享有建设工程价款优先受偿权的主体为与发包人直接订立建设工程施工合同的合法承包人，明确了实际施工人不享有建设工程价款优先受偿权，对审判实践中建设工程价款优先受偿权行使主体的认定具有典型意义。

第四节　发包人、挂靠人、被挂靠人之间法律关系和合同效力及付款义务主体认定

一、裁判要旨

在挂靠施工情形下，涉及发包方与施工方施工合同的外部法律关系以及被挂靠方与挂靠方借用资质的内部法律关系。对于相关合同效力的认定，应当区分内部关系和外部关系以及发包人是否善意来认定相关合同的效力。在挂靠人与被挂靠人之间的内部关系上，挂靠行为属于借用资质行为，因违反《中华人民共和国建筑法》第二十六条的规定，应当认定为无效行为。在挂靠人、被挂靠人与发包人外部关系的认定上，应当根据发包人在签订建设工程施工合同时是否知道挂靠人的事实做出认定。如果发包人知道或应当知道挂靠事实，根据《中华人民共和国民法典》第一百四十六条的规定，该发包人与被挂靠人之间的施工合同属于以虚假意思表示实施的民事法律行为，应当认定无效。该发包人与挂靠人之间形成了事实上的建设工程施工合同关系，是以虚假的意思表示隐藏的民事法律行为，因违反法律法规的强制性规定，亦属无效。虽然无效，但在建设工程经验收合格情形下，实际施工人可直接向发包人请求支付工程价款。

二、基本案情

A 局在明知白某系挂靠 B 单位承揽工程的情况下与 B 单位签订《施工合同》，约定将案涉村通硬化路工程发包给 B 单位承建。其后，B 单位某分单位与白某签订《企业内部管理协议》，约定上述村硬化路工程由白某组织施工，并由白某向 B 单位某分单位交纳企业管理费。协议签订后，白某组织人员对案涉工程进行施工并交付验收和审定。后因工程款支付引发纠纷，白某将 A 局、B 单位、B 单位某分单位诉至法院。

三、裁判结果

一审判决 A 局向白某支付工程款并驳回白某的其他诉讼请求。一审判决后双方未上诉。

四、裁判理由

遵义市赤水市人民法院经审理认为，根据《中华人民共和国民法典》第一百四十六条的规定，A 局在明知白某系案涉工程实际承包人的情况下与 B 单位签订《施工合同》，二者之间没有基于案涉工程签订施工合同的真实意思表示，所签订的

《施工合同》系无效合同。而A局与白某之间具有基于案涉工程建设的合意，二者形成了事实上的建设工程施工合同关系，白某有权向A局主张权利。虽白某无资质，但案涉工程验收合格，根据相关法律规定，判决A局向白某支付工程款。

五、典型意义

实践中存在个人或建筑企业因欠缺建筑资质或资质不足，以其他有资质的建筑企业或资质等级较高的建筑企业名义，与发包人订立建设工程施工合同承揽工程的情形，这种情形通常称为“挂靠”。我国法律对“挂靠”持否定态度。本案从各方签订合同时的意思表示、合同目的和权利义务的履行情况出发，厘清各方当事人之间的法律关系，精准认定发包人与挂靠人之间形成事实上的建设工程施工合同关系及效力，确定发包人为付款义务主体，继而判决发包人向挂靠人直接支付工程款。该案明确了“挂靠”的法律关系，对于统一裁判尺度、减少衍生诉讼、进一步规范建筑行业发承包行为具有良好示范意义。

第五节　被挂靠人是否应对挂靠人对外欠付的工程款承担责任的认定

一、裁判要旨

无资质企业或个人挂靠有资质的建筑企业承揽工程时，对外往往会产生签订合同、借贷、租赁等一系列民事法律行为。在审查是否构成表见代理时，不仅要严格审查代理人的无权代理行为在客观上是否形成具有代理权的表象，而且要审查相对人在主观上是否善意且无过失地相信行为人有代理权。如果在代理行为外观上存在使相对方相信其有代理权的理由，相对人善意无过失，则产生表见代理的法律后果，即行为人实施民事法律行为的法律后果由被代理人承担。

二、基本案情

罗某某、龚某某合伙挂靠A建设工程单位与某县教育局签订《幼儿园建设项目建设工程施工合同》。吴某某经罗某某、龚某某授权，以A建设工程单位名义同某防水单位签订《建筑防水施工工程合同》，约定A建设工程单位将幼儿园建设项目防水及保温工程以包工包料的形式发包给某防水单位施工。吴某某在合同尾部甲方负责人处签名并捺指印，但合同未加盖A建设工程单位公章。合同签订后，罗某某向某防水单位预付了部分材料款，某防水单位施工结束后，与罗某某进行了结算，双方对尚欠工程款项进行了确认。因向罗某某、龚某某索要欠款无果，某防水工程单位遂诉至一审法院主张A建设工程单位、罗某某、龚某某支付工程款。

三、裁判结果

一审判决罗某某、龚某某支付工程欠款，A建设工程单位承担连带清偿责任。二审判决改判A建设工程单位不承担案涉工程款的支付义务。

四、裁判理由

黔西南州中级人民法院经审理认为，判断A建设工程单位在本案中是否应承担工程款支付责任，主要在于审查罗某某、龚某某是否能够代表A建设工程单位签订《建筑防水施工工程合同》。首先，各方当事人提交的证据均不能证明罗某某、龚某某系A建设工程单位员工，二人签订《建筑防水施工工程合同》的行为不是履行职务，且该合同并无A建设工程单位盖章。其次，认定罗某某、龚某某是否构成表见代理，应衡量合同相对人某防水单位是否善意无过失。审理中，某防水工程单位自认其明知罗某某、龚某某与A建设工程单位系挂靠关系，故其主观上不属于善意且无过失的情形，则罗某某、龚某某与某防水工程单位订立施工合同的行为，不构成表见代理。

五、典型意义

《中华人民共和国民法典》第一百七十二条规定：行为人没有代理权、超越代理权或者代理权终止后，仍然实施代理行为，相对人有理由相信行为人有代理权的，代理行为有效。这就是法律规定的表见代理制度，行为人对内而言虽无代理权，但当相对人相信代理人有代理权时，对外仍然会产生有权代理的效果。在建设工程施工合同领域，施工企业对分单位或项目部人员授权不明、印章管理不规范，会引发大量表见代理纠纷。本案中，法院通过查明行为人与建筑单位的身份关系、相对人是否善意且无过失，最终判定建筑单位（被挂靠人）不承担案涉工程款支付责任，对于稳定市场预期，维护交易安全，防范授权不明、印章管理不规范易产生的法律风险具有典型意义。

第六节　建设工程施工合同对工程量的计量标准约定不明时如何认定

一、裁判要旨

建设工程施工合同有效但对工程量的计量方法约定不明且未能补充约定，通过施工资料和现场勘验仍不能确定时，应根据合同条款、交易价格、履行方式，参照政府指导价以及诚信原则，从有利于合同目的实现的角度，依法、合理确定工程量和工程价款。

二、基本案情

A 爆破单位与 B 砂厂签订《爆破工程专用合同》，约定 B 砂厂将其矿区爆破工程承包给 A 爆破单位，工程量按松土方量计算，以 B 砂厂每天销售砂或石块方量开具的四联单为准。因 B 砂厂未向 A 爆破单位提供销售砂或石块方量的四联单，A 爆破单位遂向法院提起诉讼，请求支付工程价款，并申请对工程量进行鉴定。由于双方对采用何种爆破方式进行爆破没有约定，通过施工资料和现场勘验也无法确定，故鉴定机构根据一般爆破履行方式和基坑爆破履行方式，对案涉工程爆破工程量出具了两种鉴定意见。

三、判决结果

一审法院采信以一般爆破履行方式作为计算依据的鉴定意见确定工程量，判决支持 A 爆破单位的诉讼请求。二审判决驳回上诉，维持原判。

四、裁判理由

毕节市大方县人民法院经审理认为，因当事人就案涉工程是采用一般爆破履行方式还是基坑爆破履行方式作为工程量计算依据存在争议，故案涉工程的主要争议焦点在于如何确定合同履行方式。首先，从价格来看，A 爆破单位和 B 砂厂约定的价格均比一般爆破价格略低，相较基坑爆破价格更低。其次，从合同履行成本来看，采用一般爆破方式实现松动的土石方量比采用基坑爆破方式实现松动的土石方量多，就露天砂石场而言，若采取基坑爆破方式，不但增加爆破成本，还减少松动的土石方量，与投入最少、利益最大的交易习惯不符。最后，从合同目的来看，案涉合同是由 A 爆破单位提供，若以基坑爆破计算，等同于 A 爆破单位用高成本获取低收入，与其追求利益最大化的合同目的相悖。结合合同约定的方量计算方式、交易习惯、市政定价标准及合同目的，应以 A 爆破单位主张的一般爆破履行方式作为计算工程量的依据。

五、典型意义

本案中，双方签订的建设工程施工合同有效，合同仅约定工程单价，并未约定计量标准，当事人对此未达成补充协议，且通过施工资料和现场勘验仍不能确定，故不能仅参考市政工程计价定额对案涉工程量进行理论计算，因此履行方式如何确定是本案的关键。法院根据合同约定单价，参照市政工程计价定额相关标准，从当事人追求利润最大化的商事行为角度考虑，平衡各方利益，综合认定案涉工程履行方式。本案体现了法院在审理建设工程案件过程中，在双方当事人因工程量计算依据产生纠纷时，正确适用合同解释的法律规定，结合合同内容、性质、目的、有关条款、建工交易习惯以及诚实信用原则，合理确定合同履行方式，从而定分止争，保障了当事人合法权益，有效维护了司法公正。

第七节　建设工程必须进行招标而未招标的应认定施工合同无效

一、裁判要旨

法院应当依职权主动审查建设工程合同效力。当事人对合同是否有效做出的判断，不影响法院根据查明事实和相关法律规定对合同效力进行认定。建设工程必须进行招标而未招标的应认定施工合同无效。

二、基本案情

某教育局为加快某小学建设进度，未履行招投标手续即与某建筑单位针对案涉工程建设项目签订了原则性、框架性的土建及安装工程施工备忘录。某建筑单位组织工人进场施工并于 2017 年基本完工，但因各项手续不完善，双方当事人始终未能对案涉工程价款结算达成一致意见，遂引发纠纷诉至法院，某建筑单位请求某教育局支付欠付的工程款及利息。

三、裁判结果

一审判决某教育局支付某建筑单位工程欠款及相应利息。一审判决后，双方未上诉。

四、裁判理由

黔东南苗族侗族自治州中级人民法院经审理认为，案涉工程系政府投资建设的公用事业项目，关乎社会公共利益及公众安全，属于必须进行招标的建设工程项目。发包人未经过招投标程序即与承包人签订施工合同，违反了《中华人民共和国招标投标法》效力性、强制性规定，合同应属无效，但建设工程已经实际投入使用，某建筑单位关于支付工程价款的请求，应依法予以支持。

五、典型意义

合同的效力是合同对当事人所具有的法律拘束力，是基于对国家利益、社会公共利益的保护而对当事人的合意进行法律上的评价。建设工程施工安全和工程质量极大地关乎社会公共利益，因此相较于一般的民商事合同，建设工程施工合同须受《中华人民共和国建筑法》《中华人民共和国招标投标法》等法律规制，受建设行政主管部门规章制度的严格监管，对于合同效力的认定应当更为严格和谨慎。因此，无论当事人是否对施工合同的效力提出主张或者抗辩、是否产生争议，法院都应当主动审查施工合同的效力并在判决书中明确载明。本案系一起典型的必须进行招标而未招标导致合同无效的案件，法院依职权主动认定建设工程施工合同的效力，既划分了合同主体的权利义务，也平衡和维护了社会公共利益。

第八节　实际施工人承担举证不能的法律后果

一、裁判要旨

法院应当根据当事人的申请，结合双方争议事项，遵循必要性、关联性、可行性和鉴定范围最小化原则启动鉴定、确定鉴定事项。在现有证据无法作为认定工程造价有效依据的情况下，法院经审查认为需要鉴定的，应首先向负有举证责任的当事人释明，经释明后当事人仍不申请鉴定，致使待证事实无法查明的，应当承担举证不能的法律后果。

二、基本案情

2013 年，发包人某局与承包人某建筑单位签订《BT 合同》，双方约定采取“BT”模式合作，即由发包人某局作为案涉项目的回购主体，按约回购该项目。同年 9 月，承包人某建筑单位与实际施工人陈某签订《项目工程内部承包合同》，约定以内部承包方式，由陈某垫资建设，工程造价以工程实际结算价为准。案涉项目在施工过程中于 2014 年 8 月通过招投标程序，发包人某局与承包人某建筑单位签订《建设工程施工合同》，完善招投标手续。2015 年 9 月，案涉工程由陈某承建完工，经竣工验收并交由发包人某局使用。陈某认为应以案涉项目《审计报告及工程结算审定签署表》的征求意见稿作为最终结算依据，但某局与某建筑单位对该报告均不予认可。因此，三方未能就案涉工程量和工程价款协商一致，陈某诉至法院主张某建筑单位、某局支付工程款及利息。

三、裁判结果

一审判决驳回陈某的诉讼请求。二审判决驳回上诉，维持原判。

四、裁判理由

岑巩县人民法院经审理认为，实际施工人陈某因不具备建筑企业资质，故其与承包人某建筑单位签订的《项目工程内部承包合同》无效。陈某提交的《审计报告及工程结算审定签署表》（复印件）仅用于发包人某局内部申报项目资金，同时某局与某建筑单位对该证据均不认可，故不能作为认定案涉工程造价的依据。而委托审计机构出具的《结算审计报告书》，因建筑单位与陈某均不认可，同时未将部分施工项目所涉工程款计入，故报告书亦不能作为认定案涉工程的最终造价依据。法院在开庭前、庭审中、庭审后四次向陈某释明是否申请对案涉工程造价进行鉴定，陈某坚持不申请，故其应承担举证不能的法律后果，对其主张的诉讼请求，依法不予支持。

五、典型意义

建设工程造价具有项目组成复杂、价款认定专业性和技术性强等特点，因此在当事人对工程造价不能达成一致意见且根据各方举示证据无法确定工程造价的情形下，需借助专业机构对工程造价争议中涉及的专门性事实问题出具鉴定意见，从而为当事人的主张提供有效证据，也为法院判决提供明确依据。本案中，法院在实际施工人提交的证据无法证明工程造价，且经释明仍不申请鉴定的情况下，根据举证责任分配原则依法驳回其诉讼请求。本案对于在审理涉工程造价认定的案件中明确当事人举证责任，引导当事人依法有效举证、顺利推进案件审理进程、公平合理地认定施工合同当事人权利义务具有典型意义。

第十章　工程造价实训（勘察部分）

第一节　勘察任务书

一、工程概况

工程名称：某农村污水治理“千村示范工程”建设项目。

项目建设性质：新建。

勘察阶段：详细勘察。

工程设计范围：某农村污水治理“千村示范工程”建设项目属于农村环境整治项目，项目设计有化粪池、污水管道收集等内容。

二、勘察技术要求

（1）查明有无影响建筑场地稳定性的不良地质条件及危害程度。

（2）查明建筑物范围内地层情况及其均匀性，以及各岩土层的物理力学性质。

（3）查明地下水的埋藏情况、类型、变化幅度及规律，判定水和土对建筑材料的腐蚀性。

（4）划分场地类别和场地土类型，并对饱和粉土及砂土进行液化评价。

（5）提供可采用的地基基础方案，并提出经济、合理的方案建议，提供方案必需的参数，并提出进行基础设计时应注意的问题。

（6）地震基本烈度、场地土类型及建筑场地类别，提供抗震设计有关参数。

（7）提供建筑物基础选型的建设及依据。

（8）其他：提供场地地震安全性评价报告。

勘探孔的取样与测试应符合《岩土工程勘察规范》（2009 年版）（GB 50021—2001）规定的详细勘察阶段的有关技术要求。钻孔主要沿建筑物（构筑物）拐点布置，间距 100～150 m；钻孔编号采用统一编号（集中式化粪池可按角点布置）。

三、要求提交内容

（1）勘探点主要数据一览表。

（2）岩、土、水试验成果表。

（3）勘探点平面布置图。

（4）工程地质剖面图。

（5）钻孔综合柱状图。

（6）提供采用天然地基基础形式以及桩基础方式的可行性，对持力层选择、基础埋深给出建议；提供基坑开挖稳定计算和支护设计所需的岩土技术。

（7）文字报告及结论建议。

四、勘察设计范围

勘察范围主要涉及集中式化粪池、1 条雨水管道及 6 条污水管道的建设区域。

第二节　勘察工作大纲

一、工程概况

新建 6 条污水管网、1 条雨水管道及 1 座集中化粪池。

二、场地环境、工程地质条件

某 A 村集中化粪池场地、某 A 村污水管网及 B 村污水管网起点（终点）沿线无道路，交通较为闭塞。拟建某 A 村集中化粪池场地，现状为空地，场地地势较开阔，地形平坦。场地内高程为 2 354.572～2 354.636 m，相对高差 0.064 m，整体呈西南高、东北低态势。

三、勘察目的、任务要求及需解决的主要技术问题

勘察目的是查明场地内岩土工程情况，为设计和施工提供可靠的地质依据及相关计算参数。因此，依据现行规范及规程的有关规定，确定勘察工作的主要任务、目的和要求如下：

（1）查明拟建场地不良地质作用的分布、规模、成因，分析发展趋势，评价其对拟建场地的影响，提出防治措施。

（2）查明场地地层结构及其物理、力学性质。

（3）查明特殊土、回填土、河湖沟坑及暗浜的分布范围，调查工程周边环境条件，分析相关岩土工程问题和对设计与施工的影响。

（4）查明地下水埋藏条件及其和地表水的补排关系，以及地下水位动态变化幅度，

分析评价其对工程建设和安全运营的影响。

（5）对场地和地基的地震效应进行评价，提供抗震设计的有关参数。

（6）判定水、土对建筑材料的腐蚀性。

（7）对场地和地基的均匀性、压缩性、承载力进行分析与评价。

（8）对地基基础方案和设计与施工中的岩土工程问题进行分析和评价，提供岩土工程技术建议和施工图设计所需的岩土参数。

四、执行的技术标准

（1）《市政工程勘察规范》（CJJ 56—2012）；

（2）《岩土工程勘察规范》（2009 年版）（GB 50021—2001）；

（3）《工程勘察通用规范》（GB 55017—2021）；

（4）《建筑与市政工程抗震通用规范》（GB 55002—2021）；

（5）《建筑地基基础设计规范》（GB 50007—2011）；

（6）《建筑抗震设计规范》（2016 年版）（GB 50011—2010）；

（7）《建筑桩基技术规范》（JGJ 94—2008）；

（8）《建筑基坑支护技术规程》（JGJ 120—2012）；

（9）《中国地震动参数区划图》（GB 18306—2015）；

（10）《工程测量通用规范》（GB 55018—2021）；

（11）《土工试验方法标准》（GB/T 50123—2019）；

（12）《土的工程分类标准》（GB/T 50145—2007）；

（13）《工程岩体分级标准》（GB/T 50218—2014）；

（14）《工程岩体试验方法标准》（GB/T 50266—2013）；

（15）《建筑工程地质勘探与取样技术规程》（JGJ/T 87—2012）；

（16）《岩土工程勘察报告编制标准》（CECS 99：98）；

（17）《建筑地基处理技术规范》（JGJ 79—2012）；

（18）《房屋建筑和市政基础设施工程勘察文件编制深度规定》（2020 年版）；

（19）《危险性较大的分部分项工程安全管理规定》；

（20）《建筑与市政地基基础通用规范》（GB 55003—2021）；

（21）《工程地质手册》（第五版）。

五、勘察工作内容及计划工作量

勘察主要工作内容为详细勘察。勘察工作主要采用地质调查、地质测量、地质钻探、现场原位测试及室内土工实验等手段，根据现行工程勘察规范等相关规范规程，结合现场地形地貌及建（构）筑物的特征，布置勘探点，用实时动态定位技术（GPS-

RTK）将每个勘探点如实测放，并做好标记，现场勘探点放好后用XY-150型钻机进行地质钻探，在钻探过程中进行现场原位试验，最后根据现场获取的勘察原始数据编写工程地质勘察报告。

布设工作量原则为：针对化粪池采用角点布置勘探点2个，针对拟建污水管线及雨水管线中心线布置勘探点44个，共布置勘探点计46个。

①钻孔进尺：300 m/46孔；

②标准贯入试验：15次；

③取土样：16件。

六、勘探完成后的现场处理

各机组施工完孔后，必须遵守要求，做好岩心掩埋、现场恢复等工作。

七、勘察项目管理机构

组建该项目经理部后主要人员安排如下：项目经理1人，全面负责该项目的测量及勘察工作；项目总工1人，主管项目技术质量工作；专职安全员1人，主管项目安全工作；测量人员2人，负责勘探点的测放工作；试验人员1人，负责现场原位测试工作及取土工作；技术人员1人，负责现场地质编录、地质调查等工作；机长1人、工人3人，负责钻探工作，协助管理人员进行技术工作。

八、拟采取的质量控制、安全保证和环境保护措施

（一）质量控制

（1）详细勘察工作严格遵守制定的“三体系”管理制度，勘察工作实施前做好勘察方案、勘察项目审批表、环境职业健康安全风险管控与识别书、安全与技术交底书、安全生产责任状、安全教育表等记录资料，落实好相关人员的教育、培训和签字记录。

（2）单位质管部对项目施工前、施工过程及后期成果进行全面监督，对每个环节监督均留痕归档，出具相应的监督记录和检查意见。项目部按单位质管体系要求进行及时整改和回复。

（3）对现场基础资料实行三级质检制度，即项目组交叉自检—质管部检查—总工办检查，严格控制勘察质量。

（4）对成果报告实行多级内部审查制度，即自检—专业技术人员校核—项目负责人审查—专业技术人员审核—专业总工审定—总工办总工终审，对每级审查意见逐条修改完善后，需由相应审查人员签字确认后才能进入下一级审查。

（5）最终成果报告需提供相应的审查记录表，由办公室确认后方能盖章出版。

（二）安全保证

（1）认真贯彻“安全第一、预防为主”的方针，对所有项目人员进行上岗安全教育培训，做到安全施工、文明施工，项目人员必须牢固树立安全生产意识，建立健全安全生产工作责任制，实施“安全事故一票否决权”，以保障勘察工作的顺利进行。

（2）勘察作业现场设定安全标志，钻探施工人员进入现场必须戴好安全帽。

（3）工点设专职安全员，进行现场安全监督。

（4）非勘察施工人员严禁进入勘察施工现场。

（5）机台施工人员严禁违章操作和酒后作业。

（6）做好防火、防盗、爆破物资器材等的监管工作。

（7）针对工作区的地理、气候特点，预防交通事故、防止食物中毒。各调查组、勘探作业组必须配备劳动安全防护用品、必要的急救药品。

（8）野外作业人员不得单独行动，各组配置必要的通信器材，保障联络。尊重当地习俗、宗教信仰，处理好与驻地群众的关系，做好综合治理。

（9）严格遵守纪律，严守秘密，不该看的不看，不该问的不问，不该讲的不讲，不该做的不做。

（10）勘察作业时把环保工作作为重要组成部分来抓，做到文明勘察作业。钻探形成的废料、废水、弃土等按要求排放到指定地点。钻探机具、材料定点堆放整齐，保持道路畅通、工地干净卫生。勘察作业工地废料及生活垃圾等不能对周围环境尤其是水域造成影响。

（三）环境保护措施

（1）开工前对全体项目组职工进行环境保护学习，增强环保意识，形成良好的环保习惯，施工中对生态环境的受损采取有效措施，使其降至最低程度。

（2）场地清理物（如表土、草皮、树木、树墩、树根、灌木和垃圾等）应运到指定地点，不得妨碍施工，破坏环境。

（3）合理布置施工场地，生产、生活设施尽量布置在征地线以内，少占或不占耕地，尽量不破坏原有植被，保护自然环境。

（4）施工期间生产场地和生活区应修建必要的临时排水渠道，并与永久性排水设施相接，不致引起淤积冲刷。

（5）施工废水、废气、废油、垃圾等不得排入耕地、饮用水渠、河流、灌溉渠和水库，污水需经处理池净化处理后再排放。

（6）施工区域在施工期间和完工后，应妥善管理，防止沉渣进入河流或小溪。施工作业易产生粉尘的地段应进行洒水，使粉尘公害减至最低程度。

九、拟投入的仪器设备及勘察进度计划等

（一）设备计划

做好仪器设备选型，制订科学的配置计划，选择适合实际工作的仪器设备。拟投入本项目的主要施工机械及办公设施见表 10-1 和表 10-2。

表 10-1　拟投入本项目主要施工机械配备

机械装备名称	型号、产地	功率、吨位、容积	单位	数量（合计）	来源			运到工地时间
					自有	租赁	新购	
地质钻机	XY-100	1.5T	台	1	√			开工时
往复式泥浆泵	BW-150	0.2	台	1	√			开工时
标准贯入器 / 动探	—	—	套	1	√			开工时
取土器、取砂器	—	—	套	1	√			开工时
工程检测仪（波速检测仪）	RS-ST01C	—	台	1	√			开工时
抽水试验设备	自配	—	台	1	√			开工时
GPS-RTK	S86 /Hiper+	—	台	1	√			开工时
全站仪	NTS-302	—	台	1	√			开工时
水准仪	DL-2003	—	台	1	√			开工时
绘图仪	HPPS-800	—	台	1	√			开工时
理正工程地质勘察软件	8.5	—	套	1	√			—
数码相机	NA3003、N3	—	台	1	√			开工时
工具汽车	SGZ-IA	5T	台	1	√			开工时

表 10-2　办公设施汇总

序号	内容	数量	用途
1	交通运输车	1 辆	钻机搬迁、泥浆外运
2	工具车	1 辆	现场及土样运送
3	电脑	1 台	资料成果整理
4	打印机	1 台	成果输出
5	复印机	1 台	成果输出
6	数码相机	1 台	拍摄岩土样
7	帐篷	1 顶	看班
8	水泥	5 t	封孔
9	黏土	5 t	封孔
10	钻头	5 个	钻进
11	样盒	20 个	包装土样

续表

序号	内容	数量	用途
12	蜡	5 kg	密封土样
13	泥浆桶	1 个	确保泥浆不外泄
14	民房	1 间	住宿和现场办公
15	样箱	6 个	土样运输、防震
16	木桩	22 个	现场勘探孔定位

（二）勘察进度计划

本工程的勘察进度：前期准备工作 2 d，测量放孔及野外钻探 15 d，勘察报告编制 5 d。

十、勘察工作的进度与资料保证措施

（一）进度保证措施

在执行过程中，严格按照进度计划进行控制，根据提供图纸日期的要求，制订各个专业的进度计划，编制控制图（图 10-1）。

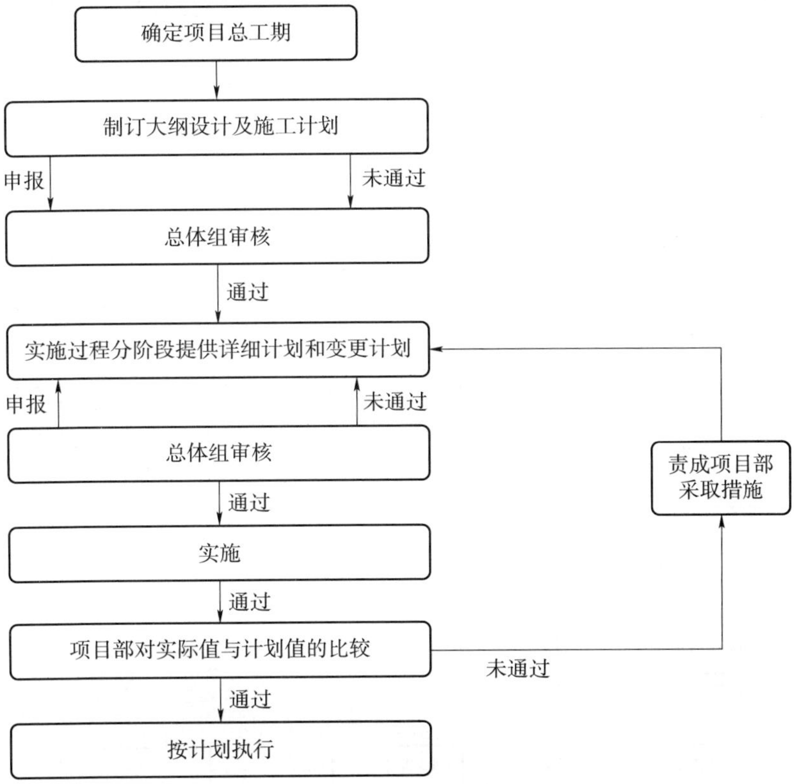

图 10-1　编制控制图

（二）质量保证措施

（1）尽量利用该项目的已有地质资料，重点收集区域地质、水文地质、气象、地震及地应力等资料，结合勘察成果进行综合分析研究。

（2）外业资料先由技术人员自检，经项目总工审查合格后，方可用于内业使用。

（3）图件采用 CAD 成图，文字报告为 Word 格式、地质照片为 JPEG 格式，提供具体要求的电子文档。

（4）提交报告时，记录卡片等原始资料应分类装订成册，并提交档案资料室进行存档。

在获取可靠、适用的资料的基础上，保证岩土工作分析评价的质量和水平，使工程设计科学合理、经济安全。质量保证控制流程见图 10-2。

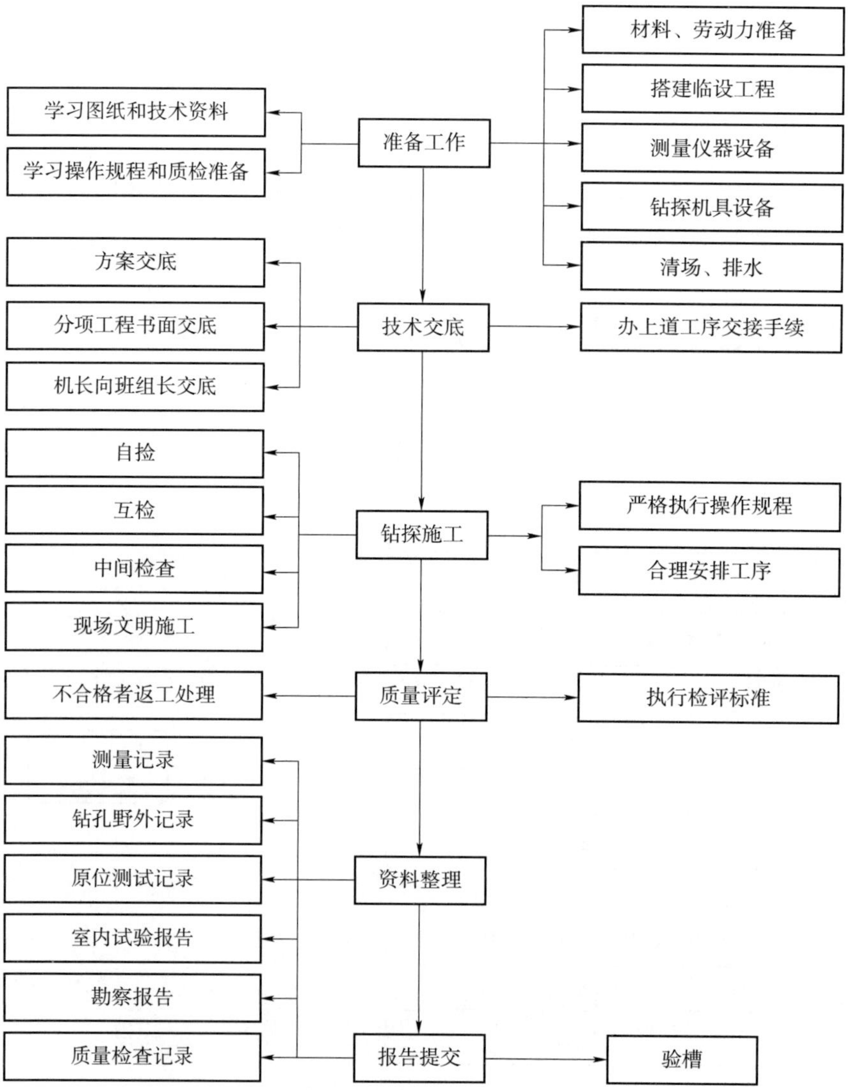

图 10-2　质量保证控制流程

第三节 勘察报告

一、岩土工程勘察等级

根据《建筑工程抗震设防分类标准》（GB 50223—2008），判定该项目抗震设防类别为标准设防类（丙类）；按《市政工程勘察规范》（CJJ 56—2012）第3.0.1条确定：本工程重要性等级为三级，场地等级为二级（中等复杂场地），地基等级为二级（中等复杂地基），岩土工程勘察等级为乙级。

二、勘察点的布置及实施

根据拟建集中式化粪池及各管道范围内纵横方向上的分布情况，针对化粪池采用角点布置勘探点2个，针对拟建污水管线及雨水管线中心线布置勘探点44个，共布置勘探点46个。化粪池孔间距8.80 m，孔深10.00～12.00 m；污水管及雨水管孔间距7.66～149.93 m，孔深为6.00～8.60 m。勘察过程中根据各钻孔的具体地层情况，对勘探孔深进行适当调整，同时由于场地内施工条件的限制（交通等的影响），致使部分勘探点偏移了一定距离。

三、勘察方法

为综合评价场地及场地各土层性质，在现场取样鉴别的同时，还采用了原位测试（标准贯入试验、N63.5重型动力触探试验）及室内分析试验等多种勘察手段。

（一）钻探

钻探工作主要是查明地基土结构、性质，鉴别地层时代、成因及类别，确定各工程地质层及其亚层的分层和埋深，采取原状样及扰动样等。

根据场地情况和作业进度，采用1台XY-150型履带工程钻机钻进提取芯样进行作业。

（二）原位测试

N63.5重型动力触探试验：为综合判定地基土的力学性质和均匀性，并提供相关岩土参数，对第四系冲洪积圆砾层进行N63.5重型动力触探试验，并严格按《岩土工程勘察规范》（2009年版）（GB 50021—2001）中第10.4.1～10.4.2条要求进行。

标准贯入试验：为综合判定地基土的力学性质和均匀性，并为进行地基土评价提供力学指标参数，按《岩土工程勘察规范》（2009 年版）（GB 50021—2001）中第 10.4～10.5 条规定进行标准贯入试验。

（三）采样试验评述

针对含角砾粉质黏土：为提供地基土的物理力学性质指标，采用薄壁敞口取土器，用压入法或锤击法从钻孔中采取原状土样进行物理力学性质试验。样品及时封存送检，质量等级达到Ⅰ、Ⅱ级试样的要求。

针对圆砾：均采取扰动样对其进行颗粒分析。

（四）室内分析质量评述

针对原状样：室内土样试验操作和试验仪器符合现行国家标准《土工试验方法标准》（GB/T 50123—2019），三项基本指标中，土的天然密度采用环刀法测定，土粒比重采用比重瓶法测定，土的天然含水量采用烘干法测定，孔隙比、饱和度为计算指标；土的液限采用 76 g 锥式液限仪测定，以锥尖入土 10 mm 为准，塑限采用液、塑联合测定法；土的抗剪强度采用不固结不排水快剪；压缩试验采用快速法。

针对扰动样：室内土样试验操作和试验仪器符合现行国家标准《土工试验方法标准》（GB/T 50123—2019）对于颗粒分析的试验要求。

四、勘探点测放

勘探点的位置以设计单位提供的总平面图为准，各钻孔孔口高程依此采用 RTK 测放及测定。勘察进场 1 台套 XY-150 型履带钻机，共 11 d 完成钻探及相关的现场工作。

五、勘察工作量

针对工程污水管道的特点及场地地层的分布情况，采取了不同的勘探手段和方法。勘察外业工作完成的勘察工作量见表 10-3。

表 10-3　勘察外业工作完成的勘察工作量

序号	工作内容		单位	工作量
1	测放 / 施工钻孔		个	46/46
2	工程钻探		m/ 孔	331.40/46
3	原位测试	标准贯入试验	次 / 孔	19/9
4	取土样		件 / 孔	27.80/8
5	室内试验	土工检测、颗粒分析试验	件 / 孔	16/16
6	室内试验	土的易溶盐检测	件 / 孔	2/2
7	室内试验	水质检测	件 / 孔	2/2
8	地下水位观测		次 / 孔	46/46

第四节　场地岩土工程地质条件

一、地基岩土的组成及分布

据钻探揭露，场地勘探范围内的地基土上部为第四系全新统填土层（Q_4^{ml}），下部主要由第四系残坡积（Q_4^{el+dl}）形成的含角砾粉质黏土层及第四系冲洪积（Q_4^{al+pl}）形成的圆砾层组成。据野外鉴别资料（根据沉积环境、深度、颜色、密实度和状态），结合标准贯入试验、N63.5 重型动力触探试验及室内土工试验（土工检测及土颗粒分析试验）的相关成果资料，将场地地基土从上至下分述如下：

（1）第四系全新统填土层（Q_4^{ml}）

①杂填土：杂色，松散，干或稍湿，以黏性土为主，夹砖块、碎石及生活垃圾等，填入时间约 4 年，均匀性差。钻进过程中塌孔现象严重。经技术员现场走访及调查，该层为新近回填，自重固结尚未完成。全场分布，厚度 1.20～2.20 m。

（2）第四系残坡积（Q_4^{el+dl}）

②含角砾粉质黏土：灰黄色、黄灰色，可塑状态，具有中压缩性，无振摇反应，干强度较高。角砾成分以砂泥岩为主，含量为 15%～25%，粒径 4～24 mm，多为次棱状，局部夹少量碎石。分布于拟建某 A 村 Y-1～Y-4 段雨水管道场地、拟建 B 村 W-1～W-35 段污水管西南侧场地、拟建 B 村 W-36～W-71 段污水管西南侧场地及拟建 B 村 W-72～W-70 段污水管西南侧场地，层顶深度为 1.20～1.60 m，最大深度 8.20 m 未揭穿。

（3）第四系冲洪积（Q_4^{al+pl}）

③圆砾：黑灰色或灰褐色，稍密，稍湿或湿，由砂岩和少量花岗岩类组成，一般粒径为 10～20 mm，亚圆状（浑圆形），含量约 50%，充填物为粗砾砂、卵石及少量黏性土，卵石含量为 10%～20%，成分以强风化的砂岩为主，卵石粒径一般为 3～12 cm，最大粒径可达 26 cm，亚圆状或次圆状，以中等风化为主，卵石颗粒部分接触，分选性差，排列较混乱，局部夹薄层淤泥。分布于拟建某 A 村集中化粪池场地、拟建某 A 村 W-1～W-9 段污水管场地、拟建某 A 村 W-12～W-28 段污水管场地、拟建某 A 村 W-18～W-8 段污水管场地、拟建 B 村 W-1～W-35 段污水管东北侧场地、拟建 B 村 W-36～W-71 段污水管东北侧场地及拟建 B 村 W-72～W-70 段污水管东北侧场地，层顶深度为 1.20～2.20 m，最大深度 12.00 m 未揭穿。

现场钻探照片及岩芯照片见图 10-3 和图 10-4。

图 10-3　现场钻探照片

图 10-4　岩芯照片

二、室内土工试验

根据室内岩土试验成果，获得某农村污水治理“千村示范工程”建设项目场地内地基岩土参数值（表 10-4～表 10-6）。

表 10-4　①杂填土黏土室内土工试验成果统计

统计指标	比重 G_s	质量密度 ρ/（g/cm^3）	天然含水率 W/%	孔隙比 e_o/%	液性指数 I_L	压缩模量 E_s/MPa	内摩擦角 Φ/（°）	黏聚力 C/kPa
频数 n	9	9	9	9	9	9	9	9
最大值 max	2.73	1.99	27.10	0.80	0.59	5.91	18.60	35.00
最小值 min	2.72	1.93	22.80	0.68	0.37	4.34	14.30	18.00
平均值 μ	2.72	1.97	24.93	0.73	0.47	5.11	16.91	25.00
标准差 σ	0.00	0.02	1.20	0.03	0.07	0.53	1.40	5.74
变异系数 δ	0.00	0.01	0.05	0.05	0.15	0.10	0.08	0.23
修正系数 γ_s	1.00	1.01	1.03	1.03	1.09	1.06	0.95	0.86
标准值	—	—	—	—	—	—	16.03	21.41

表 10-5　②含角砾粉质黏土颗粒分析试验

<table>
<tr><td rowspan="4">土名</td><td rowspan="4">帧数</td><td colspan="9">颗粒组成百分比 /%</td></tr>
<tr><td rowspan="2">卵石或碎石</td><td colspan="4" rowspan="2">圆砾或角砾</td><td colspan="3">砂粒</td><td>细粒</td></tr>
<tr><td>粗</td><td>中</td><td>细</td><td>粉粒</td></tr>
<tr><td colspan="9">粒直径 /mm</td></tr>
<tr><td></td><td></td><td>40～20</td><td>20～10</td><td>10～5</td><td>5～2</td><td>2～1</td><td>1～0.5</td><td>0.5～0.25</td><td>0.25～0.075</td><td>0.075～0.005</td></tr>
<tr><td>②含角砾粉质黏土</td><td>9</td><td>7.8～9.1</td><td>4.6～11.7</td><td>5.7～16.8</td><td>1.1～6.9</td><td>0.0～2.1</td><td>0.0～2.7</td><td>0.0～5.4</td><td>0.4～4.7</td><td>55.6～78.0</td></tr>
</table>

表 10-6　③稍密圆砾颗粒分析试验

<table>
<tr><td rowspan="4">土名</td><td rowspan="4">帧数</td><td colspan="9">颗粒组成百分比 /%</td></tr>
<tr><td rowspan="2">卵石或碎石</td><td colspan="4" rowspan="2">圆砾或角砾</td><td colspan="3">砂粒</td><td>细粒</td></tr>
<tr><td>粗</td><td>中</td><td>细</td><td>粉粒</td></tr>
<tr><td colspan="9">粒直径 /mm</td></tr>
<tr><td></td><td></td><td>40～20</td><td>20～10</td><td>10～5</td><td>5～2</td><td>2～1</td><td>1～0.5</td><td>0.5～0.25</td><td>0.25～0.075</td><td>0.075～0.005</td></tr>
<tr><td>③圆砾</td><td>7</td><td>10.6～17.2</td><td>10.5～18.7</td><td>10.2～21.3</td><td>7.8～12.8</td><td>8.9～24.3</td><td>8.8～14.5</td><td>4.3～17.6</td><td>2.7～8.7</td><td>0.7～8.2</td></tr>
</table>

三、勘察原位测试

（一）标准贯入试验

在②含角砾粉质黏土层中进行了标准贯入试验测试（表 10-7）。

表 10-7　标准贯入试验成果统计

土类	个数 / 个	范围值（击）	平均值（击）	标准差 S	变异系数 δ	标准值（击）
②含角砾粉质黏土	19	6.70～8.20	7.37	0.45	0.06	7.19

（二）N63.5 重型动力触探试验

在③圆砾层进行了 N63.5 重型动力触探试验等原位测试（表 10-8）。

表 10–8　N63.5 型动力触探试验成果统计

土类	个数 / 个	范围值（击）	变异系数 δ	平均值（击）
③圆砾	8	5.98～6.44	0.202	6.244

第五节　水文地质条件

一、地表水和地下水概况

勘察区小河及水沟纵横交错，某 A 村集中式化粪池北侧毗邻小河，该小河自西向北流入，河面宽 5.00～8.00 m，冲刷深度及最大流速无可比性资料。现场调查得知冲沟历年最高洪水位水深约 1.00 m，常年水位水深约 0.10 m。该小河距离某 A 村污水管网及集中化粪池较近，高程为 2 353.00～2 360.07 m，高差 7.07 m。

拟建场地主要接受大气降水及附近居民生活用水渗透补给，雨后地表水大部分沿水沟排入小河，部分渗入第四系全新统人工填土层及冲洪积圆砾层，排泄条件一般。

二、地下水位观测情况

勘察期间于拟建某 A 村集中化粪池场地、拟建某 A 村 W–1～W–9 段污水管及拟建某 A 村 W–12～W–28 段污水管场地部分钻孔中测得的混合地下水埋深为 2.00～5.50 m，相应地下水水位高程为 2 350.94～2 355.57 m。

根据场区地下水的含水介质、赋存条件、水理性质和水力特征，地下水类型主要为孔隙性潜水，赋存于圆砾中，含水量较为丰富。该类地下水主要接受大气降水、水沟、小河及附近居民生活用水渗透补给，排泄方式主要为通过水沟由高至低排入小河，再由小河由高至低排入河道或蒸发，地下水位高程受降雨影响较大，地下水与地表水体随季节的不同呈互补关系。

根据区域水文地质资料及类似工程同类地层岩性的试验结果，获得的场地各岩土层渗透系数建议值如表 10–9 所示。

表 10–9　场地各岩土层渗透系数建议值

地 层	透水性	渗透系数 /（m/d）	备注
①杂填土	强透水层	15～30	施工时应做抽水试验，并对参数进行修正后方可正式采用
②含角砾粉质黏土	弱透水层	0.01～0.1	
③圆砾	强透水层	100～500	

三、地下水对建设工程的影响

（一）地下水对地基岩土层承载力的降低作用

拟建场区历年平均气温为10.1℃，最高年平均气温为10.7℃，最低年平均气温为9.4℃。一年中最热的月份为7月，月平均气温为17.3℃；一年中最冷的月份为1月，月平均气温为1.4℃。年平均降水量1 114.7 mm，集中在6—9月。年平均日照1 996 h，极端最高气温30.3℃，极端最低气温-25.4℃。自然灾害有暴雨、泥石流、冰雹、旱灾、寒潮、低温等。水对岩土体的影响较为显著，主要表现为水对岩土体有明显的物理、化学作用，水体排泄极易将卵石内的细颗粒带走，使骨架架空，造成其力学性质降低。

（二）地下水作用与施工及工程的关系

拟建化粪池场地处于剥蚀低山。根据其周边所做勘察项目的基坑开挖情况，在基覆界面，雨后及地表水下渗易迅速汇集部分渗水，对基坑开挖作业安全具有一定的影响，可在坑底设置集水坑，抽排渗入坑内的地表水和地下水，并做好基坑侧壁防护工作。

四、水质及腐蚀性评价

场地海拔约2 370.00 m，属湿润区。场地内地基土属中等透水层，环境类别为Ⅱ类。根据对ZK6及ZK10钻孔取水样所做的水质分析评价结果（表10-10），该地区地表水及地下水均对混凝土结构具有微腐蚀性，对钢筋混凝土中钢筋有微腐蚀性。

表10-10 地下水腐蚀性判定

<table>
<tr><th colspan="3">项目</th><th>测试值</th><th>评价标准</th><th>腐蚀等级</th><th>结论</th><th>评价方式</th></tr>
<tr><td rowspan="5">按环境类型</td><td rowspan="5">水对混凝土结构的腐蚀性</td><td>SO_4^{2-}/（mg/L）</td><td>50.204～52.581</td><td>＜390</td><td>微</td><td rowspan="5">微</td><td rowspan="5">环境类型为Ⅱ类</td></tr>
<tr><td>Mg^{2+}/（mg/L）</td><td>12.672～13.601</td><td>＜2 600</td><td>微</td></tr>
<tr><td>NH_4^+</td><td>0.056～0.084</td><td>＜650</td><td>微</td></tr>
<tr><td>OH^-</td><td>—</td><td>＜55 900</td><td>—</td></tr>
<tr><td>总矿化度/（mg/L）</td><td>385.92～396.99</td><td>＜26 000</td><td>微</td></tr>
<tr><td rowspan="3">按地层渗透性</td><td rowspan="3">水对混凝土结构的腐蚀性</td><td>pH</td><td>7.45～7.78</td><td>＞6.5</td><td>微</td><td rowspan="3">微</td><td rowspan="3">A</td></tr>
<tr><td>侵蚀性 CO_2/（mg/L）</td><td>—</td><td>＜15</td><td>微</td></tr>
<tr><td>HCO_3^-（矿化度低于0.1 g/L时考虑）/（mg/L）</td><td>219.714～231.427</td><td>＞1.0</td><td>微</td></tr>
</table>

续表

项目			测试值	评价标准	腐蚀等级	结论	评价方式
按 Cl^- 含量	水对钢筋混凝土结构中钢筋的腐蚀性	Cl^- /（mg/L）	16.273～17.269	＜100	微	微	干湿交替

注：按《岩土工程勘察规范》（2009 年版）（GB 50021—2001）12.2 条评价。

五、抗浮评价

区内缺乏五十年一遇洪水位观测资料、长期水位观测资料、历年最高地下水位资料及 3～5 年最高地下水位资料。勘察期间（2023 年 3 月），于拟建某 A 村集中化粪池场地、拟建某 A 村 W-1～W-9 段污水管及拟建某 A 村 W-12～W-28 段污水管场地部分钻孔中测得的混合地下水埋深为 2.00～5.50 m，相应地下水位高程为 2 350.94～2 355.57 m；其他管网钻孔内未见稳定的地下水。据走访调查，该场地地下水年变幅不大，一般在地下 10.00 m 以内，因此地下水对化粪池的浮托作用影响不大，但在施工期间，遭遇持续强降雨，雨水沿松散土体孔隙下渗，来不及向低洼地段排泄，造成地下水位急剧上升，对拟建化粪池产生浮托作用。因此应考虑地表防渗、化粪池防水、抗渗及周边布置排水措施。

（1）地表防渗系统可考虑用黏性土回填并分层碾压夯实、地表硬化等措施。

（2）拟建化粪池防水及抗渗设计建议按《地下工程防水技术规范》（GB 50108—2008）执行。

（3）拟建化粪池和周边排水系统建议设置“树枝状”排水盲沟，排水盲沟在基坑开挖时预置，由高平台底部引入低平台底部直至排出场外。

拟建集中式化粪池场地位于剥蚀低山及Ⅰ级阶地，地下水类型为孔隙型潜水，主要补给方式为大气降水及生活用水渗透补给。据设计方提供某农村污水治理“千村示范工程”建设项目总平面布置图，拟建场地建成后排水设施齐全，无积水隐患。如必要时可采取化粪池抗浮处理措施，建议本场地拟建化粪池的抗浮设计水位按假定场平 ±0.000=2 354.50 m 考虑。

拟建化粪池开挖及抗浮应由具备相应资质的第三方进行专项设计。

六、土的腐蚀性评价

场地海拔约 2 370.00 m，场地属湿润区，场地内地基土属中等透水层，环境类别为Ⅱ类。根据对 ZK1 钻孔及 ZK46 钻孔内的杂填土取土样所做的土腐蚀试验分析评价结果（表 10-11），该场地地基土对混凝土结构具微腐蚀性，对钢筋混凝土结构中钢筋具有微腐蚀性，对钢结构具有弱腐蚀性。

表 10-11　土的腐蚀性判别

腐蚀介质	评价方式		测试值	评价标准	腐蚀性等级
SO_4^{2-}/（mg/kg）	按环境类型土对混凝土结构的腐蚀性评价	Ⅱ类环境类型	122～145	＜500	微
Mg^{2+}/（mg/kg）			13～15	＜3 000	微
pH	按地层渗透性土对混凝土结构的腐蚀性评价	A	7.16～7.23	＞6.5	微
Cl/（mg/kg）	土对钢筋混凝土结构中钢筋的腐蚀性评价	B	24～30	＜250	微
pH	土对钢结构腐蚀性评价		7.16～7.23	＞5.5	微
氧化还原电位 /mV			316.1～355.8	200～400	弱
极化电流密度 /（mA/cm^2）			0.007 2～0.008 6	＜0.02	微
质量损失 /g			0.2～0.3	＜1	微
电阻率 /（Ω•m）			47～73	50～100	弱

第六节　场地抗震性能评价

一、抗震设防烈度

根据《建筑抗震设计规范》（2016 年版）（GB 50011—2010）附录 A.0.20 四川省第 5 条及《中国地震动参数区划图》（GB 18306—2015）表 C.23（续）及附录 G，设计基本地震加速度值为 0.20 g、反应谱特征周期为 0.45 s、抗震设防烈度为 8 度、地震分组为第三组。

二、建筑场地类别及场地土类型

根据在附近场地中所做的钻孔波速结果，拟建场地中的①杂填土的剪切波速值约为 120.0 m/s，为软弱土；②含角砾粉质黏土层剪切波速值约为 220.0 m/s，为中软土；③圆砾层剪切波速值约为 300.0 m/s，为中硬土。根据《建筑抗震设计规范》（2016 年版）（GB 50011—2010）4.1.5 条规定的相关公式计算场地的等效剪切波速，公式如下：

$$V_{se}=d_0/t \tag{10-1}$$

$$t=d_1/v_{s1}+d_2/v_{s2}+\cdots+d_i/v_{si}+\cdots d_n/v_{sn} \tag{10-2}$$

式中：V_{se}——场地的等效剪切波速，m/s；

d_0——计算深度，m，取覆盖层厚度和 20 m 两者的较小值；

t——剪切波在地面至计算深度之间的传播时间；

d_i——计算深度范围内第 i 土层的厚度，m；

v_{si}——计算深度范围内第 i 层土的剪切波速度，m/s；

n——计算深度范围内土层的分层数。

根据地区工程经验及《建筑抗震设计规范》（2016 年版）（GB 50011—2010）第 4.1.3 条，选取 ZK1、ZK4、ZK6、ZK17、ZK18 及 ZK43 钻孔的剪切波速取值（表 10–12）。

表 10–12　等效剪切波速估算

拟建建筑	钻孔	土 名	厚度 /m	估算剪切波速 /（m/s）	等效剪切波速 /（m/s）
拟建某 A 村雨水管	ZK1	杂填土①	1.4	120	207.9
		含角砾粉质黏土②	18.6	220	
	ZK4	杂填土①	1.5	120	207.1
		含角砾粉质黏土②	18.5	220	
拟建某 A 村污水管及集中化粪池	ZK6	杂填土①	1.2	120	275.2
		圆砾③	18.8	300	
	ZK17	杂填土①	1.4	120	271.5
		圆砾③	18.6	300	
拟建 B 村污水管	ZK18	杂填土①	1.3	120	208.7
		含角砾粉质黏土②	18.7	220	
	ZK43	杂填土①	1.5	120	207.1
		含角砾粉质黏土②	18.5	220	

根据《建筑抗震设计规范》（2016 年版）（GB 50011—2010）的场地划分原则，拟建某 A 村 Y-1～Y-4 段雨水管土层等效波速为 250 m/s$\geq V_{se}>$150 m/s，根据当地的区域地质资料，场地覆盖层厚度为 3～50 m，故本场地属Ⅱ类建筑场地，场地土类型为中软土。

拟建某 A 村 W-1～W-9 段污水管、某 A 村 W-12～W-28 段污水管及拟建某 A 村集中式化粪池土层等效波速为 250 m/s$<V_{se}\leq$500 m/s，根据当地的区域地质资料，场地覆盖层厚度≥5 m，故本场地属Ⅱ类建筑场地，场地土类型为中硬土。

拟建 B 村 W-1～W-35 段污水管、B 村 W-36～W-71 段污水管及 B 村 W-72～W-70 段污水管土层等效波速为 250 m/s$\geq V_{se}>$150 m/s，根据当地的区域地质资料，场地覆盖层厚度为 3～50 m，故本场地属Ⅱ类建筑场地，场地土类型为中软土。

三、地震效应评价

钻孔资料显示，场地内不存在饱和粉土、粉砂及细砂层，可不考虑地震时地基土的液化影响。

根据填土的填料判断，该人工填土层的湿陷性等级为Ⅰ级（轻微）。8 度地震时可能产生软土震陷，为此应需考虑软土地震时的震陷问题。设计时应采取相应的抗震陷措施，保持拟建建筑物的长期稳定，消除建筑抗震的不利影响。需设计人员重点设计。

四、场地抗震类别

根据《建筑抗震设计规范》（2016 年版）（GB 50011—2010）第 4.1.1 条，结合拟建集中式化粪池、各污水管网及雨水管网性质、场地地形地貌及地基条件，场地地势开阔，未发现能够危及本工程的不良地质作用，因此本项目场地属可进行建设的一般地段，拟建集中式化粪池、各污水管网及雨水管网属抗震一般地段。

第七节　场地及地基评价

一、场地稳定性

勘察未发现能够危及本工程的不良地质作用，另据区域地质资料，场地附近未见断裂带，该场地为相对稳定场地，可进行本工程建设。拟建管线沿某 A 村自西南向东北敷设，多为缓坡地段，坡体现状稳定。拟建集中式化粪池、各污水管网及雨水管网沿线范围内不存在岩溶、危岩和崩塌、泥石流、采空区、地面沉降等不良地质现象及河道、沟浜、墓穴、防空洞、孤石等对工程不利的埋藏物。

二、岩土层性质评价

根据现场钻探揭露情况，场地内①杂填土松散、干或稍湿，不可作为基础持力层，属于基坑开挖部分；②含角砾粉质黏土层呈可塑状，其厚度大，承载力一般（fak = 140 kPa），可作拟建管网的基础持力层及下卧层；③圆砾层呈稍密状，其厚度大，承载力高（fak = 180 kPa），是拟建管网及集中化粪池良好的基础持力层及下卧层。

三、地基均匀性评价

场地中地基土有①杂填土层、②含角砾粉质黏土层及③圆砾层，其中①杂填土层为基坑开挖部分；②含角砾粉质黏土层成层性好、厚度较大、稳定性好，为均匀性场地土；③圆砾层成层性好、厚度较大、稳定性好，为均匀性场地土。

根据工程地质剖面图及预计拟建某A村集中式化粪池、各污水管网及雨水管网埋置深度：

（1）拟建某A村集中化粪池场地现为空地，场地地势较开阔，地形较平坦，按假定设计场平高程2 345.50 m场平后挖填方并存，各岩土层接触面倾角小于10%，应判定为均匀地基。

（2）拟建某A村Y-1～Y-4段雨水管道场地的基础持力层②含角砾粉质黏土与①杂填土层接触面倾角相对较小，属均匀地基。

（3）拟建某A村W-1～W-9段污水管场地的基础持力层③圆砾层与①杂填土层接触面倾角相对较小，属均匀地基。

（4）拟建某A村W-12～W-28段污水管场地的基础持力层③圆砾层与①杂填土层接触面倾角相对较小，属均匀地基。

（5）拟建某A村W-18～W-8段污水管场地的基础持力层③圆砾层与①杂填土层接触面倾角相对较小，属均匀地基。

（6）拟建B村W-1～W-35段污水管场地的基础持力层由②含角砾粉质黏土层及③圆砾层组成，属不均匀地基。

（7）拟建B村W-36～W-71段污水管场地的基础持力层由②含角砾粉质黏土层及③圆砾层组成，属不均匀地基。

（8）拟建B村W-72～W-70段污水管场地的基础持力层由②含角砾粉质黏土层及③圆砾层组成，属不均匀地基。

四、地基岩土层的物理力学性质指标

综合钻探、原位测试和室内土工试验资料并结合场地附近已有工程经验，确定基础设计所需的各岩土层主要物理力学性质指标建议值及有关参数，具体见表10-13。

表10-13　地基土的综合物理力学指标建议值

岩土名称	天然密度 ρ_0（g/cm³）	压缩模量 E_s/MPa	变形模量 E_0/MPa	黏聚力 C/kPa	内摩擦角 φ/（°）	塑性指数 I_P	液性指数 I_L	承载力特征值 fak/kPa	机床系数 K/MPa	土体与锚固体间黏结强度值 s/kPa
①杂填土	1.80*	3*	—	13*	11*	—	—	—	—	20*
②含角砾粉质黏土	1.98	5.44	—	21.41	16.03	13.75	0.52	140	25*	45*
③圆砾	2.0*	—	14*	4.5*	23*	—	—	180	25*	130*

注：带“*”数值为地区经验数值。

五、冻土的勘察及评价

据场地钻探结果，岩性多为细粒土层，状态为干或稍湿；场地位于剥蚀低中山，属于整体构造的冻土层。经查阅相关资料及现场踏勘，按冻结状态持续时间分为季节性冻土，每年寒季冻结，暖季融化，冻结深度为 1.2～2.0 m，冻胀等级为Ⅰ级，不冻胀。

场地季节性冻土层均为基坑开挖范围，基础埋深均穿过冻土层，周期性的冻结及融化，对基础的稳定性影响较小。

第八节　主要岩土工程问题及工程风险

一、岩土治理和改造

（1）若开挖期间基坑积水，可采用基坑内抽排或基坑内明排措施。

（2）在施工动土过程中及建筑物使用过程中应重视地表水（特别是雨季降水）的排泄，应对场地建筑物及周边的地表水予以封闭，严禁地表水渗入地下，以免因地基土软化而引发不良地质作用。

（3）地勘报告不代表建设项目地质灾害评估报告，应委托具有相关资质的单位进行专项评估，并按评估报告要求进行专项的灾害勘察设计工作。

二、特殊岩土

场地内①杂填土（Q_4^{ml}）：杂色，松散，干或稍湿，以黏性土为主，夹砖块、碎石及生活垃圾等，填入时间约 4 年，均匀性差，土质不均匀，尚未完成自重固结，基础施工时应彻底清除。

三、地质条件可能产生的工程风险

（1）基坑（槽）及土方施工：基坑内土方开挖，易对基坑边坡稳定性产生影响，造成基坑壁垮塌和周围建筑物的失稳。

（2）天然地基：浅部软弱地基土可能导致天然地基产生较大沉降及不均匀沉降。

四、危大工程

根据住建部及四川省住建厅相关文件规定，开挖深度超过 3 m（含 3 m）的基坑（槽）土方开挖及人工挖孔桩为危险性较大的分部分项工程，应按照住建部及四川省建设相关规定完善相应安全措施；否则，施工过程中容易因管理不善诱发工程安全事故，威胁人员生命安全及造成财产损失。对于危险性较大的分部分项工程，应编制专项施工方案（含应急预案），必要时组织召开专家论证会对专项施工方案进行论证。确保施工方案合理、全面，并保证施工安全措施切实有效。专项施工方案实施前，编制人员或者项目技术负责人应当向施工现场管理人员进行方案交底。同时，施工单位应当在过程中加强组织管理，保证人员安全及避免造成财产损失。

拟建某 A 村集中式化粪池，基坑开挖将形成 3.00 m 深人工基坑，且该场地地下水埋深为 2.00～5.50 m，相应地下水位高程为 2 350.94～2 355.57 m，场地地质条件可能存在的风险有以下三个方面：

（1）杂填土易造成基坑开挖的侧壁失稳垮塌，甚至造成安全、质量事故。建议施工过程中采取必要的护壁措施（特别是在杂填土及其下伏地层接触处更应加强护壁措施），保证施工的顺利进行。

（2）基坑开挖易引起基坑边坡及周边场地变形，造成周边既有建（构）筑物破坏，施工时若不严格按设计要求开挖，野蛮施工，严重时甚至会导致边坡失稳，产生安全事故。建议施工时采取可靠措施保证基坑边坡开挖时周边地面及既有建（构）筑物的安全。

（3）地下水位下降引起地基沉降，若降水措施不当，轻者造成邻近建筑物或地下管线的不均匀沉降，重者造成建筑物基础下的土体颗粒流失，甚至掏空，导致建筑物开裂，进而危及安全使用。

第九节　勘察总结

（1）根据《建筑抗震设计规范》（2016 年版）（GB 50011—2010）第 4.1.1 条，结合拟建集中式化粪池、各污水管网及雨水管网性质、场地地形地貌及地基条件，场地地势开阔，未发现能够危及本工程的不良地质作用，本项目场地属可进行建设的一般地段。拟建集中式化粪池、各污水管网及雨水管网属抗震一般地段。

（2）勘察未发现能够危及本工程的不良地质作用，另据区域地质资料，场地主要受南北向构造影响。该场地为相对稳定场地，可进行本工程建设。

（3）根据《建筑抗震设计规范》（2016 年版）（GB 50011—2010）附录 A.0.20 四川省第 5 条及《中国地震动参数区划图》（GB 18306—2015）表 C.23（续）及附录 G，设计基本地震加速度值为 0.20 g、反应谱特征周期 0.45 s、抗震设防烈度为 8 度、地震分组为第三组。其中某 A 村雨水管道及 B 村各污水管网场地土为中软土；某 A 村集中式化粪池及某A村各污水管道场地土为中硬土，均为Ⅱ类场地。

（4）场地地基土的组成、埋藏及分布情况参见工程地质剖面图。

（5）拟建某A村集中化粪池场地现为空地，地势较开阔，地形较平坦，按假定设计场平高程2 345.50 m场平后挖填方并存，各岩土层接触面倾角小于10%，应判定为均匀地基。

拟建某A村Y-1～Y-4段雨水管道场地的基础持力层②含角砾粉质黏土与①杂填土层接触面倾角相对较小，属均匀地基。

拟建某A村W-1～W-9段污水管场地的基础持力层③圆砾层与①杂填土层接触面倾角相对较小，属均匀地基。

拟建某A村W-12～W-28段污水管场地的基础持力层③圆砾层与①杂填土层接触面倾角相对较小，属均匀地基。

拟建某A村W-18～W-8段污水管场地的基础持力层③圆砾层与①杂填土层接触面倾角相对较小，属均匀地基。

拟建B村W-1～W-35段污水管场地的基础持力层由②含角砾粉质黏土层及③圆砾层组成，属不均匀地基。

拟建B村W-36～W-71段污水管场地的基础持力层由②含角砾粉质黏土层及③圆砾层组成，属不均匀地基。

拟建B村W-72～W-70段污水管场地的基础持力层由②含角砾粉质黏土层及③圆砾层组成，属不均匀地基。

（6）根据现场钻探揭露情况，场地内①杂填土层松散、干或稍湿，不可作为基础持力层，属于基坑开挖部分；②含角砾粉质黏土层呈可塑状，其厚度大，承载力一般（fak = 140 kPa），可作拟建管网的基础持力层及下卧层；③圆砾层呈稍密状，其厚度大，承载力高（fak = 180 kPa），是拟建管网及集中化粪池良好的基础持力层及下卧层。

根据场地岩土分布条件及拟建道荷载状况，拟建集中式化粪池、各污水管网及雨水管网可考虑采用天然地基方案，建议：

拟建某A村集中化粪池按假定设计场平高程 ±0.000 = 2 354.50 m场平后，有挖有填。拟建化粪池按设计池底深度3.00 m开挖后，池底为③圆砾层，稍密状，承载力180 kPa，可作拟建建筑基础持力层，基础形式建议采用筏板基础。

拟建某A村Y-1～Y-4段雨水管道，出露②含角砾粉质黏土层，可塑状，承载力140 kPa，埋深为1.40～1.50 m，可作为拟建污水管道的基底持力层。

拟建某A村W-1～W-9段污水管，出露③圆砾层，稍密状，承载力180 kPa，埋深为1.20～1.50 m，可作为拟建污水管道的基底持力层。

拟建某A村W-12～W-28段污水管，出露③圆砾层，稍密状，承载力180 kPa，埋深为1.40～1.50 m，可作为拟建污水管道的基底持力层。

拟建某A村W-18～W-8段污水管，出露③圆砾层，稍密状，承载力180 kPa，埋深为1.30～1.50 m，可作为拟建污水管道的基底持力层。

拟建B村W-1～W-35段污水管，出露②含角砾粉质黏土层，可塑状，承载力140 kPa；③圆砾层，稍密状，承载力180 kPa，埋深为1.30～2.10 m，可作为拟建污水管道的基底持力层。

拟建B村W-36～W-71段污水管，出露②含角砾粉质黏土层，可塑状，承载力140 kPa；③圆砾层，稍密状，承载力180 kPa，埋深为1.30～2.20 m，可作为拟建污水管道的基底持力层。

拟建B村W-72～W-70段污水管，出露②含角砾粉质黏土层，可塑状，承载力140 kPa；③圆砾层，稍密状，承载力180 kPa，埋深为1.30～1.90 m，可作为拟建污水管道的基底持力层。

（7）拟建某农村污水治理“千村示范工程”建设项目：某A村Y-1～Y-4段雨水管道、B村W-1～W-35段污水管、B村W-36～W-71段污水管及B村W-72～W-70段污水管的土石比估算建议为土：石=75%：25%；某A村集中化粪池、某A村W-1～W-9段污水管、某A村W-12～W-28段污水管及某A村W-18～W-8段污水管的土石比估算建议为土：石=35%：65%。

（8）该场地地下水及土对混凝土及钢筋混凝土结构中的钢筋具有微腐蚀性，土对钢结构具有弱腐蚀性。基坑（边坡）开挖时，施工宜由上至下进行，避免在坡顶、坑顶无序堆载。基槽开挖完成后，须经本公司会同各相关单位验槽后，方可进行下一步施工。地勘报告不代表建设项目地质灾害评估报告。报告基本反映了拟建场地的岩土工程情况，通过相关单位施工图审查后，可作为某农村污水治理“千村示范工程”建设项目施工图设计的地质依据。

（9）施工图设计阶段，如拟建建筑物位置及形状有变化，请业主、设计方根据新的总平面布置图，结合已施工钻孔坐标，复核已完成的勘探孔位与建筑总平面的相互关系，若原有钻孔不满足要求，应按相关规范进行补充勘察。基槽开挖后，经地质人员验收认可后方能封闭浇筑基础。基础施工完成后应按《建筑地基基础工程施工质量验收规范》（GB 50202—2002）验收；地基与基础的施工质量应经地勘、设计、质监、监理、施工单位检测验收，未尽事宜以现行规范为准。

第十节　勘察图表

按照上述工作流程，展示典型勘察成果图表，为深入理解勘察、设计、施工、造价等打好基础。

表 10-14　勘探点一览表

序号	勘探点编号	勘探点类型	勘探深度 / m	地面标高 / m	坐标 / m		标准贯入试验 / 次	圆锥动力触探试验 / m	取样试验			地下水位 /m		工作日期		备注
					X（A）	*Y*（B）			原状土样 / 次	扰动土样 / 次	地下水样 / 件	埋深	标高	开始日期	终止日期	
1	ZK1	取土试样钻孔	7.00	2 379.11							1	未见				
2	ZK2	标准贯入试验孔	6.20	2 378.62			2					未见				
3	ZK3	取土试样钻孔	6.00	2 378.13					1			未见				
4	ZK4	标准贯入试验孔	6.70	2 378.21			2					未见				
5	ZK5	鉴别孔	7.00	2 357.67								未见				
6	ZK6	取水试样钻孔	6.00	2 356.71							1	5.40	2 351.31			
7	ZK7	圆锥动力触探试验孔	7.90	2 355.70				2.8				4.40	2 351.30			
8	ZK8	取土试样钻孔	6.00	2 355.46						1		3.50	2 351.96			
9	ZK9	圆锥动力触探试验孔	9.60	2 354.70				5.0				3.10	2 351.60			
10	ZK10	取水试样钻孔	12.00	2 354.64							1	2.10	2 352.54			
11	ZK11	取土试样钻孔	7.00	2 357.57						1		2.00	2 355.57			
12	ZK12	鉴别孔	8.00	2 356.44								5.50	2 350.94			
13	ZK13	圆锥动力触探试验孔	7.30	2 360.07				3.7				未见				
14	ZK14	取土试样钻孔	6.00	2 359.07						1		未见				
15	ZK15	取土试样钻孔	8.00	2 358.83						1		未见				

续表

序号	勘探点编号	勘探点类型	勘探深度/m	地面标高/m	坐标/m		标准贯入试验/次	圆锥动力触探试验/m	取样试验			地下水位/m		工作日期		备注
					X（A）	Y（B）			原状土样/次	扰动土样/次	地下水样/件	埋深	标高	开始日期	终止日期	
16	ZK16	圆锥动力触探试验孔	6.60	2 355.63				2.5				未见				
17	ZK17	取土试样钻孔	8.00	2 355.36						1		未见				
18	ZK18	取土试样钻孔	8.00	2 388.23					1			未见				
19	ZK19	标准贯入试验孔	6.70	2 381.20			2					未见				
20	ZK20	取土试样钻孔	6.00	2 376.53					1			未见				
21	ZK21	标准贯入试验孔	7.20	2 371.23			2					未见				
22	ZK22	标准贯入试验孔	8.20	2 369.02			2					未见				
23	ZK23	取土试样钻孔	8.00	2 364.81					1			未见				
24	ZK24	鉴别孔	6.00	2 362.53								未见				
25	ZK25	圆锥动力触探试验孔	6.20	2 361.32				3.1				未见				
26	ZK26	鉴别孔	8.00	2 359.72								未见				
27	ZK27	取土试样钻孔	7.00	2 360.10						1		未见				
28	ZK28	鉴别孔	6.00	2 379.16								未见				
29	ZK29	标准贯入试验孔	7.40	2 375.04			1					未见				
30	ZK30	取土试样钻孔	8.00	2 372.20					1			未见				
31	ZK31	标准贯入试验孔	6.70	2 370.33			2					未见				

续表

序号	勘探点编号	勘探点类型	勘探深度 / m	地面标高 / m	坐标 / m		标准贯入试验 / 次	圆锥动力触探试验 / m	取样试验			地下水位 /m		工作日期		备注
					X（A）	*Y*（B）			原状土样 / 次	扰动土样 / 次	地下水样 / 件	埋深	标高	开始日期	终止日期	
32	ZK32	标准贯入试验孔	8.20	2 367.07			2					未见				
33	ZK33	取土试样钻孔	8.00	2 364.83					1			未见				
34	ZK34	鉴别孔	6.00	2 362.07								未见				
35	ZK35	圆锥动力触探试验孔	6.60	2 361.40				3.0				未见				
36	ZK36	取土试样钻孔	8.00	2 360.28						1		未见				
37	ZK37	取土试样钻孔	8.00	2 379.81					1			未见				
38	ZK38	标准贯入试验孔	6.80	2 375.30			2					未见				
39	ZK39	鉴别孔	6.00	2 372.36								未见				
40	ZK40	取土试样钻孔	6.00	2 371.04					1			未见				
41	ZK41	标准贯入试验孔	7.20	2 367.81			2					未见				
42	ZK42	鉴别孔	6.00	2 365.41								未见				
43	ZK43	取土试样钻孔	6.00	2 364.15					1			未见				
44	ZK44	圆锥动力触探试验孔	8.30	2 360.48				4.2				未见				
45	ZK45	圆锥动力触探试验孔	8.60	2 360.40				3.5				未见				
46	ZK46	取土试样钻孔	7.00	2 359.51						1		未见				
总计			331.40				19	27.80	9	9	2					

表 10-15　标准贯入试验结果统计

序号	勘探点编号	岩土编号	岩土名称	标准贯入修正击数场区地层统计	试验段深度 /m	标准贯入击数 N/（击 /30 cm）	探杆长度 / m	校正系数	标准贯入修正击数 N/（击 /30 cm）	备注
1	ZK2	②	含角砾粉质黏土	统计个数：19 最大值：8.20 最小值：6.70 平均值：7.37 标准值：7.19 标准差：0.45 推荐值：7.19 变异系数：0.06 修正系数：0.98	2.60～2.90	7	4.1	0.971	6.8	
2					5.90～6.20	8	7.4	0.892	7.1	
3	ZK4				3.10～3.40	7	4.6	0.957	6.7	
4					6.40～6.70	9	7.9	0.882	7.9	
5	ZK19				3.10～3.40	8	4.6	0.957	7.7	
6					6.40～6.70	8	7.9	0.882	7.1	
7	ZK21				3.60～3.90	8	5.1	0.944	7.6	
8					6.90～7.20	9	8.4	0.872	7.8	
9	ZK22				2.60～2.90	7	4.1	0.971	6.8	
10					5.90～6.20	8	7.4	0.892	7.1	
11	ZK29				5.10～5.40	8	6.6	0.908	7.3	
12	ZK31				3.10～3.40	8	4.6	0.957	7.7	
13					6.40～6.70	8	7.9	0.882	7.1	
14	ZK32				2.60～2.90	7	4.1	0.971	6.8	
15					5.90～6.20	8	7.4	0.892	7.1	
16	ZK38				2.10～2.40	8	3.8	0.979	7.8	
17					4.50～4.80	9	6.2	0.916	8.2	
18	ZK41				3.60～3.90	8	5.1	0.944	7.6	
19					6.90～7.20	9	8.4	0.872	7.8	

表 10–16 动力触探试验结果统计

序号	勘探点编号	岩土编号	岩土名称	动探修正数场区地层统计	试验段深度 / m	重型动探 N63.5/（击 /10 cm）	贯入度 /（cm/ 击）	探杆长度 / m	杆长修正系数	重型动探修正 N63.5/（击 /10 cm）	备注
1	ZK7	③	圆砾	统计个数：28 最大值：9.20 最小值：5.30 平均值：6.21 标准值：5.89 标准差：1.00 推荐值：5.89 变异系数：0.16 修正系数：0.95	5.10～5.20	7	1.57	6.6	0.91	6.4	
2					5.20～5.30	6	1.83	6.7	0.91	5.5	
3					5.30～5.40	6	1.83	6.8	0.91	5.5	
4					5.40～5.50	9	1.25	6.9	0.89	8	
5					5.50～5.60	6	1.84	7	0.91	5.4	
6					5.60～5.70	7	1.59	7.1	0.9	6.3	
7					5.70～5.80	6	1.84	7.2	0.9	5.4	
8					5.80～5.90	6	1.85	7.3	0.9	5.4	
9					5.90～6.00	7	1.6	7.4	0.89	6.3	
10					6.00～6.10	6	1.85	7.5	0.9	5.4	
11					6.10～6.20	7	1.6	7.6	0.89	6.2	
12					6.20～6.30	6	1.86	7.7	0.9	5.4	
13					6.30～6.40	6	1.86	7.8	0.9	5.4	
14					6.40～6.50	6	1.87	7.9	0.89	5.4	
15					6.50～6.60	10	1.16	8	0.86	8.6	
16					6.60～6.70	6	1.87	8.1	0.89	5.3	
17					6.70～6.80	6	1.87	8.2	0.89	5.3	
18					6.80～6.90	7	1.62	8.3	0.88	6.2	
19					6.90～7.00	8	1.44	8.4	0.87	7	

续表

序号	勘探点编号	岩土编号	岩土名称	动探修正数场区地层统计	试验段深度 / m	重型动探 N63.5/（击 /10 cm）	贯入度 /（cm/ 击）	探杆长度 / m	杆长修正系数	重型动探修正 N63.5/（击 /10 cm）	备注
20	ZK7	③	圆砾	统计个数：28 最大值：9.20 最小值：5.30 平均值：6.21 标准值：5.89 标准差：1.00 推荐值：5.89 变异系数：0.16 修正系数：0.95	7.00～7.10	7	1.63	8.5	0.88	6.1	
21					7.10～7.20	7	1.63	8.6	0.88	6.1	
22					7.20～7.30	8	1.44	8.7	0.87	6.9	
23					7.30～7.40	7	1.63	8.8	0.87	6.1	
24					7.40～7.50	7	1.64	8.9	0.87	6.1	
25					7.50～7.60	8	1.45	9	0.86	6.9	
26					7.60～7.70	7	1.64	9.1	0.87	6.1	
27					7.70～7.80	7	1.64	9.2	0.87	6.1	
28					7.80～7.90	11	1.09	9.3	0.83	9.2	
1	ZK9			统计个数：50 最大值：11.50 最小值：5.30 平均值：6.37 标准值：6.04 标准差：1.38 推荐值：6.04 变异系数：0.22 修正系数：0.95	4.60～4.70	6	1.81	6.1	0.92	5.5	
2					4.70～4.80	6	1.81	6.2	0.92	5.5	
3					4.80～4.90	10	1.12	6.3	0.89	8.9	
4					4.90～5.00	6	1.82	6.4	0.92	5.5	
5					5.00～5.10	6	1.82	6.5	0.92	5.5	
6					5.10～5.20	7	1.57	6.6	0.91	6.4	
7					5.20～5.30	6	1.83	6.7	0.91	5.5	
8					5.30～5.40	6	1.83	6.8	0.91	5.5	
9					5.40～5.50	6	1.83	6.9	0.91	5.5	
10					5.50～5.60	6	1.84	7	0.91	5.4	

续表

序号	勘探点编号	岩土编号	岩土名称	动探修正数场区地层统计	试验段深度 / m	重型动探 N63.5/（击 /10 cm）	贯入度 /（cm/ 击）	探杆长度 / m	杆长修正系数	重型动探修正 N63.5/（击 /10 cm）	备注
11	ZK9	③	圆砾	统计个数：50 最大值：11.50 最小值：5.30 平均值：6.37 标准值：6.04 标准差：1.38 推荐值：6.04 变异系数：0.22 修正系数：0.95	5.60～5.70	7	1.59	7.1	0.9	6.3	
12					5.70～5.80	6	1.84	7.2	0.9	5.4	
13					5.80～5.90	6	1.85	7.3	0.9	5.4	
14					5.90～6.00	11	1.05	7.4	0.87	9.5	
15					6.00～6.10	6	1.86	7.6	0.9	5.4	
16					6.10～6.20	7	1.61	7.7	0.89	6.2	
17					6.20～6.30	6	1.86	7.8	0.9	5.4	
18					6.30～6.40	6	1.87	7.9	0.89	5.4	
19					6.40～6.50	6	1.87	8	0.89	5.4	
20					6.50～6.60	7	1.62	8.1	0.88	6.2	
21					6.60～6.70	6	1.87	8.2	0.89	5.3	
22					6.70～6.80	7	1.62	8.3	0.88	6.2	
23					6.80～6.90	6	1.88	8.4	0.89	5.3	
24					6.90～7.00	6	1.88	8.5	0.89	5.3	
25					7.00～7.10	6	1.88	8.6	0.89	5.3	
26					7.10～7.20	12	1	8.7	0.84	10	
27					7.20～7.30	7	1.63	8.8	0.87	6.1	
28					7.30～7.40	8	1.45	8.9	0.86	6.9	
29					7.40～7.50	7	1.64	9	0.87	6.1	
30					7.50～7.60	7	1.64	9.1	0.87	6.1	

续表

序号	勘探点编号	岩土编号	岩土名称	动探修正数场区地层统计	试验段深度/m	重型动探N63.5/(击/10 cm)	贯入度/(cm/击)	探杆长度/m	杆长修正系数	重型动探修正N63.5/(击/10 cm)	备注
31					7.60～7.70	7	1.64	9.2	0.87	6.1	
32					7.70～7.80	8	1.46	9.3	0.86	6.9	
33					7.80～7.90	7	1.65	9.4	0.87	6.1	
34					7.90～8.00	8	1.46	9.5	0.86	6.9	
35					8.00～8.10	7	1.65	9.6	0.86	6.1	
36					8.10～8.20	7	1.65	9.7	0.86	6	
37					8.20～8.30	8	1.47	9.8	0.85	6.8	
38					8.30～8.40	7	1.66	9.9	0.86	6	
39					8.40～8.50	13	0.95	10	0.81	10.5	
40	ZK9	③	圆砾	统计个数: 50 最大值: 11.50 最小值: 5.30 平均值: 6.37 标准值: 6.04 标准差: 1.38 推荐值: 6.04 变异系数: 0.22 修正系数: 0.95	8.50～8.60	7	1.66	10.1	0.86	6	
41					8.60～8.70	7	1.67	10.2	0.86	6	
42					8.70～8.80	7	1.67	10.3	0.85	6	
43					8.80～8.90	8	1.48	10.4	0.84	6.7	
44					8.90～9.00	7	1.68	10.5	0.85	6	
45					9.00～9.10	8	1.49	10.6	0.84	6.7	
46					9.10～9.20	7	1.68	10.7	0.85	5.9	
47					9.20～9.30	7	1.69	10.8	0.85	5.9	
48					9.30～9.40	8	1.5	10.9	0.83	6.7	
49					9.40～9.50	9	1.35	11	0.82	7.4	
50					9.50～9.60	15	0.87	11.1	0.77	11.5	

续表

序号	勘探点编号	岩土编号	岩土名称	动探修正数场区地层统计	试验段深度 / m	重型动探 N63.5/（击 /10 cm）	贯入度 /（cm/ 击）	探杆长度 / m	杆长修正系数	重型动探修正 N63.5/（击 /10 cm）	备注
1	ZK16	③	圆砾	统计个数：25 最大值：10.20 最小值：5.40 平均值：6.18 标准值：5.71 标准差：1.36 推荐值：5.71 变异系数：0.22 修正系数：0.92	4.10～4.20	7	1.54	5.6	0.93	6.5	
2					4.20～4.30	6	1.79	5.7	0.93	5.6	
3					4.30～4.40	6	1.8	5.8	0.93	5.6	
4					4.40～4.50	7	1.55	5.9	0.92	6.4	
5					4.50～4.60	10	1.11	6	0.9	9	
6					4.60～4.70	6	1.81	6.1	0.92	5.5	
7					4.70～4.80	6	1.81	6.2	0.92	5.5	
8					4.80～4.90	7	1.56	6.3	0.91	6.4	
9					4.90～5.00	6	1.82	6.4	0.92	5.5	
10					5.00～5.10	6	1.82	6.5	0.92	5.5	
11					5.10～5.20	7	1.57	6.6	0.91	6.4	
12					5.20～5.30	6	1.83	6.7	0.91	5.5	
13					5.30～5.40	6	1.83	6.8	0.91	5.5	
14					5.40～5.50	6	1.83	6.9	0.91	5.5	
15					5.50～5.60	6	1.84	7	0.91	5.4	
16					5.60～5.70	11	1.04	7.1	0.87	9.6	
17					5.70～5.80	6	1.84	7.2	0.9	5.4	
18					5.80～5.90	6	1.85	7.3	0.9	5.4	
19					5.90～6.00	7	1.6	7.4	0.89	6.3	

续表

序号	勘探点编号	岩土编号	岩土名称	动探修正数场区地层统计	试验段深度/m	重型动探N63.5/（击/10 cm）	贯入度/（cm/击）	探杆长度/m	杆长修正系数	重型动探修正N63.5/（击/10 cm）	备注
20	ZK16	③	圆砾	统计个数：25 最大值：10.20 最小值：5.40 平均值：6.18 标准值：5.71 标准差：1.36 推荐值：5.71 变异系数：0.22 修正系数：0.92	6.00～6.10	6	1.85	7.5	0.9	5.4	
21					6.10～6.20	7	1.6	7.6	0.89	6.2	
22					6.20～6.30	6	1.86	7.7	0.9	5.4	
23					6.30～6.40	6	1.86	7.8	0.9	5.4	
24					6.40～6.50	6	1.87	7.9	0.89	5.4	
25					6.50～6.60	12	0.98	8	0.85	10.2	
1	ZK25			统计个数：31 最大值：10.30 最小值：5.40 平均值：6.12 标准值：5.76 标准差：1.14 推荐值：5.76 变异系数：0.19 修正系数：0.94	3.10～3.20	6	1.76	4.6	0.95	5.7	
2					3.20～3.30	6	1.76	4.7	0.95	5.7	
3					3.30～3.40	6	1.76	4.8	0.94	5.7	
4					3.40～3.50	7	1.52	4.9	0.94	6.6	
5					3.50～3.60	8	1.34	5	0.93	7.5	
6					3.60～3.70	6	1.77	5.1	0.94	5.6	
7					3.70～3.80	6	1.78	5.2	0.94	5.6	
8					3.80～3.90	7	1.53	5.3	0.93	6.5	
9					3.90～4.00	6	1.78	5.4	0.93	5.6	
10					4.00～4.10	6	1.79	5.5	0.93	5.6	
11					4.10～4.20	6	1.79	5.6	0.93	5.6	
12					4.20～4.30	9	1.22	5.7	0.91	8.2	

续表

序号	勘探点编号	岩土编号	岩土名称	动探修正数场区地层统计	试验段深度 / m	重型动探 N63.5/（击 /10 cm）	贯入度 /（cm/ 击）	探杆长度 / m	杆长修正系数	重型动探修正 N63.5/（击 /10 cm）	备注
13	ZK25	③	圆砾	统计个数：31 最大值：10.30 最小值：5.40 平均值：6.12 标准值：5.76 标准差：1.14 推荐值：5.76 变异系数：0.19 修正系数：0.94	4.30～4.40	6	1.8	5.8	0.93	5.6	
14					4.40～4.50	7	1.55	5.9	0.92	6.4	
15					4.50～4.60	6	1.8	6	0.92	5.5	
16					4.60～4.70	6	1.81	6.1	0.92	5.5	
17					4.70～4.80	6	1.81	6.2	0.92	5.5	
18					4.80～4.90	7	1.56	6.3	0.91	6.4	
19					4.90～5.00	6	1.82	6.4	0.92	5.5	
20					5.00～5.10	6	1.82	6.5	0.92	5.5	
21					5.10～5.20	10	1.13	6.6	0.89	8.9	
22					5.20～5.30	6	1.83	6.7	0.91	5.5	
23					5.30～5.40	6	1.83	6.8	0.91	5.5	
24					5.40～5.50	6	1.83	6.9	0.91	5.5	
25					5.50～5.60	6	1.84	7	0.91	5.4	
26					5.60～5.70	7	1.59	7.1	0.9	6.3	
27					5.70～5.80	6	1.84	7.2	0.9	5.4	
28					5.80～5.90	6	1.85	7.3	0.9	5.4	
29					5.90～6.00	7	1.6	7.4	0.89	6.3	
30					6.00～6.10	6	1.85	7.5	0.9	5.4	
31					6.10～6.20	12	0.97	7.6	0.86	10.3	

续表

序号	勘探点编号	岩土编号	岩土名称	动探修正数场区地层统计	试验段深度 / m	重型动探 N63.5/（击 /10 cm）	贯入度 /（cm/ 击）	探杆长度 / m	杆长修正系数	重型动探修正 N63.5/（击 /10 cm）	备注
1	ZK35	③	圆砾	统计个数：30 最大值：8.60 最小值：5.40 平均值：5.98 标准值：5.72 标准差：0.81 推荐值：5.72 变异系数：0.13 修正系数：0.96	3.60～3.70	7	1.53	5.1	0.94	6.5	
2					3.70～3.80	6	1.78	5.2	0.94	5.6	
3					3.80～3.90	6	1.78	5.3	0.94	5.6	
4					3.90～4.00	7	1.54	5.4	0.93	6.5	
5					4.00～4.10	6	1.79	5.5	0.93	5.6	
6					4.10～4.20	7	1.54	5.6	0.93	6.5	
7					4.20～4.30	6	1.79	5.7	0.93	5.6	
8					4.30～4.40	6	1.8	5.8	0.93	5.6	
9					4.40～4.50	8	1.37	5.9	0.91	7.3	
10					4.50～4.60	6	1.8	6	0.92	5.5	
11					4.60～4.70	6	1.81	6.1	0.92	5.5	
12					4.70～4.80	7	1.56	6.2	0.91	6.4	
13					4.80～4.90	6	1.81	6.3	0.92	5.5	
14					4.90～5.00	6	1.82	6.4	0.92	5.5	
15					5.00～5.10	6	1.82	6.5	0.92	5.5	
16					5.10～5.20	7	1.57	6.6	0.91	6.4	
17					5.20～5.30	6	1.83	6.7	0.91	5.5	
18					5.30～5.40	6	1.83	6.8	0.91	5.5	
19					5.40～5.50	9	1.25	6.9	0.89	8	

续表

序号	勘探点编号	岩土编号	岩土名称	动探修正数场区地层统计	试验段深度 / m	重型动探 N63.5/（击 /10 cm）	贯入度 /（cm/ 击）	探杆长度 / m	杆长修正系数	重型动探修正 N63.5/（击 /10 cm）	备注
20	ZK35	③	圆砾	统计个数：30 最大值：8.60 最小值：5.40 平均值：5.98 标准值：5.72 标准差：0.81 推荐值：5.72 变异系数：0.13 修正系数：0.96	5.50～5.60	6	1.84	7	0.91	5.4	
21					5.60～5.70	7	1.59	7.1	0.9	6.3	
22					5.70～5.80	6	1.84	7.2	0.9	5.4	
23					5.80～5.90	6	1.85	7.3	0.9	5.4	
24					5.90～6.00	7	1.6	7.4	0.89	6.3	
25					6.00～6.10	6	1.85	7.5	0.9	5.4	
26					6.10～6.20	7	1.6	7.6	0.89	6.2	
27					6.20～6.30	6	1.86	7.7	0.9	5.4	
28					6.30～6.40	6	1.86	7.8	0.9	5.4	
29					6.40～6.50	6	1.87	7.9	0.89	5.4	
30					6.50～6.60	10	1.16	8	0.86	8.6	
1	ZK44			统计个数：42 最大值：11.30 最小值：5.30 平均值：6.33 标准值：5.95 标准差：1.43 推荐值：5.95 变异系数：0.23 修正系数：0.94	4.10～4.20	6	1.79	5.6	0.93	5.6	
2					4.20～4.30	7	1.55	5.7	0.92	6.5	
3					4.30～4.40	6	1.8	5.8	0.93	5.6	
4					4.40～4.50	6	1.8	5.9	0.93	5.6	
5					4.50～4.60	6	1.8	6	0.92	5.5	
6					4.60～4.70	7	1.56	6.1	0.92	6.4	
7					4.70～4.80	8	1.38	6.2	0.91	7.3	
8					4.80～4.90	6	1.81	6.3	0.92	5.5	

续表

序号	勘探点编号	岩土编号	岩土名称	动探修正数场区地层统计	试验段深度 / m	重型动探 N63.5/（击 /10 cm）	贯入度 /（cm/ 击）	探杆长度 / m	杆长修正系数	重型动探修正 N63.5/（击 /10 cm）	备注
9	ZK44	③	圆砾	统计个数：42 最大值：11.30 最小值：5.30 平均值：6.33 标准值：5.95 标准差：1.43 推荐值：5.95 变异系数：0.23 修正系数：0.94	4.90～5.00	6	1.82	6.4	0.92	5.5	
10					5.00～5.10	6	1.82	6.5	0.92	5.5	
11					5.10～5.20	10	1.13	6.6	0.89	8.9	
12					5.20～5.30	6	1.83	6.7	0.91	5.5	
13					5.30～5.40	6	1.83	6.8	0.91	5.5	
14					5.40～5.50	6	1.83	6.9	0.91	5.5	
15					5.50～5.60	6	1.84	7	0.91	5.4	
16					5.60～5.70	7	1.59	7.1	0.9	6.3	
17					5.70～5.80	6	1.84	7.2	0.9	5.4	
18					5.80～5.90	6	1.85	7.3	0.9	5.4	
19					5.90～6.00	7	1.6	7.4	0.89	6.3	
20					6.00～6.10	6	1.85	7.5	0.9	5.4	
21					6.10～6.20	12	0.97	7.6	0.86	10.3	
22					6.20～6.30	6	1.86	7.7	0.9	5.4	
23					6.30～6.40	6	1.86	7.8	0.9	5.4	
24					6.40～6.50	6	1.87	7.9	0.89	5.4	
25					6.50～6.60	7	1.62	8	0.88	6.2	
26					6.60～6.70	6	1.87	8.1	0.89	5.3	

续表

序号	勘探点编号	岩土编号	岩土名称	动探修正数场区地层统计	试验段深度 / m	重型动探 N63.5/（击 /10 cm）	贯入度 /（cm/ 击）	探杆长度 / m	杆长修正系数	重型动探修正 N63.5/（击 /10 cm）	备注
27	ZK44	③	圆砾	统计个数：42 最大值：11.30 最小值：5.30 平均值：6.33 标准值：5.95 标准差：1.43 推荐值：5.95 变异系数：0.23 修正系数：0.94	6.70～6.80	6	1.87	8.2	0.89	5.3	
28					6.80～6.90	7	1.62	8.3	0.88	6.2	
29					6.90～7.00	8	1.44	8.4	0.87	7	
30					7.00～7.10	7	1.63	8.5	0.88	6.1	
31					7.10～7.20	7	1.63	8.6	0.88	6.1	
32					7.20～7.30	13	0.93	8.7	0.83	10.8	
33					7.30～7.40	7	1.63	8.8	0.87	6.1	
34					7.40～7.50	7	1.64	8.9	0.87	6.1	
35					7.50～7.60	8	1.45	9	0.86	6.9	
36					7.60～7.70	7	1.64	9.1	0.87	6.1	
37					7.70～7.80	7	1.64	9.2	0.87	6.1	
38					7.80～7.90	8	1.46	9.3	0.86	6.9	
39					7.90～8.00	7	1.65	9.4	0.87	6.1	
40					8.00～8.10	7	1.65	9.5	0.87	6.1	
41					8.10～8.20	7	1.65	9.6	0.86	6.1	
42					8.20～8.30	14	0.89	9.7	0.8	11.3	

续表

序号	勘探点编号	岩土编号	岩土名称	动探修正数场区地层统计	试验段深度 / m	重型动探 N63.5/（击 /10 cm）	贯入度 /（cm/ 击）	探杆长度 / m	杆长修正系数	重型动探修正 N63.5/（击 /10 cm）	备注
1	ZK45	③	圆砾	统计个数：35 最大值：10.70 最小值：5.30 平均值：6.44 标准值：6.01 标准差：1.48 推荐值：6.01 变异系数：0.23 修正系数：0.93	5.10～5.20	7	1.57	6.6	0.91	6.4	
2					5.20～5.30	6	1.83	6.7	0.91	5.5	
3					5.30～5.40	6	1.83	6.8	0.91	5.5	
4					5.40～5.50	6	1.83	6.9	0.91	5.5	
5					5.50～5.60	6	1.84	7	0.91	5.4	
6					5.60～5.70	11	1.04	7.1	0.87	9.6	
7					5.70～5.80	6	1.84	7.2	0.9	5.4	
8					5.80～5.90	6	1.85	7.3	0.9	5.4	
9					5.90～6.00	7	1.6	7.4	0.89	6.3	
10					6.00～6.10	6	1.85	7.5	0.9	5.4	
11					6.10～6.20	7	1.6	7.6	0.89	6.2	
12					6.20～6.30	6	1.86	7.7	0.9	5.4	
13					6.30～6.40	6	1.86	7.8	0.9	5.4	
14					6.40～6.50	6	1.87	7.9	0.89	5.4	
15					6.50～6.60	12	0.98	8	0.85	10.2	
16					6.60～6.70	6	1.87	8.1	0.89	5.3	
17					6.70～6.80	6	1.87	8.2	0.89	5.3	
18					6.80～6.90	7	1.62	8.3	0.88	6.2	
19					6.90～7.00	8	1.44	8.4	0.87	7	

续表

序号	勘探点编号	岩土编号	岩土名称	动探修正数场区地层统计	试验段深度 / m	重型动探 N63.5/（击 /10 cm）	贯入度 /（cm/ 击）	探杆长度 / m	杆长修正系数	重型动探修正 N63.5/（击 /10 cm）	备注
20	ZK45	③	圆砾	统计个数：35 最大值：10.70 最小值：5.30 平均值：6.44 标准值：6.01 标准差：1.48 推荐值：6.01 变异系数：0.23 修正系数：0.93	7.00～7.10	7	1.63	8.5	0.88	6.1	
21					7.10～7.20	7	1.63	8.6	0.88	6.1	
22					7.20～7.30	8	1.44	8.7	0.87	6.9	
23					7.30～7.40	7	1.63	8.8	0.87	6.1	
24					7.40～7.50	7	1.64	8.9	0.87	6.1	
25					7.50～7.60	13	0.93	9	0.82	10.7	
26					7.60～7.70	7	1.64	9.1	0.87	6.1	
27					7.70～7.80	7	1.64	9.2	0.87	6.1	
28					7.80～7.90	8	1.46	9.3	0.86	6.9	
29					7.90～8.00	7	1.65	9.4	0.87	6.1	
30					8.00～8.10	7	1.65	9.5	0.87	6.1	
31					8.10～8.20	7	1.65	9.6	0.86	6.1	
32					8.20～8.30	8	1.46	9.7	0.85	6.8	
33					8.30～8.40	7	1.66	9.8	0.86	6	
34					8.40～8.50	7	1.66	9.9	0.86	6	
35					8.50～8.60	13	0.95	10	0.81	10.5	

表 10-17　颗粒分析检测结果

试验编号	检测样品信息				分类依据	物理性质					颗粒组成百分比 /%														
	样品编号	样品深度 / m	样品名称	样品状态	GB 50021—2001（2009 版）	含水率 ω/%	液限和塑限联合测定				漂石 / 块石	卵石或碎石					圆砾或角砾			砂粒				细粒	
							10 mm 液限 ω_L/ %	塑限 ω_P/ %	塑性指数 I_p	液性指数 I_L										粗		中	细	粉粒	黏粒
											颗粒直径 /mm														
											> 200	200 ~ 100	100 ~ 80	80 ~ 60	60 ~ 40	40 ~ 20	20 ~ 10	10 ~ 5	5 ~ 2	2 ~ 1	1 ~ 0.5	0.5 ~ 0.25	0.25 ~ 0.075	0.075 ~ 0.005	< 0.005
T01	ZK3-Y1	2.10～2.60	含角砾粉质黏土	原状	含角砾粉质黏土												11.1	8.3	4.4	0.9	0.8	1.1	1.2	72.2	
T02	ZK18-Y1	3.60～4.10	含角砾粉质黏土	原状	含角砾粉质黏土												4.6	7.8	3.8	0.0	1.0	2.5	2.3	78.0	
T03	ZK20-Y1	3.10～3.60	含角砾粉质黏土	原状	含角砾粉质黏土												11.7	9.3	3.0	0.9	0.6	1.4	1.9	71.2	
T04	ZK23-Y1	5.10～5.60	含角砾粉质黏土	原状	含角砾粉质黏土											7.8	6.9	10.5	4.1	0.8	2.3	0.0	0.9	66.7	
T05	ZK30-Y1	1.60～2.10	含角砾粉质黏土	原状	含角砾粉质黏土												7.3	8.2	3.5	2.1	2.7	4.5	3.3	68.4	
T06	ZK33-Y1	3.60～4.10	含角砾粉质黏土	原状	含角砾粉质黏土												10.3	5.7	6.3	0.0	1.3	2.2	3.5	70.7	
T07	ZK37-Y1	2.60～3.10	含角砾粉质黏土	原状	含角砾粉质黏土												7.1	8.5	6.9	1.8	0.9	0.4	0.4	74.0	
T08	ZK40-Y1	4.10～4.60	含角砾粉质黏土	原状	含角砾粉质黏土											9.1	5.2	16.8	1.1	2.1	0.0	5.4	4.7	55.6	

续表

试验编号	检测样品信息				分类依据	物理性质					颗粒组成百分比 /%														
	样品编号	样品深度 / m	样品名称	样品状态	GB 50021—2001（2009 版）	含水率 ω/%	液限和塑限联合测定				漂石 / 块石	卵石或碎石				圆砾或角砾			砂粒				细粒		
							10 mm 液限 ω_L/ %	塑限 ω_P/ %	塑性指数 I_p	液性指数 I_L									粗		中	细	粉粒		黏粒
											颗粒直径 /mm														
											＞200	200～100	100～80	80～60	60～40	40～20	20～10	10～5	5～2	2～1	1～0.5	0.5～0.25	0.25～0.075	0.075～0.005	＜0.005
T09	ZK43-Y1	3.60～4.10	含角砾粉质黏土	原状	含角砾粉质黏土												9.6	7.3	5.1	1.5	0.8	1.3	2.2	72.2	
T10	ZK8-Y1	2.20～2.50	圆砾	扰动	圆砾											11.4	13.2	18.6	9.4	12.1	8.8	13.2	5.1	8.2	
T11	ZK11-Y1	4.30～4.60	圆砾	扰动	圆砾											15.8	18.3	12.7	10.3	10.6	10.5	10.8	6.1	4.9	
T12	ZK14-Y1	2.60～2.90	圆砾	扰动	圆砾											12.1	18.2	11.9	7.8	9.5	14.5	12.1	8.7	5.2	
T13	ZK15-Y1	4.20～4.50	圆砾	扰动	圆砾											14.3	11.3	16.8	12.4	8.9	13.2	11.8	6.9	4.4	
T14	ZK17-Y1	6.20～6.50	圆砾	扰动	圆砾											10.6	18.7	13.0	12.4	8.9	13.2	17.6	2.9	2.7	
T15	ZK27-Y1	2.30～2.60	圆砾	扰动	圆砾											17.2	16.5	10.2	11.2	24.3	11.8	4.3	3.8	0.7	
T16	ZK36-Y1	4.60～4.90	圆砾	扰动	圆砾											11.3	10.5	21.3	11.9	19.3	13.6	7.3	2.7	2.1	

表 10–18　水简分析检测结果

试验编号	检测样品信息		物理指标		检测项目																			
	水样编号/采样地点	采样深度/m	电导率/（μS/cm）	pH	分析类别	阳离子					阴离子						总硬度/（mg/L）	永久硬度/（mg/L）	暂时硬度/（mg/L）	负硬度/（mg/L）	总碱度/（mg/L）	总矿化度/（mg/L）	游离 CO_2/（mg/L）	侵蚀性 CO_2/（mg/L）
						K^++Na^+	Ca^{2+}	Mg^{2+}	NH_4^+	合计	Cl^-	SO_4^{2-}	HCO_3^-	CO_3^{2-}	OH^-	合计								
S01	ZK6-Y1/地下水	5.4～5.5	600	7.78	ρ_B/（mg/L）	6.223	77.459	12.672	0.084	96.44	17.269	52.581	219.714	无	无	289.56	245.59	65.39	180.20	0.00	180.20	385.92	11.53	无
					c（$1/ZB^{z\pm}$）/（mmol/L）	0.271	3.865	1.042	0.005	5.18	0.487	1.095	3.601	无	无	5.18								
					x（$1/ZB^{z\pm}$）/%	5.22	74.58	20.11	0.09	100.00	9.40	21.12	69.48	—	—	100.00	水化学分类：1　$HCO_3^-+Ca^{2+}$							
S02	ZK10-Y1/地下水	2.1～2.2	620	7.45	ρ_B/（mg/L）	14.057	71.425	13.601	0.056	99.14	16.273	50.204	231.427	无	无	297.90	234.34	44.54	189.80	0.00	189.80	396.99	16.24	无
					c（$1/ZB^{z\pm}$）/（mmol/L）	0.611	3.564	1.119	0.003	5.30	0.459	1.045	3.793	无	无	5.30								
					x（$1/ZB^{z\pm}$）/%	11.54	67.29	21.12	0.06	100.00	8.67	19.73	71.60	—	—	100.00	水化学分类：1　$HCO_3^-+Ca^{2+}$							

表 10–19　土的易溶盐检测结果

试验编号	检测样品信息				分类依据	土对混凝土结构腐蚀性							土对钢结构的腐蚀性			
	样品编号	样品深度/m	样品名称	样品状态	GB 50021—2001（2009 版）	Ca^{2+}/（mg/kg）	Mg^{2+}/（mg/kg）	Cl^-/（mg/kg）	SO_4^{2-}/（mg/kg）	CO_3^{2-}/（mg/kg）	HCO_3^-/（mg/kg）	pH	氧化还原电位/mV	极化电流密度/（mA/cm^2）	质量损失/g	电阻率/（Ω·m）
T17	ZK1-Y1	0.60～0.90	杂填土	扰动	杂填土	78	13	24	122	—	193	7.23	355.8	0.008 6	0.3	73
T18	ZK46-Y1	1.10～1.40	杂填土	扰动	杂填土	83	15	30	145	—	207	7.16	316.1	0.007 2	0.2	47

表 10–20 土工检测结果

试验编号	检测样品信息				分类依据	物理及力学性质																		
												液限和塑限联合测定				压缩试验		天然快剪		胀缩试验				
	样品编号	样品深度/m	样品名称	样品状态	GB 50021—2001（2009版）	含水率 ω/%	密度 ρ/（g/cm^3）	比重 G_s	孔隙比 e_o	孔隙率 n/%	饱和度 S_r/%	10 mm 液限 ω_L/%	塑限 ω_P/%	塑性指数 I_p	液性指数 I_L	压缩系数 $a_{v0.1\sim0.2}$/MPa^{-1}	压缩模量 E_s（1~2）/MPa	黏聚力 C/kPa	摩擦角 φ/（°）	自由膨胀率 δ_{ef}/%	膨胀率 δ_{ep} 当 P=50 kPa/%	膨胀力 P_e/kPa	收缩系数 λ_s	烧失量/%
T01	ZK3-Y1	2.10~2.60	含角砾粉质黏土	原状	含角砾粉质黏土	24.8	1.98	2.73	0.721	42	94	32.4	19.7	12.7	0.40	0.302	5.70	32	18.5					
T02	ZK18-Y1	3.60~4.10	含角砾粉质黏土	原状	含角砾粉质黏土	25.3	1.97	2.73	0.736	42	94	33.1	19.2	13.9	0.44	0.323	5.38	26	17.6					
T03	ZK20-Y1	3.10~3.60	含角砾粉质黏土	原状	含角砾粉质黏土	24.2	1.99	2.72	0.698	41	94	29.5	17.4	12.1	0.56	0.391	4.34	19	15.6					
T04	ZK23-Y1	5.10~5.60	含角砾粉质黏土	原状	含角砾粉质黏土	25.9	1.96	2.72	0.747	43	94	32.8	19.0	13.8	0.50	0.359	4.87	21	16.4					
T05	ZK30-Y1	1.60~2.10	含角砾粉质黏土	原状	含角砾粉质黏土	27.1	1.93	2.73	0.798	44	93	33.5	18.0	15.5	0.59	0.403	4.46	18	14.3					
T06	ZK33-Y1	3.60~4.10	含角砾粉质黏土	原状	含角砾粉质黏土	25.2	1.97	2.72	0.729	42	94	32.3	19.2	13.1	0.46	0.336	5.14	25	17.2					
T07	ZK37-Y1	2.60~3.10	含角砾粉质黏土	原状	含角砾粉质黏土	24.2	1.95	2.72	0.732	42	90	30.4	18.0	12.4	0.50	0.357	4.85	22	16.3					
T08	ZK40-Y1	4.10~4.60	含角砾粉质黏土	原状	含角砾粉质黏土	24.9	1.97	2.72	0.725	42	93	31.4	19.8	11.6	0.44	0.322	5.36	27	17.7					
T09	ZK43-Y1	3.60~4.10	含角砾粉质黏土	原状	含角砾粉质黏土	22.8	1.99	2.72	0.678	40	91	29.5	18.8	10.7	0.37	0.284	5.91	35	18.6					

工 程 地 质 剖 面 图

水平比例：1∶200
垂直比例：1∶200

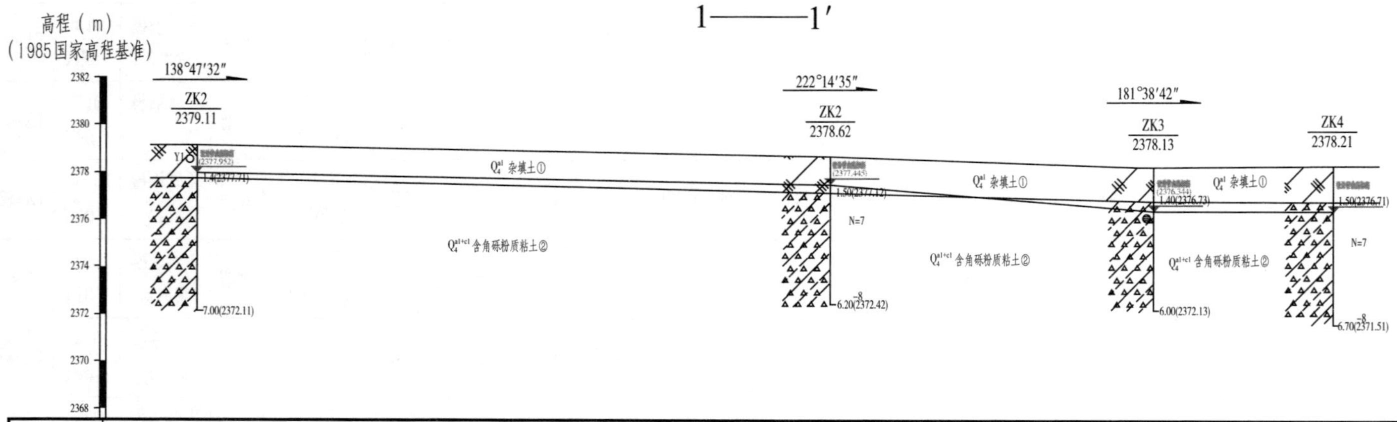

孔深（m）	7.00		6.20		6.00		6.70	孔深（m）
钻孔间距（m）		27.05		13.82		7.66		钻孔间距（m）
动探击数								动探击数
雨水节点标注	Y-1		Y-2		Y-3		Y-4	雨水节点标注
设计地面标高（m）	2379.111		2378.619		2378.133		2378.209	设计地面标高（m）
设计管内底标高（m）	2377.952		2377.445		2376.344		2376.321	设计管内底标高（m）
管内底埋深（m）	1.16		1.17		1.79		1.89	管内底埋深（m）
工程地质特征（m）	拟建日 Y-1~Y-4段雨水管道，所处地貌剥蚀低山，微地貌为356国道与乡道边缘。地貌总体变化较小，高程介于2379.11~2378.21m之间，相对高差0.90m，整体西北高东南低态势。地层主要由第四系全新统杂填土及第四系残坡积含角砾粉质黏土地层组成，地层较为单一，地基稳定性较好。含角砾粉质黏土地层承载力特征值fak=140kPa。杂填土深度在1.40~1.50m间。							工程地质特征

图 10–5　工程地质剖面图示例

钻孔柱状图

工程名称	布拖县则洛村、日呷村2023年农标污水治理“千村示范工程”建设项目					
工程编号	2023-XC024		钻孔编号	ZK1		
孔口高程(m)	2379.11	坐标	X=577619.21	开工日期	2023.3.18	稳定水位深度(m)	未见
孔口直径(mm)	127.00		X=3068319.11	竣工日期	2023.3.18	测量水位日期	2023.3.20

地层编号	动探击数（亩）	时代成因	层底高程(m)	层底深度(m)	分层厚度(m)	柱状图 1∶100	岩土名称及其特征	取样	标贯击数(m)	稳定水位(m)和水位日期
①		Q_4^{ml}	2377.711	1.40	1.40			0.60		
②		Q_4^{al+dl}	2372.111	7.00	5.60					

工程名称	布拖县则洛村、日呷村2023年农标污水治理“千村示范工程”建设项目						
工程编号	2023-XC024			钻孔编号	ZK2		
孔口高程(m)	2378.62	坐标	X=577637.03	开工日期	2023.3.18	稳定水位深度(m)	未见
孔口直径(mm)	127.00		X=3068298.76	竣工日期	2023.3.18	测量水位日期	2023.3.20

地层编号	动探击数（亩）	时代成因	层底高程(m)	层底深度(m)	分层厚度(m)	柱状图 1∶100	岩土名称及其特征	取样	标贯击数(m)	稳定水位(m)和水位日期
①		Q_4^{ml}	2377.119	1.50	1.50		杂填土：杂色，松散，干~稍湿，以粘性土为主，夹砖块、碎石及生活垃圾等，填入时间约4年，均匀性差。			
②		Q_4^{al+dl}	2372.419	6.20	4.70		含角砾粉质粘土：灰黄色、黄灰色，可塑状态，具中压缩性、无振摇反应，干强度较高。角砾成分以砂泥岩为主，含量约20%-25%，粒径4-24mm，多为次棱状，局部夹少量碎石。		=7.00 2.60-2.90 =8.00 5.90-6.20	

钻孔柱状图

工程名称							
工程编号	2023-XC024			钻孔编号	ZK41		
孔口高程(m)	2367.81	坐标		开工日期	2023.3.18	稳定水位深度(m)	未见
孔口直径(mm)	127.00			竣工日期	2023.3.28	测量水位日期	2023.3.20

地层编号	动探击数(亩)	时代成因	层底高程(m)	层底深度(m)	分层厚度(m)	柱状图 1:100	岩土名称及其特征	取样	标贯击数(m)	稳定水位(m)和水位日期
①		Q_4^{ml}	2366.310	1.50	1.50		杂填土：杂色，松散，干-稍湿，以粘性土为主，夹砖块、碎石及生活垃圾等，填入时间约4年，均匀性差。			
②		Q_4^{al+dl}	2360.610	7.20	5.70		含角砾粉质粘土：灰黄色、黄灰色，可塑状态，具中压缩性、无振摇反应，干强度较高。角砾成分以砂泥岩为主，含量约15%-20%，粒径4-24mm，多为次棱状，局部夹少量碎石。		=8.00 3.60-3.90 =9.00 6.90-7.20	

工程名称							
工程编号	2023-XC024			钻孔编号	ZK42		
孔口高程(m)	2365.41	坐标		开工日期	2023.3.28	稳定水位深度(m)	未见
孔口直径(mm)	127.00			竣工日期	2023.3.28	测量水位日期	2023.3.20

地层编号	动探击数(亩)	时代成因	层底高程(m)	层底深度(m)	分层厚度(m)	柱状图 1:100	岩土名称及其特征	取样	标贯击数(m)	稳定水位(m)和水位日期
①		Q_4^{ml}	2364.208	1.20	1.20		杂填土：杂色，松散，干-稍湿，以粘性土为主，夹砖块、碎石及生活垃圾等，填入时间约4年，均匀性差。			
②		Q_4^{al+dl}	2359.408	6.00	4.80		含角砾粉质粘土：灰黄色、黄灰色，可塑状态，具中压缩性、无振摇反应，干强度较高。角砾成分以砂泥岩为主，含量约20%-25%，粒径4-24mm，多为次棱状，局部夹少量碎石。			

图 10-6　钻孔柱状图示例

第十一章　工程造价实训（概算部分）

工程造价概算是根据建设工程项目初步设计开展的造价活动。学习本章需要回顾大气污染控制工程、水污染控制工程、环保设计等知识，了解《市政公用工程设计文件编制深度规定》相关要求。本章不再呈现初步设计说明书和相关图纸等资料，但了解初步设计的过程和相关图纸有助于学习、掌握概算造价。

第一节　概算汇总表

概算汇总是整个项目的总投资，包括建设工程费用、建设工程其他费用和预备费用，是它们的总和。建设工程费用是单项工程的合计，建设工程其他费用按照当年最新的取费依据及标准进行核算。目前，可研报告编制及评审费依据为四川省物价局《关于印发建设项目前期工作咨询收费暂行规定的通知》（川价字费〔2000〕35号）；工程勘察费依据为《市政工程设计概算编制办法》（建标〔2011〕1号）和《国家发展改革委关于降低部分建设项目收费标准规范收费行为等有关问题的通知》（发改价格〔2011〕534号）；工程设计费依据为结合发改价格〔2015〕299号，参考《国家计委、建设部关于发布〈工程勘察设计收费管理规定〉的通知》（计价格〔2002〕10号）；施工图审查费依据为发改价格〔2011〕534号；招标代理服务费依据为结合发改价格〔2015〕299号，参考计价格〔2002〕1980号；工程量清单及组价编制费依据为按照川发改价格〔2015〕769号，参考四川省物价局、建设厅川价发〔2008〕141号计取；竣工结算审核费依据为按照川发改价格〔2015〕769号，参考四川省物价局、建设厅川价发〔2008〕141号计取；工程建设监理费依据为结合发改价格〔2015〕299号，参考《建设工程监理与相关服务收费管理规定》（发改价格〔2007〕670号）；建设单位管理费依据为《基本建设项目建设成本管理规定》（财建〔2016〕504号）。

表 11–1　概算汇总

序号	工程或费用名称	概算金额 / 万元				备注
		建筑工程费	安装工程费	其他	合计	
一	建设工程费用	718.37	0.00	0.00	718.37	
1	A 地区	375.06			375.06	
2	B 地区	343.31			343.31	
二	建设工程其他费用	取费依据及标准			78.19	
1	可研报告编制及评审费	四川省物价局《关于印发建设项目前期工作咨询收费暂行规定的通知》(川价字费〔2000〕35 号)			3.75	
2	工程勘察费	《市政工程设计概算编制办法》(建标〔2011〕1 号)、《国家发展改革委关于降低部分建设项目收费标准规范收费行为等有关问题的通知》(发改价格〔2011〕534 号)			8.93	
3	工程设计费	结合发改价格〔2015〕299 号，参考《国家计委、建设部关于发布〈工程勘察设计收费管理规定〉的通知》(计价格〔2002〕10 号)			20.68	
4	施工图审查费	发改价格〔2011〕534 号，按照第一部分费用的 0.16% 计算			1.15	
5	招标代理服务费	结合发改价格〔2015〕299 号，参考计价格〔2002〕1980 号			3.50	
6	工程量清单及组价编制费	按照川发改价格〔2015〕769 号，参考四川省物价局、建设厅川价发〔2008〕141 号计取			3.38	
7	竣工结算审核费	按照川发改价格〔2015〕769 号，参考四川省物价局、建设厅川价发〔2008〕141 号计取			3.42	
8	工程建设监理费	结合发改价格〔2015〕299 号，参考《建设工程监理与相关服务收费管理规定》(发改价格〔2007〕670 号)			15.71	
9	建设单位管理费	《基本建设项目建设成本管理规定》(财建〔2016〕504 号)			17.67	
三	预备费用				23.90	
1	基本预备费	(工程费用 + 工程建设其他费用) × 3%			23.90	
2	价差预备费					
四	总投资				820.46	

第二节　概算造价过程

针对某地农村污水治理建设项目情况，按照初步设计图纸和成果进行概算造价。

概算造价成果主要包括项目概算汇总表，单项工程概算汇总表，单位工程分部分项概算表，概算分部分项工程量清单与计价表，概算材料汇总表，单位工程概算汇总表，概算单价措施项目清单与计价表，概算总价措施项目清单计价表，概算其他项目清单与计价汇总表，概算规费、税金项目计价表和单位工程分部分项概算表。B 地的工程内容与 A 地区的较为相似，造价计算中不再列举 B 地区的工程造价部分。

一、项目概算汇总表

项目概算汇总见表 11-2。

表 11-2　项目概算汇总表

工程名称：某地农村污水治理建设项目

序号	单位工程名称	概算金额 / 元	单位概算 / 元
	A 地区	3 750 586.79	
	B 地区	3 433 159.77	
	合计	7 183 746.56	

二、单项工程概算汇总表

单项工程概算汇总见表 11-3 和表 11-4。

表 11-3　单项工程概算汇总表（A 地区）

工程名称：某地农村污水治理建设项目 \A 地区

序号	单位工程名称	概算 / 元	单位概算 / 元
1	市政工程	3 750 586.79	
	合计	3 750 586.79	

表 11-4　单项工程概算汇总表（B 地区）

工程名称：某地农村污水治理建设项目 \B 地区

序号	单位工程名称	概算 / 元	单位概算 / 元
1	市政工程	3 433 159.77	
	合计	3 433 159.77	

三、单位工程分部分项概算表

单位工程分部分项概算见表 11–5。

表 11–5　单位工程分部分项概算表

工程名称：某地农村污水治理建设项目 \A 地区【市政工程】

定额编号	项目名称	工程量		单价/元	合价/元	其中：人工费/元				其中：材料费/元		其中：机械费/元		其中：综合费/元		备注
		单位	数值			人工费单价	定额人工单价	人工费合价	定额人工费合价	单价	合价	单价	合价	单价	合价	
DE0375 换	塑料排水管道安装（承插接口）双壁波纹管（管径 mm）315	100 m	29.5	31 388.55	925 962.23	751.67	666.73	22 174.27	19 668.54	30 380.84	896 234.78			256.04	7 553.18	
DE0359 换	塑料排水管道安装（对接）PVC-U 排水管（管径 mm）300	100 m	40	6 984.36	279 374.40	473.55	420.04	18 942.00	16 801.60	6 349.50	253 980.00			161.31	6 452.40	
DE1200	非定型井垫层 现浇混凝土（C15）商品混凝土	10 m^3	1.656	6 189.70	10 250.14	335.47	297.56	555.54	492.76	5 736.82	9 500.17	2.24	3.71	115.17	190.72	
DE1249 换	井底　现浇混凝土（C20）商品混凝土	10 m^3	2.88	7 081.11	20 393.60	433.00	384.07	1 247.04	1 106.12	6 496.54	18 710.04	2.91	8.38	148.66	428.14	
DE1251 换	井壁　现浇混凝土（C20）商品混凝土	10 m^3	11.376	7 267.62	82 676.45	570.53	506.06	6 490.35	5 756.94	6 498.68	73 928.98	2.91	33.10	195.50	2 224.01	

续表

定额编号	项目名称	工程量		单价/元	合价/元	其中：人工费/元				其中：材料费/元		其中：机械费/元		其中：综合费/元		备注
		单位	数值			人工费单价	定额人工单价	人工费合价	定额人工费合价	单价	合价	单价	合价	单价	合价	
DE1253 换	井顶　现浇混凝土（C20）商品混凝土	10 m^3	0.792	7 232.27	5 727.96	542.57	481.26	429.72	381.16	6 500.82	5 148.65	2.91	2.30	185.97	147.29	
DE1240 换	非定型井金属配件制作　铸铁踏步	10 个	7.2	41.50	298.80					41.50	298.80					
DE1242 换	非定型井金属配件安装　铸铁井盖井座（φ700）特细砂	10 套	7.2	5 105.57	36 760.10	335.88	297.92	2 418.34	2 145.02	4 655.28	33 518.02			114.41	823.75	
DE1279	预制混凝土井筒安装 φ800 特细砂	10 m	3.6	9 257.92	33 328.51	380.33	337.35	1 369.19	1 214.46	8 501.33	30 604.79	182.47	656.89	193.79	697.64	
DJ0005 换	现浇构件钢筋　高强钢筋（屈服强度≥400）φ12～16	t	18.72	5 549.40	103 884.77	827.58	734.06	15 492.30	13 741.60	4 304.52	80 580.61	96.76	1 811.35	320.54	6 000.51	
DF0134 换	砖导流墙 M10 特细砂［M10（YC0016）换 M7.5（YC0015）］	10 m^3	1.152	6 031.79	6 948.62	1 641.98	1 456.43	1 891.56	1 677.81	3 819.62	4 400.20	7.78	8.96	562.41	647.90	

续表

定额编号	项目名称	工程量		单价/元	合价/元	其中：人工费/元				其中：材料费/元		其中：机械费/元		其中：综合费/元		备注
		单位	数值			人工费单价	定额人工单价	人工费合价	定额人工费合价	单价	合价	单价	合价	单价	合价	
DF0211	刚性防水 圆池壁 1：2 防水砂浆（特细砂）	100 m^2	1.152	4 054.80	4 671.13	1 513.17	1 342.18	1 743.17	1 546.19	2 008.26	2 313.52	12.82	14.77	520.55	599.67	
DF0201换	尼龙网板制作、安装	10 m^2	5.652	2 066.07	11 677.43	1 252.15	1 110.65	7 077.15	6 277.39	353.92	2 000.36	23.93	135.25	436.07	2 464.67	
DE1200	非定型井垫层现浇混凝土（C15）商品混凝土	10 m^3	0.759	6 189.70	4 697.98	335.47	297.56	254.62	225.85	5 736.82	4 354.25	2.24	1.70	115.17	87.41	
DE1249换	井底 现浇混凝土（C20）商品混凝土	10 m^3	1.32	7 081.11	9 347.07	433.00	384.07	571.56	506.97	6 496.54	8 575.43	2.91	3.84	148.66	196.23	
DE1251换	井壁 现浇混凝土（C20）商品混凝土	10 m^3	6.633	7 267.62	48 206.12	570.53	506.06	3 784.33	3 356.70	6 498.68	43 105.74	2.91	19.30	195.50	1 296.75	
DE1253换	井顶 现浇混凝土（C20）商品混凝土	10 m^3	0.363	7 232.27	2 625.31	542.57	481.26	196.95	174.70	6 500.82	2 359.80	2.91	1.06	185.97	67.51	
DE1240换	非定型井金属配件制作 铸铁踏步	10个	3.3	41.50	136.95					41.50	136.95					

续表

定额编号	项目名称	工程量		单价/元	合价/元	其中：人工费/元				其中：材料费/元		其中：机械费/元		其中：综合费/元		备注
		单位	数值			人工费单价	定额人工单价	人工费合价	定额人工费合价	单价	合价	单价	合价	单价	合价	
DE1242换	非定型井金属配件安装　铸铁井盖井座（φ700）特细砂	10套	3.3	5 105.57	16 848.38	335.88	297.92	1 108.40	983.14	4 655.28	15 362.42			114.41	377.55	
DE1279	预制混凝土井筒安装 φ800 特细砂	10 m	1.65	9 257.92	15 275.57	380.33	337.35	627.54	556.63	8 501.33	14 027.19	182.47	301.08	193.79	319.75	
DJ0005换	现浇构件钢筋　高强钢筋（屈服强度≥400）φ12～16	t	9.24	5 549.40	51 276.46	827.58	734.06	7 646.84	6 782.71	4 304.52	39 773.76	96.76	894.06	320.54	2 961.79	
DF0201换	尼龙网板制作、安装	10 m^2	2.591	2 066.07	5 353.19	1 252.15	1 110.65	3 244.32	2 877.69	353.92	917.01	23.93	62.00	436.07	1 129.86	
DC0070换	压顶　商品混凝土	10 m^3	5.544	7 389.77	40 968.88	656.20	582.05	3 637.97	3 226.89	6 391.59	35 434.97	4.19	23.23	337.79	1 872.71	
DJ0001换	现浇构件钢筋　直径（mm）φ≤10	t	0.779	6 049.96	4 712.92	1 260.84	1 118.36	982.19	871.20	4 315.64	3 361.88	31.45	24.50	442.03	344.34	
DJ0002换	现浇构件钢筋　直径（mm）φ12～16	t	2.122	5 548.78	11 774.51	824.49	731.32	1 749.57	1 551.86	4 308.04	9 141.66	96.76	205.32	319.49	677.96	

续表

定额编号	项目名称	工程量		单价/元	合价/元	其中：人工费/元				其中：材料费/元		其中：机械费/元		其中：综合费/元		备注
		单位	数值			人工费单价	定额人工单价	人工费合价	定额人工费合价	单价	合价	单价	合价	单价	合价	
DA0019	机械挖沟槽、基坑土方	1 000 m^3	13.5	8 769.02	118 381.77	1 783.26	1 581.75	24 074.01	21 353.63			5 567.04	75 155.04	1 418.72	19 152.72	
DA0137	机械回填碾压土	1 000 m^3	13.02	7 556.86	98 390.32	1 440.14	1 277.40	18 750.62	16 631.75	10.70	139.31	4 920.60	64 066.21	1 185.42	15 434.17	
DA0162	机械装运土　全程运距≤15 km 运距≤1 000 m	1 000 m^3	0.48	37 578.73	18 037.79	1 468.13	1 302.23	704.70	625.07	30 015.16	14 407.28	4 888.88	2 346.66	1 206.56	579.15	
DE0003换	钢筋混凝土管道砂石基础　碎石	10 m^3	111.2	1 766.68	196 454.82	535.32	474.83	59 527.58	52 801.10	1 023.34	113 795.41	18.35	2 040.52	189.67	21 091.30	
DK0013换	手持式风镐拆除水泥混凝土路面无筋　厚≤15 cm［+DK0014*5］	100 m^2	30.09	2 184.47	65 730.70	1 636.78	1 451.82	49 250.71	43 685.26	42.38	1 275.21	314.96	9 477.15	190.35	5 727.63	
DA0172	机械装运石渣　全程运距≤15 km 运距≤1 000 m	1 000 m^3	1.805	8 732.12	15 761.48	1 675.87	1 486.49	3 024.95	2 683.11	16.18	29.20	5 652.79	10 203.29	1 387.28	2 504.04	
DB0071	路床碾压整型	100 m^2	30.09	194.37	5 848.59	50.90	45.15	1 531.58	1 358.56			94.61	2 846.81	48.86	1 470.20	
DB0102	沙砾石基层　压实厚度（cm）20	100 m^2	30.09	3 126.97	94 090.53	472.34	418.96	14 212.71	12 606.51	2 120.16	63 795.61	279.32	8 404.74	255.15	7 677.46	
DB0133	顶层多合土养生人工洒水	100 m^2	30.09	57.51	1 730.48	44.75	39.69	1 346.53	1 194.27	5.13	154.36			7.63	229.59	

续表

定额编号	项目名称	工程量		单价 / 元	合价 / 元	其中：人工费 / 元				其中：材料费 / 元		其中：机械费 / 元		其中：综合费 / 元		备注
		单位	数值			人工费单价	定额人工单价	人工费合价	定额人工费合价	单价	合价	单价	合价	单价	合价	
DB0136	多合土运输　全程运距≤10 km 运距≤1 000 m	1 000 m^3	3.009	14 283.08	42 977.79	2 492.81	2 211.11	7 500.87	6 653.23			9 890.07	29 759.22	1 900.20	5 717.70	
DB0120	水泥稳定碎石基层（水泥含量）5% 压实厚度（cm）20	100 m^2	30.09	5 085.71	153 029.01	563.06	499.43	16 942.48	15 027.85	3 994.63	120 198.42	249.33	7 502.34	278.69	8 385.78	
DB0184	商品混凝土路面（C30）设计厚度（cm）20	100 m^2	30.09	14 042.54	422 540.03	1 064.52	944.23	32 031.41	28 411.88	12 734.88	383 192.54	6.97	209.73	236.17	7 106.36	
	总价措施项目清单															
①	环境保护费	1.1%	（分部分项工程量清单总价措施取费基数 + 单价措施项目清单总价措施取费基数）× 费率	6 621.72	6 621.72											

续表

定额编号	项目名称	工程量		单价 / 元	合价 / 元	其中：人工费 / 元				其中：材料费 / 元		其中：机械费 / 元		其中：综合费 / 元		备注
		单位	数值			人工费单价	定额人工单价	人工费合价	定额人工费合价	单价	合价	单价	合价	单价	合价	
②	文明施工费	3.3%	（分部分项工程量清单总价措施取费基数 + 单价措施项目清单总价措施取费基数）× 费率	19 865.16	19 865.16											
③	安全施工费	4.2%	（分部分项工程量清单总价措施取费基数 + 单价措施项目清单总价措施取费基数）× 费率	25 282.93	25 282.93											

续表

定额编号	项目名称	工程量		单价/元	合价/元	其中：人工费/元				其中：材料费/元		其中：机械费/元		其中：综合费/元		备注
		单位	数值			人工费单价	定额人工单价	人工费合价	定额人工费合价	单价	合价	单价	合价	单价	合价	
④	临时设施费	5.6%	（分部分项工程量清单总价措施取费基数＋单价措施项目清单总价措施取费基数）× 费率	33 710.58	33 710.58											
⑤	夜间施工费	0.48%	（分部分项工程量清单总价措施取费基数＋单价措施项目清单总价措施取费基数）× 费率	2 889.48	2 889.48											
⑥	二次搬运费	0.23%	（分部分项工程量清单总价措施取费基数＋单价措施项目清单总价措施取费基数）× 费率	1 384.54	1 384.54											

续表

定额编号	项目名称	工程量		单价/元	合价/元	其中：人工费/元				其中：材料费/元		其中：机械费/元		其中：综合费/元		备注
		单位	数值			人工费单价	定额人工单价	人工费合价	定额人工费合价	单价	合价	单价	合价	单价	合价	
⑦	冬雨季施工	0.36%	（分部分项工程量清单总价措施取费基数＋单价措施项目清单总价措施取费基数）× 费率	2 167.11	2 167.11											
⑧	工程定位复测	0.09%	（分部分项工程量清单总价措施取费基数＋单价措施项目清单总价措施取费基数）× 费率	541.78	541.78											
	分部小计				92 463.30											
	单价措施项目清单															
	脚手架工程															

续表

定额编号	项目名称	工程量		单价/元	合价/元	其中：人工费/元				其中：材料费/元		其中：机械费/元		其中：综合费/元		备注
		单位	数值			人工费单价	定额人工单价	人工费合价	定额人工费合价	单价	合价	单价	合价	单价	合价	
DL0004	双排脚手架 高度≤4 m	100 m^2	10.589	1 283.09	13 586.64	586.37	520.11	6 209.07	5 507.44	530.63	5 618.84	45.79	484.87	120.30	1 273.86	
	分部小计				13 586.64			6 209.07	5 507.44		5 618.84		484.87		1 273.86	
	混凝土模板及支架															
DL0209	现浇混凝土路面 设计厚度（cm）20 木模	100 m^2	30.09	333.67	10 040.13	206.55	183.21	6 215.09	5 512.79	86.76	2 610.61	0.53	15.95	39.83	1 198.48	
DL0009	垫层　复合模板	10 m^2	5.597	379.35	2 123.22	208.35	184.81	1 166.13	1 034.38	127.34	712.72	2.95	16.51	40.71	227.85	
DL0152	排水　现浇钢筋混凝土窨井 井底 复合模板	10 m^2	181.548	449.27	81 564.07	225.34	199.88	40 910.03	36 287.81	175.65	31 888.91	4.19	760.69	44.09	8 004.45	
DL0156	排水　现浇钢筋混凝土窨井　圆形井壁 复合模板	10 m^2	181.548	629.02	114 197.32	398.67	353.62	72 377.74	64 199.00	142.00	25 779.82	9.84	1 786.43	78.51	14 253.33	
DL0158	排水　现浇钢筋混凝土窨井　井顶 复合模板	10 m^2	5.324	601.65	3 203.18	368.61	326.96	1 962.48	1 740.74	145.81	776.29	13.77	73.31	73.46	391.10	

续表

定额编号	项目名称	工程量		单价/元	合价/元	其中：人工费/元				其中：材料费/元		其中：机械费/元		其中：综合费/元		备注
		单位	数值			人工费单价	定额人工单价	人工费合价	定额人工费合价	单价	合价	单价	合价	单价	合价	
	分部小计				211 127.92			122 631.47	108 774.72		61 768.35		2 652.89		24 075.21	
	大型机械设备进出场及安拆															
AS0202	大型机械设备进场费　履带式挖掘机（斗容量）≤1 m^3	台次	3	3 951.38	11 854.14	1 436.45	1 274.13	4 309.35	3 822.39	152.86	458.58	1 857.53	5 572.59	504.54	1 513.62	
	分部小计				11 854.14			4 309.35	3 822.39		458.58		5 572.59		1 513.62	
	分部小计			236 568.70			133 149.89	118 104.55		67 845.77		8 710.35		26 862.69		

四、概算分部分项工程量清单与计价表

概算分部分项工程量清单与计价见表 11-6。

表 11-6 概算分部分项工程量清单与计价表

工程名称：某地农村污水治理建设项目 \A 地区【市政工程】　　　　标段：

序号	项目编码	项目名称	项目特征描述	计量单位	工程量	金额 / 元			
						综合单价	合价	其中	
								定额人工费	暂估价
1	040501004002	排污管道 DN300 PE-HM 加筋带孔波纹管环刚度≥8 KN/m^2	1. 管道材质及规格：污水管道 DN300 PE-HM 加筋带孔波纹管 2. 连接形式：承插接口环刚度≥8 kN/m^2 3. 铺设深度 ：满足设计及图纸要求 4. 管道检验及试验要求：满足设计及规范要求 5. 含施工措施费	m	2 950	313.89	925 975.50	19 676.50	
2	040501004002	UPVC 出户管 DN200	1. 材质及规格：UPVC 出户管 DN200 2. 连接形式：粘接 3. 铺设深度：详设计 4. 管道检验及试验要求：对污水管道必须进行闭水试验，且应合格 5. 其他：满足施工图设计要求及施工验收规范要求	m	4 000	69.84	279 360.00	16 800.00	

续表

序号	项目编码	项目名称	项目特征描述	计量单位	工程量	金额/元			
						综合单价	合价	其中	
								定额人工费	暂估价
3	040504002124	污水检查井 φ1000	1. 名称：现浇混凝土污水检查井 φ1 000 2. 井深、尺寸、做法：平均深度 2.17 m，做法详见图集 20S 515 页 30 3. 垫层厚度、强度：100 mm 厚 C15 混凝土 4. 井混凝土强度等级：C30 S6 5. 井盖、井座：详设计 6. 钢筋：详见设计及图集要求，价格包含钢筋运距 7. 爬梯：塑钢爬梯 8. 含安全网 9. 其他：满足设计及现行技术、质量验收规范要求	座	72	4 397.47	316 617.84	34 339.68	
小计							1 521 953.34	70 816.18	

续表

序号	项目编码	项目名称	项目特征描述	计量单位	工程量	金额 / 元			
						综合单价	合价	其中	
								定额人工费	暂估价
4	040504002124	沉泥井 φ1000	1. 名称：现浇混凝土沉泥井 φ1 000 2. 井深、尺寸、做法：平均深度 2.3 m，做法详见图集 20S515 页 313 3. 垫层厚度、强度：100 mm 厚 C15 砼 4. 井混凝土强度等级：C30 S6 5. 井盖、井座：详设计 6. 钢筋：详见设计及图集要求 7. 爬梯：塑钢爬梯 8. 含安全网 9. 其他：满足设计及现行技术、质量验收规范要求	座	33	4 659.58	153 766.14	15 463.80	
5	0403030161295	井圈加固	1. 加固尺寸及混凝土等级：厚 250 mm，C30 2. 配筋设计	m^3	55.44	1 036.38	57 456.91	5 649.89	
小计							211 223.05	21 113.69	

续表

序号	项目编码	项目名称	项目特征描述	计量单位	工程量	金额/元			
						综合单价	合价	其中	
								定额人工费	暂估价
6	040101002005	管道挖沟槽土方	1. 挖土石类别：各种类别的土方或石方等综合考虑 2. 挖土深度：综合考虑 3. 开挖方式：综合考虑 4. 其他：满足设计及规范要求	m^3	13 500	8.77	118 395.00	21 330.00	
7	040103001007	回填方	1. 密实度要求：符合施工图纸及规范要求 2. 填方材料品种：根据设计要求验方后方可填入，并符合相关工程的质量规范要求 3. 填方粒径要求：综合考虑 4. 填方来源、运距：根据现场实际情况综合考虑 5. 最终按实际回填高度计算	m^3	13 020.33	7.56	98 433.69	16 666.02	
8	040103002008	余方弃置	1. 废弃料品种：不合格土、不能利用的土 2. 场外运距：综合考虑，堆场费用综合考虑	m^3	479.67	37.58	18 026.00	623.57	
9	0104040011294	管道碎石垫层	垫层材料种类：碎石粒径为5～40 mm	m^3	1 112	176.67	196 457.04	52 797.76	

续表

序号	项目编码	项目名称	项目特征描述	计量单位	工程量	金额 / 元			
						综合单价	合价	其中	
								定额人工费	暂估价
10	041001001013	拆除混凝土道路	1. 材质：原混凝土路面 2. 厚度：20 cm 3. 人工拆除 4. 建渣弃置运距及场地：由投标人自行考虑 5. 其余做法符合设计及相关验收规范要求	m^2	3 009	27.08	81 483.72	46 368.69	
小计							512 795.45	137 786.04	
11	040202001014	路床（槽）整型	部位 ：整个恢复路段	m^2	3 009	1.94	5 837.46	1 354.05	
12	040202009015	恢复天然砂砾石垫层 厚 20 cm	1. 石料规格：详设计 2. 厚度：20 cm	m^2	3 009	31.27	94 091.43	12 607.71	
13	040202015016	20 cm 水泥（5%）稳定碎石基层	1. 厚度：20 cm 2. 水泥含量：5% 3. 石料规格：满足设计和施工验收规范要求 4. 场内外运输：投标人自行确定 5. 做法：满足设计及施工验收规范要求	m^2	3 009	65.72	197 751.48	22 868.40	
14	040203007017	C30 混凝土面层	1. 混凝土强度等级 ：商品混凝土 C30 2. 厚度 ：20 cm	m^2	3 009	140.43	422 553.87	28 404.96	
小计							720 234.24	65 235.12	
合计							2 966 206.08	294 951.03	

五、概算材料汇总表

概算材料汇总见表 11-7。

表 11-7　概算材料汇总表

工程名称：某地农村污水治理建设项目 \A 地区【市政工程】

序号	材料编码	材料名称	单位	数量	单价	合价
1	34150117	水	m^3	1 531.663	2.14	3 277.76
2	JX000003	柴油（机械）	L	13 977.143	7.91	110 559.20
3	JX000002	汽油（机械）	L	2 818.652	9.79	27 594.60
4	QTCLF	其他材料费	元	6 160.07	1.00	6 160.07
5	04050023	连砂石	m^3	736.603	86.42	63 657.23
6	04010131	水泥 32.5	kg	72 607.676	0.683	49 591.04
7	80211012	商品混凝土 C30	m^3	663.535	625.16	414 815.54
8	05030012	二等锯材	m^3	6.941	1 565.75	10 867.87
9	03210593	铁件	kg	367.24	4.60	1 689.30
10	05030205	枕木	m^3	0.24	1 565.00	375.60
11	03210022	镀锌铁丝 8#	kg	15	4.00	60.00
12	02330006	草袋子	m^2	19.14	1.20	22.97
13	80211014	商品混凝土 C15	m^3	24.392	566.89	13 827.58
14	04030157	特细砂	m^3	9.413	126.00	1 186.04
15	36010012	预制混凝土井筒 φ800	m	52.5	780.00	40 950.00

续表

序号	材料编码	材料名称	单位	数量	单价	合价
16	13370010	遇水膨胀止水带 30 × 20	m	166.478	16.60	2 763.53
17	03130044	焊条（高强钢筋用）	kg	241.575	5.40	1 304.51
18	03210028	镀锌铁丝 22#	kg	96.586	4.00	386.34
19	04130003	标准砖	千匹（千块）	6.278	551.54	3 462.57
20	35010101	复合模板	m^2	923.073	45.00	41 538.29
21	05030016	锯材综合	m^3	2.541	1 565.75	3 978.57
22	35020017	摊销卡具和支撑钢材	kg	1 845.795	4.15	7 660.05
23	AR000068	商品混凝土 C30S6	m^3	234.809	645.16	151 489.37
24	AR000070	塑钢踏步	个	105	4.15	435.75
25	AR000071	铸铁井盖井座 $\varphi700$	套	105	450.00	47 250.00
26	AR000072	HRB400 直径 $\varphi12$～14	t	29.778	3 985.66	118 684.98
27	13060007	防水粉（液）	kg	71.608	1.30	93.09
28	AR000076	排污管道 DN300 PE-HM 加筋带孔波纹管环刚度≥8 kN/m^2	m	2 979.5	300.35	894 892.83
29	04050019	碎石 5～40 mm	m^3	1 710.03	91.37	156 245.44
30	04070002	石屑	m^3	343.026	91.37	31 342.29
31	35030006	脚手架钢材	kg	282.409	5.21	1 471.35
32	AR000086	安全网	个	105.006	5.00	525.03
33	01290040	钢板 $\delta4$ mm	kg	229.485	4.434	1 017.54

续表

序号	材料编码	材料名称	单位	数量	单价	合价
34	33010030	带帽带垫螺栓 M10×150	百个	2.308	58.00	133.86
35	03130010	电焊条综合	kg	14.508	4.15	60.21
36	AR000087	UPVC 出户管 DN200	m	4040	62.69	253 267.60
37	UR000001	弃渣费	m^3	479.873	30.00	14 396.19
38	AR000088	钢筋 $\varphi 8$	t	0.834	4 000.00	3 336.00
39	03130040	焊条综合	kg	18.334	4.15	76.09
40	AR000089	钢筋 $\varphi 12$	t	2.26	4 000.00	9 040.00

六、单位工程概算汇总表

单位工程概算汇总见表 11-8。

表 11-8　单位工程概算汇总表

工程名称：某地农村污水治理建设项目 \A 地区【市政工程】

费用名称	计算公式	费率 /%	金额 / 元
A　分部分项及单价措施项目			3 202 786.26
B　总价措施项目			92 463.30
B.1　其中：安全文明施工费			85 480.39
C　其他项目			98 857.49
C.1　其中：暂列金额			98 857.49

续表

费用名称	计算公式	费率 /%	金额 / 元
C.2　其中：专业工程暂估价			
C.3　其中：计日工			
C.4　其中：总承包服务费			
D　规费	分部分项定额人工费 + 单价措施项目定额人工费	9.34	38 578.71
E　创优质工程奖补偿奖励费			
F　税前不含税工程造价			3 432 685.76
F.1　其中：除税甲供材料（设备）费			
G　销项增值税税额	[分部分项工程费 + 措施项目费 + 其他项目费 + 规费 + 按实计算费用 + 创优质工程奖补偿奖励费 − 按规定不计税的工程设备金额 − 除税甲供材料（设备）费] × 费率	9	308 941.72
H　附加税	[分部分项工程费 + 措施项目费 + 其他项目费 + 规费 + 按实计算费用 + 创优质工程奖补偿奖励费 − 按规定不计税的工程设备金额 − 除税甲供材料（设备）费] × 费率	0.261	8 959.31
I　招标控制价 / 投标报价总价合计 = 税前不含税工程造价 + 销项增值税税额 + 附加税			3 750 586.79

七、概算单价措施项目清单与计价表

概算单价措施项目清单与计价见表 11-9。

表 11-9 概算单价措施项目清单与计价表

工程名称：某地农村污水治理建设项目 \A 地区【市政工程】　　　　标段：

序号	项目编码	项目名称	项目特征描述	计量单位	工程量	金额/元			
						综合单价	合价	其中	
								定额人工费	暂估价
		脚手架工程							
1	041101002001	检查井脚手架	1. 柱高 2. 柱结构外围周长	m^2	1 058.91	12.83	13 585.82	5 506.33	
		小计					13 585.82	5 506.33	
		混凝土模板及支架							
2	041102003001	道路模板	构件类型	m^2	3009	3.34	10 050.06	5 506.47	
3	041102001001	垫层模板	构件类型	m^2	55.97	37.94	2 123.50	1 034.33	
4	041102037001	井底板模板	构件类型	m^2	1 815.48	44.93	81 569.52	36 291.45	
5	041102037001	井壁模板	构件类型	m^2	1 815.48	62.90	114 193.69	64 195.37	
6	041102037001	井顶板模板	构件类型	m^2	53.24	60.17	3 203.45	1 740.95	
		小计					211 140.22	108 768.57	
		大型机械设备进出场及安拆							
7	041106001001	大型机械设备进出场及安拆	1. 机械设备名称 2. 机械设备规格型号	台次	3	3 951.38	11 854.14	3 822.39	
		小计					11 854.14	3 822.39	
合计							236 580.18	118 097.29	

八、概算总价措施项目清单计价表

概算总价措施项目清单计价见表 11-10。

表 11-10　概算总价措施项目清单计价表

工程名称：某地农村污水治理建设项目 \A 地区【市政工程】　　标段：

序号	项目编码	项目名称	计算基础	费率 / %	金额 / 元	调整费率 / %	调整后金额 / 元	备注
1	041109001001	安全文明施工费			85 480.39			
1.1	①	环境保护费	分部分项工程及单价措施项目（定额人工费 + 定额机械费）	1.1	6 621.72			
1.2	②	文明施工费	分部分项工程及单价措施项目（定额人工费 + 定额机械费）	3.3	19 865.16			
1.3	③	安全施工费	分部分项工程及单价措施项目（定额人工费 + 定额机械费）	4.2	25 282.93			
1.4	④	临时设施费	分部分项工程及单价措施项目（定额人工费 + 定额机械费）	5.6	33 710.58			
2	041109002001	夜间施工增加费			2 889.48			
3	041109003001	二次搬运费			1 384.54			
4	041109004001	冬雨季施工增加费			2 167.11			
5	041109005001	行车、行人干扰						
6	041109006001	地上和地下设施、建筑物的临时保护设施						
7	041109007001	已完工程及设备保护费						
8	041109008001	工程定位复测费			541.78			
合计					92 463.30			

注：按施工方案计算的措施费，若无“计算基础”和“费率”的数值，也可只填“金额”数值，但应在备注栏说明施工方案出处或计算方法。用于投标报价时，“调整费率”及“调整后的金额”无需填写。

九、概算其他项目清单与计价汇总表

概算其他项目清单与计价汇总见表 11-11。

表 11-11　概算其他项目清单与计价汇总表

工程名称：某地农村污水治理建设项目 \A 地区【市政工程】　　　　标段：

序号	项目名称	金额 / 元	结算金额 / 元	备注
1	暂列金额	98 857.49		
2	暂估价			
2.1	材料（工程设备）暂估价 / 结算价	—		
2.2	专业工程暂估价 / 结算价			
3	计日工			
4	总承包服务费			
合计		98 857.49		

注：材料（工程设备）暂估单价进入清单项目综合单价，此处不汇总。

十、概算规费、税金项目计价表

概算规费、税金项目计价见表 11-12。

表 11-12　概算规费、税金项目计价表

工程名称：某地农村污水治理建设项目 \A 地区【市政工程】　　　　标段：

序号	项目名称	计算基础	计算基数	计算费率 /%	金额 / 元
1	规费	分部分项定额人工费 + 单价措施项目定额人工费	413 048.32	9.34	38 578.71
2	销项增值税税额	分部分项工程费 + 措施项目费 + 其他项目费 + 规费 + 按实计算费用 + 创优质工程奖补偿奖励费 − 按规定不计税的工程设备金额 − 除税甲供材料（设备）费	3 432 685.76	9	308 941.72
3	附加税	分部分项工程费 + 措施项目费 + 其他项目费 + 规费 + 按实计算费用 + 创优质工程奖补偿奖励费 − 按规定不计税的工程设备金额 − 除税甲供材料（设备）费	3 432 685.76	0.261	8 959.31
合计					356 479.74

十一、单位工程分部分项概算表

单位工程分部分项概算见表 11-13。

表 11–13　单位工程分部分项概算表

工程名称：某地农村污水治理建设项目\B 地区【市政工程】

定额编号	项目名称	单位	工程量	单价/元	合价/元	其中：人工费/元				其中：材料费/元		其中：机械费/元		其中：综合费/元		备注
						人工费单价	定额人工单价	人工费合价	定额人工费合价	单价	合价	单价	合价	单价	合计	
DA0013 换	人工挖沟槽、基坑土方　深度≤4 m [单价 ×13，管理费 ×13，利润 ×13]	100 m^3	4.242	5 377.48	22 811.27	4 510.47	4 000.77	19 133.41	16 971.27					867.01	3 677.86	
DA0019	机械挖沟槽、基坑土方	1 000 m^3	8.06	8 769.02	70 678.30	1 783.26	1 581.75	14 373.08	12 748.91			5 567.04	44 870.34	1 418.72	11 434.88	
DA0054	机械挖一般石方 极软岩	1 000 m^3	0.262	8 561.99	2 243.24	1 803.30	1 599.52	472.46	419.07			5 372.22	1 407.52	1 386.47	363.26	
DA0133	人工填土夯实槽、坑	100 m^3	72.805	1 311.80	95 505.60	942.98	836.42	68 653.66	60 895.56	2.57	187.11	150.96	10 990.64	215.29	15 674.19	
DA0162 换	机械装运土　全程运距≤15 km 运距≤1 000 m [+DA0163 × 4]	1 000 m^3	1.107	14 163.76	15 679.28	2 439.32	2 163.67	2 700.33	2 395.18	23.11	25.58	9 435.93	10 445.57	2 265.40	2 507.80	
DA0172 换	机械装运石渣 全程运距≤15 km 运距≤1 000 m [+DA0173 × 4]	1 000 m^3	0.36	138 431.57	49 835.37	2 781.42	2 467.11	1 001.31	888.16	122 228.68	44 002.32	10 828.87	3 898.39	2 592.60	933.34	
DE0001 换	钢筋混凝土管道砂石基础砂	10 m^3	3.92	2 024.42	7 935.73	342.39	303.70	1 342.17	1 190.50	1 539.72	6 035.70	18.35	71.93	123.96	485.92	

续表

定额编号	项目名称	单位	工程量	单价/元	合价/元	其中：人工费/元				其中：材料费/元		其中：机械费/元		其中：综合费/元		备注
						人工费单价	定额人工单价	人工费合价	定额人工费合价	单价	合价	单价	合价	单价	合计	
DE0001换	钢筋混凝土管道砂石基础砂	10 m^3	11.261	2 024.42	22 796.99	342.39	303.70	3 855.65	3 419.97	1 539.72	17 338.79	18.35	206.64	123.96	1 395.91	
DE0001换	钢筋混凝土管道砂石基础砂	10 m^3	11.371	2 024.42	23 019.68	342.39	303.70	3 893.32	3 453.37	1 539.72	17 508.16	18.35	208.66	123.96	1 409.55	
CK1668换	整体水箱安装水箱总容量（m^3以内）3［单价×0.5，管理费×0.5，利润×0.5］	台	50	1 378.24	68 912.00	237.04	210.25	11 852.00	10 512.50	1 072.05	53 602.50	20.63	1 031.50	48.52	2 426.00	
CK1669换	整体水箱安装水箱总容量（m^3以内）6［单价×0.5，管理费×0.5，利润×0.5］	台	102	1 693.16	172 702.32	265.01	235.06	27 031.02	23 976.12	1 331.80	135 843.60	38.70	3 947.40	57.65	5 880.30	
CK1669换	整体水箱安装水箱总容量（m^3以内）6［单价×05，管理费×0.5，利润×0.5］	台	83	2 043.16	169 582.28	265.01	235.06	21 995.83	19 509.98	1 681.80	139 589.40	38.70	3 212.10	57.65	4 784.95	

续表

定额编号	项目名称	单位	工程量	单价/元	合价/元	其中：人工费/元				其中：材料费/元		其中：机械费/元		其中：综合费/元		备注
						人工费单价	定额人工单价	人工费合价	定额人工费合价	单价	合价	单价	合价	单价	合计	
AL0050换	楼地面C20商品混凝土面层厚度80 mm［+AL0051×2］	100 m^2	11.8	8 619.49	101 709.98	1 836.75	1 629.19	21 673.65	19 224.44	6 566.46	77 484.23	4.83	56.99	211.45	2 495.11	
DE0359换	塑料排水管道安装（对接）PVC-U排水管（管径mm）300	100 m	48.3	4 107.88	198 410.60	473.55	420.04	22 872.47	20 287.93	3 473.02	167 746.87			161.31	7 791.27	
DE0005换	管道混凝土基础（C15）管径≤φ1 000（mm）商品混凝土	10 m^3	28.088	6 826.09	191 731.22	659.11	584.63	18 513.08	16 421.09	5 936.18	166 735.42	4.49	126.12	226.31	6 356.60	
DA0019	机械挖沟槽、基坑土方	1 000 m^3	3.079	8 769.02	26 999.81	1 783.26	1 581.75	5 490.66	4 870.21			5 567.04	17 140.92	1 418.72	4 368.24	
DA0137	机械回填碾压土	1 000 m^3	2.391	7 556.86	18 068.45	1 440.14	1 277.40	3 443.37	3 054.26	10.70	25.58	4 920.60	11 765.15	1 185.42	2 834.34	
DA0162换	机械装运土 全程运距≤15 km 运距≤1 000 m［+DA0163×4］	1 000 m^3	0.688	44 175.97	30 393.07	2 439.32	2 163.67	1 678.25	1 488.60	30 035.32	20 664.30	9 435.93	6 491.92	2 265.40	1 558.60	

续表

定额编号	项目名称	单位	工程量	单价 / 元	合价 / 元	其中：人工费 / 元				其中：材料费 / 元		其中：机械费 / 元		其中：综合费 / 元		备注
						人工费单价	定额人工单价	人工费合价	定额人工费合价	单价	合价	单价	合价	单价	合计	
DE0359 换	塑料排水管道安装（对接）PVC-U 排水管（管径 mm）300	100 m	7.05	1 764.68	12 440.99	473.55	420.04	3 338.53	2 961.28	1 129.82	7 965.23			161.31	1 137.24	
CG0387	塑料圆伞形风帽制作安装	100 kg	0.705	6 817.20	4 806.13	3 991.94	3 540.84	2 814.32	2 496.29	1 231.76	868.39	584.04	411.75	1 009.46	711.67	
DE0375 换	塑料排水管道安装（承插接口）双壁波纹管（管径 mm）315	100 m	7.88	31 388.55	247 341.77	751.67	666.73	5 923.16	5 253.83	30 380.84	239 401.02			256.04	2 017.60	
DE0359 换	塑料排水管道安装（对接）PVC-U 排水管（管径 mm）300	100 m	11.83	17 889.33	211 630.77	473.55	420.04	5 602.10	4 969.07	17 254.47	204 120.38			161.31	1 908.30	
DE0376 换	塑料排水管道安装（承插接口）双壁波纹管（管径 mm）400	100 m	0.66	51 559.79	34 029.46	913.30	810.09	602.78	534.66	50 335.40	33 221.36			311.09	205.32	
DC0002	垫层、护底　商品混凝土	10 m^3	11.82	6 322.80	74 735.50	456.83	405.21	5 399.73	4 789.58	5 707.08	67 457.69	2.35	27.78	156.54	1 850.30	

续表

定额编号	项目名称	单位	工程量	单价/元	合价/元	其中：人工费/元				其中：材料费/元		其中：机械费/元		其中：综合费/元		备注
						人工费单价	定额人工单价	人工费合价	定额人工费合价	单价	合价	单价	合价	单价	合计	
DE0005换	管道混凝土基础（C15）管径≤φ1 000（mm）商品混凝土	10 m^3	67.059	7 022.23	470 903.72	659.11	584.63	44 199.26	39 204.70	6 132.32	411 227.25	4.49	301.09	226.31	15 176.12	
DJ0002换	现浇构件钢筋 直径（mm）φ12～16	t	15.352	5 533.51	84 950.45	824.49	731.32	12 657.57	11 227.22	4 292.77	65 902.61	96.76	1 485.46	319.49	4 904.81	
DJ0001换	现浇构件钢筋 直径（mm）φ≤10	t	10.587	6 232.48	65 983.27	1 260.84	1 118.36	13 348.51	11 840.08	4 498.16	47 622.02	31.45	332.96	442.03	4 679.77	
DJ0002换	现浇构件钢筋 直径（mm）φ12～16	t	0.174	5 519.82	960.45	824.49	731.32	143.46	127.25	4 279.08	744.56	96.76	16.84	319.49	55.59	
DA0149换	沟槽回填 沙砾石 天然级配	10 m^3	0.36	1 474.40	530.78	288.47	255.87	103.85	92.11	1 042.81	375.41	73.80	26.57	69.32	24.96	
AD0161	粗料石勒脚 干混砂浆	10 m^3	0.15	5 009.15	751.37	2 574.71	2 283.76	386.21	342.56	1 780.01	267.00	1.72	0.26	652.71	97.91	
DE0003换	钢筋混凝土管道砂石基础 碎石	10 m^3	39.552	1 766.68	69 875.73	535.32	474.83	21 172.98	18 780.48	1 023.34	40 475.14	18.35	725.78	189.67	7 501.83	
DA0019	机械挖沟槽、基坑土方	1 000 m^3	2.338	8 769.02	20 501.97	1 783.26	1 581.75	4 169.26	3 698.13			5 567.04	13 015.74	1 418.72	3 316.97	

续表

定额编号	项目名称	单位	工程量	单价 / 元	合价 / 元	其中：人工费 / 元				其中：材料费 / 元		其中：机械费 / 元		其中：综合费 / 元		备注
						人工费单价	定额人工单价	人工费合价	定额人工费合价	单价	合价	单价	合价	单价	合计	
DA0137	机械回填碾压土	1 000 m^3	1.825	7 556.86	13 791.27	1 440.14	1 277.40	2 628.26	2 331.26	10.70	19.53	4 920.60	8 980.10	1 185.42	2 163.39	
DA0162	机械装运土 全程运距≤15 km 运距≤1 000 m	1 000 m^3	0.514	37 606.68	19 329.83	1 468.13	1 302.23	754.62	669.35	30 043.11	15 442.16	4 888.88	2 512.88	1 206.56	620.17	
DK0013换	手持式风镐拆除水泥混凝土路面无筋　厚≤15 cm［+DK0014 × 5］	100 m^2	0.12	2 184.47	262.14	1 636.78	1 451.82	196.41	174.22	42.38	5.09	314.96	37.80	190.35	22.84	
DA0172	机械装运石渣 全程运距≤15 km 运距≤1 000 m	1 000 m^3	0.007	8 732.12	61.12	1 675.87	1 486.49	11.73	10.41	16.18	0.11	5 652.79	39.57	1 387.28	9.71	
DB0071	路床碾压整型	100 m^2	0.12	194.37	23.32	50.90	45.15	6.11	5.42			94.61	11.35	48.86	5.86	
DB0102	砂砾石基层　压实厚度（cm）20	100 m^2	0.12	3 126.97	375.24	472.34	418.96	56.68	50.28	2 120.16	254.42	279.32	33.52	255.15	30.62	
DB0133	顶层多合土养生 人工洒水	100 m^2	0.12	57.51	6.90	44.75	39.69	5.37	4.76	5.13	0.62			7.63	0.92	
DB0136	多合土运输 全程运距≤10 km 运距≤1 000 m	1 000 m^3	0.012	14 283.08	171.40	2 492.81	2 211.11	29.91	26.53			9 890.07	118.68	1 900.20	22.80	

续表

定额编号	项目名称	单位	工程量	单价 / 元	合价 / 元	其中：人工费 / 元				其中：材料费 / 元		其中：机械费 / 元		其中：综合费 / 元		备注
						人工费单价	定额人工单价	人工费合价	定额人工费合价	单价	合价	单价	合价	单价	合计	
DB0120	水泥稳定碎石基层（水泥含量）5% 压实厚度（cm）20	100 m^2	0.12	5 085.71	610.29	563.06	499.43	67.57	59.93	3 994.63	479.36	249.33	29.92	278.69	33.44	
DB0184	商品混凝土路面（C30）设计厚度（cm）20	100 m^2	0.12	14 042.54	1 685.10	1 064.52	944.23	127.74	113.31	12 734.88	1 528.19	6.97	0.84	236.17	28.34	
DE1200	非定型井垫层 现浇混凝土（C15）商品混凝土	10 m^3	0.529	6 189.70	3 274.35	335.47	297.56	177.46	157.41	5 736.82	3 034.78	2.24	1.18	115.17	60.92	
DE1249 换	井底 现浇混凝土（C20）商品混凝土	10 m^3	0.92	7 081.11	6 514.62	433.00	384.07	398.36	353.34	6 496.54	5 976.82	2.91	2.68	148.66	136.77	
DE1251 换	井壁 现浇混凝土（C20）商品混凝土	10 m^3	3.634	7 267.62	26 410.53	570.53	506.06	2 073.31	1 839.02	6 498.68	23 616.20	2.91	10.57	195.50	710.45	
DE1253 换	井顶 现浇混凝土（C20）商品混凝土	10 m^3	0.253	7 232.27	1 829.76	542.57	481.26	137.27	121.76	6 500.82	1 644.71	2.91	0.74	185.97	47.05	
DE1240 换	非定型井金属配件制作 铸铁踏步	10 个	2.3	41.50	95.45					41.50	95.45					

续表

定额编号	项目名称	单位	工程量	单价 / 元	合价 / 元	其中：人工费 / 元				其中：材料费 / 元		其中：机械费 / 元		其中：综合费 / 元		备注
						人工费单价	定额人工单价	人工费合价	定额人工费合价	单价	合价	单价	合价	单价	合计	
DE1242 换	非定型井金属配件安装　铸铁井盖井座（φ700）特细砂	10 套	2.3	5 105.57	11 742.81	335.88	297.92	772.52	685.22	4 655.28	10 707.14			114.41	263.14	
DE1279	预制混凝土井筒安装 φ800 特细砂	10 m	1.15	9 257.92	10 646.61	380.33	337.35	437.38	387.95	8 501.33	9 776.53	182.47	209.84	193.79	222.86	
DJ0005 换	现浇构件钢筋　高强钢筋（屈服强度≥400）φ12～16	t	5.98	5 549.40	33 185.41	827.58	734.06	4 948.93	4 389.68	4 304.52	25 741.03	96.76	578.62	320.54	1 916.83	
DF0134 换	砖导流墙 M10 特细砂［M10（YC0016）换 M7.5（YC0015）］	10 m^3	0.368	6 031.79	2 219.70	1 641.98	1 456.43	604.25	535.97	3 819.62	1 405.62	7.78	2.86	562.41	206.97	
DF0211	刚性防水　圆池壁 1 ：2 防水砂浆（特细砂）	100 m^2	0.368	4 054.80	1 492.17	1 513.17	1 342.18	556.85	493.92	2 008.26	739.04	12.82	4.72	520.55	191.56	
DF0201 换	尼龙网板制作、安装	10 m^2	1.806	2 066.07	3 731.32	1 252.15	1 110.65	2 261.38	2 005.83	353.92	639.18	23.93	43.22	436.07	787.54	

续表

定额编号	项目名称	单位	工程量	单价/元	合价/元	其中：人工费/元				其中：材料费/元		其中：机械费/元		其中：综合费/元		备注
						人工费单价	定额人工单价	人工费合价	定额人工费合价	单价	合价	单价	合价	单价	合计	
DE1200	非定型井垫层 现浇混凝土（C15）商品混凝土	10 m^3	0.161	6 189.70	996.54	335.47	297.56	54.01	47.91	5 736.82	923.63	2.24	0.36	115.17	18.54	
DE1249换	井底 现浇混凝土（C20）商品混凝土	10 m^3	0.28	7 081.11	1 982.71	433.00	384.07	121.24	107.54	6 496.54	1 819.03	2.91	0.81	148.66	41.62	
DE1251换	井壁 现浇混凝土（C20）商品混凝土	10 m^3	1.407	7 267.62	10 225.54	570.53	506.06	802.74	712.03	6 498.68	9 143.64	2.91	4.09	195.50	275.07	
DE1253换	井顶 现浇混凝土（C20）商品混凝土	10 m^3	0.077	7 232.27	556.88	542.57	481.26	41.78	37.06	6 500.82	500.56	2.91	0.22	185.97	14.32	
DE1240换	非定型井金属配件制作 铸铁踏步	10个	0.7	41.50	29.05					41.50	29.05					
DE1242换	非定型井金属配件安装 铸铁井盖井座（φ700）特细砂	10套	0.7	5 105.57	3 573.90	335.88	297.92	235.12	208.54	4 655.28	3 258.70			114.41	80.09	
DE1279	预制混凝土井筒安装 φ800 特细砂	10 m	0.35	9 257.92	3 240.27	380.33	337.35	133.12	118.07	8 501.33	2 975.47	182.47	63.86	193.79	67.83	

续表

定额编号	项目名称	单位	工程量	单价 / 元	合价 / 元	其中：人工费 / 元				其中：材料费 / 元		其中：机械费 / 元		其中：综合费 / 元		备注
						人工费单价	定额人工单价	人工费合价	定额人工费合价	单价	合价	单价	合价	单价	合计	
DJ0005 换	现浇构件钢筋 高强钢筋（屈服强度≥400）φ12～16	t	1.96	5 549.40	10 876.82	827.58	734.06	1 622.06	1 438.76	4 304.52	8 436.86	96.76	189.65	320.54	628.26	
DF0201 换	尼龙网板制作、安装	10 m^2	0.55	2 066.07	1 136.34	1 252.15	1 110.65	688.68	610.86	353.92	194.66	23.93	13.16	436.07	239.84	
DA0019	机械挖沟槽、基坑土方	1 000 m^3	0.702	8 769.02	6 155.85	1 783.26	1 581.75	1 251.85	1 110.39			5 567.04	3 908.06	1 418.72	995.94	
DA0172 换	机械装运石渣 全程运距≤15 km 运距≤1 000 m [+DA0173 × 1]	1 000 m^3	0.702	10 603.85	7 443.90	1 952.25	1 731.64	1 370.48	1 215.61	16.18	11.36	6 946.81	4 876.66	1 688.61	1 185.40	
DA0010 换	机械挖土方，汽车配合运土 全程运距≤15 km 运距≤1 000 m [+DA0011 × 1]	1 000 m^3	0.8	14 705.69	11 764.55	2 629.53	2 332.38	2 103.62	1 865.90	17.12	13.70	9 692.45	7 753.96	2 366.59	1 893.27	
DE1200 换	非定型井垫层 现浇混凝土（C15）商品混凝土	10 m^3	0.384	6 189.70	2 376.84	335.47	297.56	128.82	114.26	5 736.82	2 202.94	2.24	0.86	115.17	44.23	

续表

定额编号	项目名称	单位	工程量	单价/元	合价/元	其中：人工费/元				其中：材料费/元		其中：机械费/元		其中：综合费/元		备注
						人工费单价	定额人工单价	人工费合价	定额人工费合价	单价	合价	单价	合价	单价	合计	
AE0128换	预制混凝土沟盖板、井盖板安装　特细砂［C25（YA0137）换C20（YA0136）］	10 m^3	0.097	8 317.29	806.78	796.35	706.36	77.25	68.52	7 265.03	704.71	42.90	4.16	213.01	20.66	
FA0002换	池底板　商品混凝土	10 m^3	1.062	6 945.72	7 376.35	475.21	421.51	504.67	447.64	6 302.89	6 693.67	6.70	7.12	160.92	170.90	
FA0004换	池壁　商品混凝土	10 m^3	2.78	7 214.30	20 055.75	679.26	602.50	1 888.34	1 674.95	6 299.44	17 512.44	6.70	18.63	228.90	636.34	
FA0006换	池顶板　商品混凝土	10 m^3	0.282	7 100.99	2 002.48	596.64	529.22	168.25	149.24	6 296.27	1 775.55	6.70	1.89	201.38	56.79	
AE0037	矩形梁　商品混凝土 C30	10 m^3	0.076	6 835.52	519.50	411.16	364.70	31.25	27.72	6 295.79	478.48	4.19	0.32	124.38	9.45	
AE0129	预制混凝土　沟盖板、井盖板安装　商品混凝土 C20	10 m^3	0.34	8 170.38	2 777.93	553.18	490.67	188.08	166.83	7 439.82	2 529.54	29.58	10.06	147.80	50.25	
DE1237	非定型井钢筋混凝土配件安装　井内梁板、拼接人孔板　特细砂	10 m^3	0.26	14 178.77	3 686.48	1 287.61	1 142.11	334.78	296.95	12 450.97	3 237.25	1.14	0.30	439.05	114.15	

续表

定额编号	项目名称	单位	工程量	单价 / 元	合价 / 元	其中：人工费 / 元				其中：材料费 / 元		其中：机械费 / 元		其中：综合费 / 元		备注
						人工费单价	定额人工单价	人工费合价	定额人工费合价	单价	合价	单价	合价	单价	合计	
DE1242	非定型井金属配件安装　铸铁井盖井座（φ700）特细砂	10 套	0.3	7 605.57	2 281.67	335.88	297.92	100.76	89.38	7 155.28	2 146.58			114.41	34.32	
DJ0005 换	现浇构件钢筋 高强钢筋（屈服强度≥400）φ12～14	t	3.785	5 549.40	21 004.48	827.58	734.06	3 132.39	2 778.42	4 304.52	16 292.61	96.76	366.24	320.54	1 213.24	
DJ0006 换	现浇构件钢筋 高强钢筋（屈服强度≥400）φ16	t	0.407	5 792.79	2 357.67	774.87	687.31	315.37	279.74	4 436.06	1 805.48	227.18	92.46	354.68	144.35	
DJ0006 换	现浇构件钢筋 高强钢筋（屈服强度≥400）φ>16	t	0.338	5 792.79	1 957.96	774.87	687.31	261.91	232.31	4 436.06	1 499.39	227.18	76.79	354.68	119.88	
DJ0013 换	预制构件钢筋 圆钢 φ≤10	t	0.69	6 193.52	4 273.53	1 297.27	1 150.67	895.12	793.96	4 280.06	2 953.24	124.55	85.94	491.64	339.23	
DF0208	刚性防水　直池壁 1 ：2 防水砂浆（特细砂）	100 m^2	0.67	3 679.73	2 465.42	1 305.52	1 157.99	874.70	775.85	1 912.54	1 281.40	12.13	8.13	449.54	301.19	
DE1156	刚性套管安装 公称直径（mm）≤300	个	2	292.13	584.26	118.93	105.49	237.86	210.98	132.69	265.38			40.51	81.02	

续表

定额编号	项目名称	单位	工程量	单价/元	合价/元	其中：人工费/元				其中：材料费/元		其中：机械费/元		其中：综合费/元		备注
						人工费单价	定额人工单价	人工费合价	定额人工费合价	单价	合价	单价	合价	单价	合计	
DF0411	布气管　塑料管 DN100	10 m	1.5	252.79	379.19	154.54	137.08	231.81	205.62	45.61	68.42			52.64	78.96	
DF0252	渗漏试验　井（容量 m^3）≤500	100 m^3	0.75	757.70	568.28	378.59	335.81	283.94	251.86	236.11	177.08	10.03	7.52	132.97	99.73	
AA0012 换	挖掘机挖一般淤泥流砂［单价 × 1.3，管理费 × 1.3，利润 × 1.3］	100 m^3	7.88	2 076.91	16 366.05	697.16	618.38	5 493.62	4 872.83			1 141.33	8 993.68	238.42	1 878.75	
DA0162	机械装运土 全程运距≤15 km 运距≤1 000 m	1 000 m^3	0.788	7 586.68	5 978.30	1 468.13	1 302.23	1 156.89	1 026.16	23.11	18.21	4 888.88	3 852.44	1 206.56	950.77	
	总价措施项目清单															
①	环境保护费	1.1%	（分部分项工程量清单总价措施取费基数＋单价措施项目清单总价措施取费基数）× 费率	6 003.12	6 003.12											

续表

定额编号	项目名称	单位	工程量	单价/元	合价/元	其中：人工费/元				其中：材料费/元		其中：机械费/元		其中：综合费/元		备注
						人工费单价	定额人工单价	人工费合价	定额人工费合价	单价	合价	单价	合价	单价	合计	
②	文明施工费	3.3%	（分部分项工程量清单总价措施取费基数＋单价措施项目清单总价措施取费基数）×费率	18 009.36	18 009.36											
③	安全施工费	4.2%	（分部分项工程量清单总价措施取费基数＋单价措施项目清单总价措施取费基数）×费率	22 921.01	22 921.01											

续表

定额编号	项目名称	单位	工程量	单价/元	合价/元	其中：人工费/元				其中：材料费/元		其中：机械费/元		其中：综合费/元		备注
						人工费单价	定额人工单价	人工费合价	定额人工费合价	单价	合价	单价	合价	单价	合计	
④	临时设施费	5.6%	（分部分项工程量清单总价措施取费基数＋单价措施项目清单总价措施取费基数）× 费率	30 561.34	30 561.34											
⑤	夜间施工费	0.48%	（分部分项工程量清单总价措施取费基数＋单价措施项目清单总价措施取费基数）× 费率	2 619.54	2 619.54											

续表

定额编号	项目名称	单位	工程量	单价/元	合价/元	其中：人工费/元				其中：材料费/元		其中：机械费/元		其中：综合费/元		备注
						人工费单价	定额人工单价	人工费合价	定额人工费合价	单价	合价	单价	合价	单价	合计	
①	二次搬运费	0.23%	（分部分项工程量清单总价措施取费基数＋单价措施项目清单总价措施取费基数）×费率	1 255.20	1 255.20											
①	冬雨季施工	0.36%	（分部分项工程量清单总价措施取费基数＋单价措施项目清单总价措施取费基数）×费率	1 964.66	1 964.66											

续表

定额编号	项目名称	单位	工程量	单价/元	合价/元	其中：人工费/元				其中：材料费/元		其中：机械费/元		其中：综合费/元		备注
						人工费单价	定额人工单价	人工费合价	定额人工费合价	单价	合价	单价	合价	单价	合计	
①	工程定位复测	0.09%	（分部分项工程量清单总价措施取费基数＋单价措施项目清单总价措施取费基数）×费率	491.16	491.16											
	分部小计				83 825.39											
	单价措施项目清单															
	脚手架工程															
DL0006	满堂脚手架 高度≤5 m	100 m^2	0.162	1 472.09	238.48	929.79	824.72	150.63	133.60	224.77	36.41	119.06	19.29	198.47	32.15	
DL0004	双排脚手架 高度≤4 m	100 m^2	2.993	1 283.09	3 840.29	586.37	520.11	1 755.01	1 556.69	530.63	1 588.18	45.79	137.05	120.30	360.06	
	分部小计				4 078.77			1 905.64	1 690.29		1 624.59		156.34		392.21	
	混凝土模板及支架															
DL0209	现浇混凝土路面 设计厚度（cm）20 木模	100 m^2	0.12	333.67	40.04	206.55	183.21	24.79	21.99	86.76	10.41	0.53	0.06	39.83	4.78	
DL0009	垫层 复合模板	10 m^2	1.903	379.35	721.90	208.35	184.81	396.49	351.69	127.34	242.33	2.95	5.61	40.71	77.47	

续表

定额编号	项目名称	单位	工程量	单价 / 元	合价 / 元	其中：人工费 / 元				其中：材料费 / 元		其中：机械费 / 元		其中：综合费 / 元		备注
						人工费单价	定额人工单价	人工费合价	定额人工费合价	单价	合价	单价	合价	单价	合计	
DL0152	排水　现浇钢筋混凝土窨井　井底　复合模板	10 m^2	0.471	449.27	211.61	225.34	199.88	106.14	94.14	175.65	82.73	4.19	1.97	44.09	20.77	
DL0156	排水　现浇钢筋混凝土窨井　圆形井壁　复合模板	10 m^2	51.322	629.02	32 282.56	398.67	353.62	20 460.54	18 148.49	142.00	7 287.72	9.84	505.01	78.51	4 029.29	
DL0158	排水　现浇钢筋混凝土窨井　井顶　复合模板	10 m^2	1.521	601.65	915.11	368.61	326.96	560.66	497.31	145.81	221.78	13.77	20.94	73.46	111.73	
DL0125	平池底　复合模板	10 m^2	0.888	550.09	488.48	265.30	235.32	235.59	208.96	222.43	197.52	9.55	8.48	52.81	46.90	
DL0128	池壁　直、矩形复合模板	10 m^2	3.227	515.54	1 663.65	281.66	249.83	908.92	806.20	173.17	558.82	5.54	17.88	55.17	178.03	
DL0137	无梁池盖　复合模板	10 m^2	2.142	664.91	1 424.24	394.48	349.90	844.98	749.49	180.10	385.77	12.20	26.13	78.13	167.35	
	分部小计				37 747.59			23 538.11	20 878.27		8 987.08		586.08		4 636.32	
	大型机械设备进出场及安拆															
AS0202	大型机械设备进场费　履带式挖掘机（斗容量）≤ 1 m^3	台次	2	3 951.38	7 902.76	1 436.45	1 274.13	2 872.90	2 548.26	152.86	305.72	1 857.53	3 715.06	504.54	1 009.08	
	分部小计				7 902.76			2 872.90	2 548.26		305.72		3 715.06		1 009.08	
	分部小计				49 729.12			28 316.65	25 116.82		10 917.39		4 457.48		6 037.61	

第十二章　工程造价实训（招标控制价部分）

第一节　招标控制价

工程预算是对工程项目在未来一定时期内收入、支出情况所做的计划，是根据已通过施工图设计文件审查和网上审批备案的施工图、施工组织设计、已有的工程预算定额、工程量计算的规则、施工材料与设备的预算单价和各类取费标准等，估计并测算得出的工程项目建设总费用、各环节费用和分类费用形成的经济文件。

工程预算可以为签订承发包合同、编制标底、工程价款结算、编制施工计划和投标文件等提供依据，在确定工程造价、考核工程成本时可作为重要参考。

目前，根据施工图做出的预算造价将送到业主单位、投资管理部门或政府财评中心进行评价，评价合格的预算造价可以作为进一步开展工程招投标的依据，可以作为招标控制价。

因此，本章的控制价编制和预算造价在内容上较为相同，但所处的阶段不同、作用不同、评价单位也不同。

招标控制价即招标工程的最高投标限价，是招标人根据国家或省级、行业建设主管部门颁发的有关计价依据和办法，以及拟定的招标文件和招标工程量清单，结合工程具体情况编制的招标工程的最高投标限价。国有资金投资的工程建设项目应实行工程量清单招标，并应编制招标控制价。

第二节　招标控制价编制

招标控制价编制原则：①我国对国有资金投资项目实行的是投资概算审批制度，国有资金投资的工程原则上不能超过批准的投资概算。因此，在工程招标发包时，当编制的招标控制价超过批准的概算，招标人应当将其报原概算审批部门重新审核。②《中华人民共和国招标投标法实施条例》第二十七条规定：招标人可以自行决定是否编制标底。一个招标项目只能有一个标底。标底必须保密。接受委托编制标底的中介机构不得参加受托编制标底项目的投标，也不得为该项目的投标人编制投标文件或者提供咨询。招标人设有最高投标限价的，应当在招标文件中明确最高投标限价或者最高投标限价的计算方法。招标人不得规定最低投标限价。③国有资金投资的工程，招标人编制并公布的招标控制价相当于招标人的采购预算，同时其不能超过批准的概算，因此，招标控制价是招标人在工程招标时能接受投标人报价的最高限价。国有资金中的财政性资金投资的工程在招标时还应符合《中华人民共和国政府采购法》相关条款的规定。所有国有资金投资的工程，投标人的投标报价不能高于招标控制价，否则其投标将被拒绝。

招标控制价编制依据：①《建设工程工程量清单计价规范》。②国家或省级、行业建设主管部门颁发的计价定额和计价办法。③建设工程设计文件及相关资料。④招标文件中的工程量清单及有关要求。⑤与建设项目相关的标准、规范、技术资料。⑥工程造价管理机构发布的工程造价信息；工程造价信息没有发布的参照市场价。⑦其他相关资料。主要指施工现场情况、工程特点及常规施工方案等。

按上述依据进行招标控制价编制，应注意以下事项：使用的计价标准、政策应是国家或省级、行业建设主管部门颁布的计价定额和相关政策规定；采用的材料价格应是工程造价管理机构通过工程造价信息发布的材料单价，工程造价信息未发布材料单价的材料，其材料价格应通过市场调查确定；国家或省级、行业建设主管部门对工程造价计价中费用或费用标准有规定的，应按规定执行。

招标控制价编制成果包括造价封面、控制价扉页、控制价说明、建设项目招标控制价汇总表、单项工程招标控制价汇总表、单位工程招标控制价汇总表、分部分项工程量清单与计价表、单价措施项目清单与计价表、综合单价分析表、总价措施项目清单计价表、其他项目清单与计价汇总表、暂列金额明细表和规费及税金项目计价表。B 地的工程内容与 A 地区的较为相似，控制价计算中不再列举 B 地区的控制价造价部分。

一、造价封面

某地农村污水治理建设项目 工程

招标控制价

招　标　人：________________________

（单位盖章）

造价咨询人：________________________

（单位盖章）

封 -2

二、控制价扉页

某地农村污水治理建设项目　　工程

招标控制价

招标控制价（小写）：7 565 889.14 元
（单位盖章）
（大写）：柒佰伍拾陆万伍仟捌佰捌拾玖元壹角肆分

招标人：
（单位盖章）

造价咨询人：
（单位资质专用章）

法定代表人或其授权人：
（签字或盖章）

法定代表人或其授权人：
（签字或盖章）

编制人：
（造价人员签字盖专用章）

复核人：
（造价工程师签字盖专用章）

编制时间：　　　　复核时间：

扉 -2

三、控制价说明

总说明

工程名：某地农村污水治理建设项目　　　　第 1 页　共 2 页

1. 工程概况

项目名称：某地农村污水治理建设项目

工程特征：本工程通过三格式化粪池由三个互相串联的池体组成，经过密闭环境下粪污沉降、厌氧消化等过程，去除和杀灭寄生虫卵等病原体，控制蚊蝇滋生的粪污无害化处理与贮存设施和设备，最终达到验收标准。

计划工期：

施工现场实际情况：以现场踏勘情况为准。

自然地理条件：详见施工图设计。

环境保护要求：满足当地政府及相关文件规定对安全文明施工的要求。

工程名：某地农村污水治理建设项目　　第 2 页　共 2 页

2. 工程招标和专业工程发包范围

施工图设计及工程量清单所含全部工作内容。

3. 工程量清单编制依据

①根据设计的相关工程图纸、文字说明，来往工作函件进行编制。

②建设部颁发的《建设工程工程量清单计价规范》（GB 50500—2013）。

③四川省建设厅 2020 年颁发的《四川省建筑工程工程量清单计价定额》及其配套文件。

④材料价格按当地前一季度材料信息价调整。

4. 工程质量、材料、施工等的特殊要求

①工程质量要求合格标准，符合现行施工及验收规范。

②三格式化粪池及配套管件要求为合格产品，必须达到国家现行规范要求并持有有关检测部门颁发的《产品合格证书》。

③现浇砼要求使用商品混凝土。

5. 其他需要说明的问题

①分部分项工程量清单中对每一个项目的项目特征及具体做法只做重点描述，详细描述见施工图设计、技术说明及相应的标准图集。

四、建设项目招标控制价汇总表

建设项目招标控制价汇总表

工程名称：某地农村污水治理建设项目 \A 地区

序号	单项工程名称	金额 / 元	其中：/ 元		
			暂估价	安全文明施工费	规费
①	A 地区	3 819 669.85		86 878.99	38 880.00
②	B 地区	3 746 219.29	322 050.00	93 653.55	43 265.93
合　计		7 565 889.14	322 050.00	180 532.54	82 145.93

注：本表适用于建设项目招标控制价或投标报价的汇总。

五、单项工程招标控制价汇总表

单项工程招标控制价汇总表

工程名称：某地农村污水治理建设项目 \A 地区

序号	单位工程名称	金额 / 元	其中：/ 元		
			暂估价	安全文明施工费	规费
1	市政工程	3 819 669.85		86 878.99	38 880.00
合　计		3 819 669.85		86 878.99	38 880.00

注：本表适用于单项工程招标控制价或投报价的汇总。暂估价包括分部分项工程中的暂估价和专业工程暂估价。

单项工程招标控制价汇总表

工程名称：某地农村污水治理建设项目 \B 地区

序号	单位工程名称	金额 / 元	其中：/ 元		
			暂估价	安全文明施工费	规费
1	市政工程	3 746 219.29	322 050.00	93 653.55	43 265.93
合 计		3 746 219.29	322 050.00	93 653.55	43 265.93

注：本表适用于单项工程招标控制价或投报价的汇总。暂估价包括分部分项工程中的暂估价和专业工程暂估价。

六、单位工程招标控制价汇总表

单位工程招标控制价汇总表

工程名称：某地农村污水治理建设项目 \A 地区【市政工程】　　　　　　标段：

序号	汇总内容	金额 / 元	其中：暂估价 / 元
1	分部分项及单价措施项目	3 262 366.89	—
2	总价措施项目	93 976.14	—
2.1	其中：安全文明施工费	86 878.99	—
3	其他项目	100 690.29	—
3.1	其中：暂列金额	100 690.29	—
3.2	其中：专业工程暂估价		—
3.3	其中：计日工		—
3.4	其中：总承包服务费		—
4	规费	38 880.00	—
5	创优质工程奖补偿奖励费		—
6	税前不含税工程造价	3 495 913.32	—
6.1	其中：除税甲供材料（设备）费		—
7	销项增值税税额	314 632.20	—
8	附加税	9 124.33	—
招标控制价 / 投标报价总价合计 = 税前不含税工程造价 + 销项增值税税额 + 附加税		3 819 669.85	—

注：本表适用于单位工程招标控制价或投标报价汇总，如无单位工程划分，单项工程也使用本表汇总。

七、分部分项工程量清单与计价表

分部分项工程量清单与计价表

工程名称：某地农村污水治理建设项目 \A 地区【市政工程】　　　　标段：

序号	项目编码	项目名称	项目特征描述	计量单位	工程量	金额 / 元		
						综合单价	合价	其中：暂估价
1	040501004002	排污管道 DN300 PE-HM 加筋带孔波纹管环刚度≥8 kN/m^2	1. 管道材质及规格：污水管道 DN300 PE-HM 加筋带孔波纹管 2. 连接形式：承插接口环刚度≥8 kN/m^2 3. 铺设深度：满足设计及图纸要求 4. 管道检验及试验要求：满足设计及规范要求 5. 含施工措施费	m	2 950	313.89	925 975.50	
2	040501004002	污水管 DN200 PE-HM 加筋带孔波纹管环刚度≥8 kN/m^2	1. 材质及规格：污水管 DN200 PE-HM 加筋带孔波纹管环刚度≥8 kN/m^2 2. 连接形式：粘接 3. 铺设深度：详设计 4. 管道检验及试验要求：对污水管道必须进行闭水试验，且应合格 5. 其他：满足施工图设计要求及施工验收规范要求	m	1 500	178.89	268 335.00	
3	040501004002	UPVC 出户管 DN150	1. 材质及规格：UPVC 出户管 DN150 2. 连接形式：粘接 3. 铺设深度：详设计 4. 管道检验及试验要求：对污水管道必须进行闭水试验，且应合格 5. 其他：满足施工图设计要求及施工验收规范要求	m	2 500	41.08	102 700.00	

续表

序号	项目编码	项目名称	项目特征描述	计量单位	工程量	金额/元		
						综合单价	合价	其中：暂估价
4	040504002124	污水检查井 φ1 000	1. 名称：现浇混凝土污水检查井 φ1 000 2. 井深、尺寸、做法：平均深度 2.17 m，做法详见图集 20S515 页 30 3. 垫层厚度、强度：100 mm 厚 C15 砼 4. 井混凝土强度等级：C30 S6 5. 井盖、井座：详设计 6. 钢筋：详见设计及图集要求，价格包含钢筋运距 7. 爬梯：塑钢爬梯 8. 含安全网 9. 其他：满足设计及现行技术、质量验收规范要求	座	72	4 395.06	316 444.32	
5	040504002124	沉泥井 φ1 000	1. 名称：现浇混凝土沉泥井 φ1 000 2. 井深、尺寸、做法：平均深度 2.3 m，做法详见图集 20S515 页 313 3. 垫层厚度、强度：100 mm 厚 C15 砼 4. 井混凝土强度等级：C30 S6 5. 井盖、井座：详设计 6. 钢筋：详见设计及图集要求 7. 爬梯：塑钢爬梯 8. 含安全网 9. 其他：满足设计及现行技术、质量验收规范要求	座	33	4 658.88	153 743.04	

续表

序号	项目编码	项目名称	项目特征描述	计量单位	工程量	金额/元		
						综合单价	合价	其中：暂估价
6	0403030161295	井圈加固	1. 加固尺寸及混凝土等级：厚 250 mm，C30 2. 配筋详设计 3. 用于车行道检查井加固 4. 未尽事宜满足设计及现行技术、质量、施工验收规范要求	m^3	55.44	1 049.18	58 166.54	
7	040101002005	管道挖沟槽土方	1. 挖土石类别：各种类别的土方或石方等综合考虑 2. 挖土深度：综合考虑 3. 开挖方式：综合考虑 4. 其他：满足设计及规范要求	m^3	13 500	8.77	118 395.00	
8	040103001007	回填方	1. 密实度要求：符合施工图纸及规范要求； 2. 填方材料品种：根据设计要求验方后方可填入，并符合相关工程的质量规范要求； 3. 填方粒径要求：综合考虑； 4. 填方来源、运距：根据现场实际情况综合考虑； 5. 最终按实际回填高度计算	m^3	13 020.33	7.56	98 433.69	
9	040103002008	余方弃置	1. 废弃料品种：不合格土、不能利用的土 2. 场外运距：综合考虑，堆场费综合考虑	m^3	479.67	60.60	29 068.00	
10	0104040011294	管道碎石垫层	垫层材料种类：碎石粒径为 5～40 mm	m^3	1 112	143.07	159 093.84	

续表

序号	项目编码	项目名称	项目特征描述	计量单位	工程量	金额/元		
						综合单价	合价	其中：暂估价
11	041001001013	拆除混凝土道路	1. 材质：原混凝土路面 2. 厚度：20 cm 3. 人工拆除 4. 建渣弃置运距及场地：由投标人自行考虑 5. 其余做法符合设计及相关验收规范要求	m^2	3 009	27.08	81 483.72	
12	040202001014	路床（槽）整型	部位：整个恢复路段	m^2	3009	1.94	5 837.46	
13	040202009015	恢复天然砂砾石垫层 厚 20 cm	1. 石料规格：详设计 2. 厚度：20 cm	m^2	3009	32.48	97 732.32	
14	040202015016	20 cm 水泥（5%）稳定碎石基层	1. 厚度：20 cm 2. 水泥含量：5% 3. 石料规格：满足设计和施工验收规范要求 4. 场内外运输：投标人自行确定 5. 做法：满足设计及施工验收规范要求	m^2	3009	61.08	183 789.72	
15	040203007017	C30 混凝土面层	1. 混凝土强度等级：商品混凝土 C30 2. 厚度：20 cm	m^2	3009	140.43	422 553.87	
合　　计							3 021 752.02	

注：为计取规费等的使用，可在表中增设“其中：定额人工费”。

八、单价措施项目清单与计价表

单价措施项目清单与计价表

工程名称：某地农村污水治理建设项目\A地区【市政工程】　　　　　　　　　　标段：

序号	项目编码	项目名称	项目特征描述	计量单位	工程量	金额/元		
						综合单价	合价	其中：暂估价
		脚手架工程						
1	041101002001	检查井脚手架	1. 柱高 2. 柱结构外围周长	m^2	1 058.91	12.90	13 659.94	
		小计					13 659.94	
		混凝土模板及支架						
2	041102003001	道路模板	构件类型	m^2	3009	3.34	10 050.06	
3	041102001001	垫层模板	构件类型	m^2	55.97	37.94	2 123.50	
4	041102037001	井底板模板	构件类型	m^2	1 815.48	44.93	81 569.52	
5	041102037001	井壁模板	构件类型	m^2	1 815.48	62.90	114 193.69	
6	041102037001	井顶板模板	构件类型	m^2	53.24	60.17	3 203.45	
7	041102003	井圈加固模板	构件类型	m^2	66.71	59.37	3 960.57	
		小计					215 100.79	
		大型机械设备进出场及安拆						
8	041106001001	大型机械设备进出场及安拆	1. 机械设备名称 2. 机械设备规格型号	台次	3	3 951.38	11 854.14	
		小计					11 854.14	
合　计							240 614.87	

注：为计取规费等的使用，可在表中增设“其中：定额人工费”。

九、综合单价分析表

综合单价分析表

工程名称：某地农村污水治理建设项目 \A 地区【市政工程】　　　　标段：

项目编码		(1) 040501004002		项目名称		排污管道 DN300 PE-HM 加筋带孔波纹管环刚度≥8 kN/m²		计量单位	m	工程量	2 950
清单综合单价组成明细											
定额编号	定额项目名称	定额单位	数量	单价				合价			
				人工费	材料费	机械费	管理费和利润	人工费	材料费	机械费	管理费和利润
DE0375 换	塑料排水管道安装（承插接口）双壁波纹管（管径 mm）315	100 m	0.01	751.67	30 380.84		256.04	7.52	303.81		2.56
人工单价		小　计						7.52	303.81		2.56
元 / 工日		未计价材料费									
清单项目综合单价								313.89			
材料费明细	主要材料名称、规格、型号					单位	数量	单价 / 元	合价 / 元	暂估单价 / 元	暂估合价 / 元
	排污管道 DN300 PE-HM 加筋带孔波纹管环刚度≥8 kN/m²					m	1.01	300.35	303.35		
	其他材料费							—	0.46	—	
	材料费小计							—	303.81	—	

续表

项目编码		（2）040501004002		项目名称		污水管 DN200 PE-HM 加筋带孔波纹管环刚度≥8 kN/m^2		计量单位	m	工程量	1 500
清单综合单价组成明细											
定额编号	定额项目名称	定额单位	数量	单价				合价			
				人工费	材料费	机械费	管理费和利润	人工费	材料费	机械费	管理费和利润
DE0359 换	塑料排水管道安装（对接）PVC-U 排水管（管径 mm）300	100 m	0.01	473.55	17 254.47		161.31	4.74	172.54		1.61
人工单价		小　计						4.74	172.54		1.61
元 / 工日		未计价材料费									
清单项目综合单价								178.89			
材料费明细	主要材料名称、规格、型号					单位	数量	单价 / 元	合价 / 元	暂估单价 / 元	暂估合价 / 元
	污水管 DN200 PPE-HM 加筋带孔波纹管环刚度≥8 kN/m^2					m	1.01	170.66	172.37		
	其他材料费							—	0.17	—	
	材料费小计							—	172.54	—	

续表

项目编码		(3) 040501004002		项目名称		UPVC 出户管 DN150		计量单位	m	工程量	2 500
清单综合单价组成明细											
定额编号	定额项目名称	定额单位	数量	单价				合价			
				人工费	材料费	机械费	管理费和利润	人工费	材料费	机械费	管理费和利润
DE0359 换	塑料排水管道安装（对接）PVC-U 排水管（管径 mm）300	100 m	0.01	473.55	3 473.02		161.31	4.74	34.73		1.61
人工单价		小　计						4.74	34.73		1.61
元 / 工日		未计价材料费									
清单项目综合单价								41.08			
材料费明细	主要材料名称、规格、型号					单位	数量	单价 / 元	合价 / 元	暂估单价 / 元	暂估合价 / 元
	UPVC 出户管 DN150					m	1.01	34.21	34.55		
	其他材料费							—	0.18	—	
	材料费小计							—	34.73	—	

续表

项目编码		（4） 040504002124		项目名称		污水检查井 φ1 000		计量单位	座	工程量	72
清单综合单价组成明细											
定额编号	定额项目名称	定额单位	数量	单价				合价			
				人工费	材料费	机械费	管理费和利润	人工费	材料费	机械费	管理费和利润
DE1200	非定型井垫层现浇混凝土（C15）商品混凝土	10 m^3	0.023	335.47	5 736.82	2.24	115.17	7.72	131.95	0.05	2.65
DE1249 换	井底现浇混凝土（C20）商品混凝土	10 m^3	0.04	433.00	6 496.54	2.91	148.66	17.32	259.86	0.12	5.95
DE1251 换	井壁现浇混凝土（C20）商品混凝土	10 m^3	0.158	570.53	6 498.68	2.91	195.50	90.14	1 026.79	0.46	30.89
DE1253 换	井顶现浇混凝土（C20）商品混凝土	10 m^3	0.011	542.57	6 500.82	2.91	185.97	5.97	71.51	0.03	2.05
DE1240 换	非定型井金属配件制作铸铁踏步	10 个	0.1		41.50				4.15		
DE1242 换	非定型井金属配件安装铸铁井盖井座（φ700）特细砂	10 套	0.1	335.88	4 649.02		114.41	33.59	464.90		11.44
DE1279	预制混凝土井筒安装 φ800 特细砂	10 m	0.05	380.33	8 499.84	182.47	193.79	19.02	424.99	9.12	9.69
DJ0005 换	现浇构件钢筋高强钢筋（屈服强度≥400）φ12～16	t	0.26	827.58	4 304.52	96.76	320.54	215.17	1 119.18	25.16	83.34
DF0134 换	砖导流墙 M10 特细砂［M10（YC0016）换 M7.5（YC0015）］	10 m^3	0.016	1 641.98	3 762.46	7.78	562.41	26.27	60.20	0.12	9.00

续表

DF0211	刚性防水圆池壁 1∶2 防水砂浆（特细砂）	100 m^2	0.016	1 513.17	1 958.67	12.82	520.55	24.21	31.34	0.21	8.33
DF0201 换	尼龙网板制作、安装	10 m^2	0.078 5	1 252.15	353.92	23.93	436.07	98.29	27.78	1.88	34.23
人工单价		小　计						537.70	3 622.65	37.15	197.57
元 / 工日		未计价材料费									
清单项目综合单价								4 395.06			
材料费明细	主要材料名称、规格、型号					单位	数量	单价 / 元	合价 / 元	暂估单价 / 元	暂估合价 / 元
	商品混凝土 C15					m^3	0.232 3	566.89	131.69		
	水					m^3	1.136	2.14	2.43		
	商品混凝土 C30 S6					m^3	2.100 45	645.16	1 355.13		
	塑钢踏步					个	1	4.15	4.15		
	铸铁井盖井座 φ700					套	1	450.00	450.00		
	水泥砂浆（特细砂）1∶2					m^3	0.028	522.28	14.62		
	水泥 32.5					kg	[66.803]	0.683	(45.63)		
	特细砂					m^3	[0.1154]	105.12	(12.13)		
	预制混凝土井筒 φ800					m	0.5	780.00	390.00		
	遇水膨胀止水带 30×20					m	1.585 5	16.60	26.32		
	水泥砂浆（特细砂）1∶2.5					m^3	0.003	486.03	1.46		
	HRB400 直径 φ12～φ14					t	0.276 9	3 985.66	1 103.63		
	焊条（高强钢筋用）					kg	2.246	5.40	12.13		
	镀锌铁丝 22#					kg	0.775	4.00	3.10		

续表

<table>
<tr><td rowspan="12">材料费明细</td><td colspan="5">标准砖</td><td>千匹</td><td>0.087 2</td><td>551.54</td><td>48.09</td><td></td><td></td></tr>
<tr><td colspan="5">水泥砂浆（特细砂）M10</td><td>m^3</td><td>0.037 12</td><td>323.48</td><td>12.01</td><td></td><td></td></tr>
<tr><td colspan="5">水泥防水砂浆（特细砂）1∶2</td><td>m^3</td><td>0.035 52</td><td>558.68</td><td>19.84</td><td></td><td></td></tr>
<tr><td colspan="5">水泥浆</td><td>m^3</td><td>0.010 72</td><td>1 036.11</td><td>11.11</td><td></td><td></td></tr>
<tr><td colspan="5">防水粉（液）</td><td>kg</td><td>[0.995]</td><td>1.30</td><td>（1.29）</td><td></td><td></td></tr>
<tr><td colspan="5">安全网</td><td>个</td><td>1</td><td>5.00</td><td>5.00</td><td></td><td></td></tr>
<tr><td colspan="5">钢板 δ4 mm</td><td>kg</td><td>2.185</td><td>4.434</td><td>9.69</td><td></td><td></td></tr>
<tr><td colspan="5">铁件</td><td>kg</td><td>2.179</td><td>4.60</td><td>10.02</td><td></td><td></td></tr>
<tr><td colspan="5">带帽带垫螺栓 M10×150</td><td>百个</td><td>0.022</td><td>58.00</td><td>1.28</td><td></td><td></td></tr>
<tr><td colspan="5">电焊条综合</td><td>kg</td><td>0.138</td><td>4.15</td><td>0.57</td><td></td><td></td></tr>
<tr><td colspan="7">其他材料费</td><td>—</td><td>10.38</td><td>—</td><td></td></tr>
<tr><td colspan="7">材料费小计</td><td>—</td><td>3 622.65</td><td>—</td><td></td></tr>
<tr><td colspan="2">项目编码</td><td colspan="2">（5）
040504002124</td><td colspan="2">项目名称</td><td colspan="2">沉泥井 φ1 000</td><td>计量单位</td><td>座</td><td>工程量</td><td>33</td></tr>
<tr><td colspan="12">清单综合单价组成明细</td></tr>
<tr><td rowspan="2">定额编号</td><td rowspan="2">定额项目名称</td><td rowspan="2">定额单位</td><td rowspan="2">数量</td><td colspan="4">单价</td><td colspan="4">合价</td></tr>
<tr><td>人工费</td><td>材料费</td><td>机械费</td><td>管理费和利润</td><td>人工费</td><td>材料费</td><td>机械费</td><td>管理费和利润</td></tr>
<tr><td>DE1200</td><td>非定型井垫层现浇混凝土（C15）商品混凝土</td><td>10 m^3</td><td>0.023</td><td>335.47</td><td>5 736.82</td><td>2.24</td><td>115.17</td><td>7.72</td><td>131.95</td><td>0.05</td><td>2.65</td></tr>
<tr><td>DE1249 换</td><td>井底现浇混凝土（C20）商品混凝土</td><td>10 m^3</td><td>0.04</td><td>433.00</td><td>6 496.54</td><td>2.91</td><td>148.66</td><td>17.32</td><td>259.86</td><td>0.12</td><td>5.95</td></tr>
</table>

续表

定额编号	定额项目名称	定额单位	数量	单价				合价			
				人工费	材料费	机械费	管理费和利润	人工费	材料费	机械费	管理费和利润
DE1251 换	井壁现浇混凝土（C20）商品混凝土	10 m^3	0.201	570.53	6 498.68	2.91	195.50	114.68	1 306.23	0.58	39.30
DE1253 换	井顶现浇混凝土（C20）商品混凝土	10 m^3	0.011	542.57	6 500.82	2.91	185.97	5.97	71.51	0.03	2.05
DE1240 换	非定型井金属配件制作铸铁踏步	10 个	0.1		41.50				4.15		
DE1242 换	非定型井金属配件安装铸铁井盖井座（φ700）特细砂	10 套	0.1	335.88	4 649.02		114.41	33.59	464.90		11.44
DE1279	预制混凝土井筒安装 φ800 特细砂	10 m	0.05	380.33	8 499.84	182.47	193.79	19.02	424.99	9.12	9.69
DJ0005 换	现浇构件钢筋高强钢筋（屈服强度≥400）φ12～16	t	0.28	827.58	4 304.52	96.76	320.54	231.72	1205.27	27.09	89.75
DF0201 换	尼龙网板制作、安装	10 m^2	0.078 5	1252.15	353.92	23.93	436.07	98.29	27.78	1.88	34.23
人工单价		小　计						528.31	3 896.64	38.87	195.06
元 / 工日		未计价材料费									
清单项目综合单价								4 658.88			
材料费明细	主要材料名称、规格、型号					单位	数量	单价 / 元	合价 / 元	暂估单价 / 元	暂估合价 / 元
	商品混凝土 C15					m^3	0.232 3	566.89	131.69		
	水					m^3	1.199	2.14	2.57		
	商品混凝土 C30 S6					m^3	2.532 6	645.16	1 633.93		
	塑钢踏步					个	1	4.15	4.15		
	铸铁井盖井座 φ700					套	1	450.00	450.00		
	水泥砂浆（特细砂）1∶2					m^3	0.028	522.28	14.62		

续表

	主要材料名称、规格、型号	单位	数量	单价 / 元	合价 / 元	暂估单价 / 元	暂估合价 / 元	
材料费明细	水泥 32.5		kg	[18.39]	0.683	（12.56）		
	特细砂		m^3	[0.033 6]	105.12	（3.53）		
	预制混凝土井筒 φ800		m	0.5	780.00	390.00		
	遇水膨胀止水带 30×20		m	1.585 5	16.60	26.32		
	水泥砂浆（特细砂）1：2.5		m^3	0.003	486.03	1.46		
	HRB400 直径 φ12～14		t	0.298 2	3 985.66	1 188.52		
	焊条（高强钢筋用）		kg	2.419	5.40	13.06		
	镀锌铁丝 22#		kg	0.834	4.00	3.34		
	安全网		个	1	5.00	5.00		
	钢板 δ4 mm		kg	2.186	4.434	9.69		
	铁件		kg	2.18	4.60	10.03		
	带帽带垫螺栓 M10×150		百个	0.022	58.00	1.28		
	电焊条 综合		kg	0.138	4.15	0.57		
	其他材料费				—	10.41	—	
	材料费小计				—	3 896.64	—	

续表

项目编码		（6）0403030161295		项目名称		井圈加固		计量单位	m^3	工程量	55.44
清单综合单价组成明细											
定额编号	定额项目名称	定额单位	数量	单价				合价			
				人工费	材料费	机械费	管理费和利润	人工费	材料费	机械费	管理费和利润
DC0070 换	压顶商品混凝土	10 m^3	0.1	656.20	6 391.59	4.19	337.79	65.62	639.16	0.42	33.78
DJ0001 换	现浇构件钢筋直径（mm）φ≤10	t	0.014 058	1 260.84	4 596.29	31.45	442.03	17.73	64.62	0.44	6.21
DJ0002 换	现浇构件钢筋直径（mm）φ12～16	t	0.038 27	824.49	4 539.35	96.76	319.49	31.55	173.72	3.70	12.23
人工单价		小　计						114.90	877.50	4.56	52.22
元 / 工日		未计价材料费									
清单项目综合单价								1 049.18			
材料费明细	主要材料名称、规格、型号					单位	数量	单价 / 元	合价 / 元	暂估单价 / 元	暂估合价 / 元
	商品混凝土 C30					m^3	1.005	625.16	628.29		
	水					m^3	0.505	2.14	1.08		
	钢筋 φ8					t	0.015	4 262.29	63.93		
	镀锌铁丝 22#					kg	0.239	4.00	0.96		
	钢筋 φ12					t	0.040 764	4 217.19	171.91		
	焊条 综合					kg	0.331	4.15	1.37		
	其他材料费							—	9.96	—	
	材料费小计							—	877.50	—	

续表

项目编码		（7）040101002005		项目名称		管道挖沟槽土方		计量单位	m³	工程量	13 500
清单综合单价组成明细											
定额编号	定额项目名称	定额单位	数量	单价				合价			
				人工费	材料费	机械费	管理费和利润	人工费	材料费	机械费	管理费和利润
DA0019	机械挖沟槽、基坑土方	1 000 m³	0.001	1 783.26		5 567.04	1 418.72	1.78		5.57	1.42
人工单价		小　计						1.78		5.57	1.42
元 / 工日		未计价材料费									
清单项目综合单价								8.77			
材料费明细	主要材料名称、规格、型号					单位	数量	单价 / 元	合价 / 元	暂估单价 / 元	暂估合价 / 元
	其他材料费							—		—	
	材料费小计							—		—	
项目编码		（8）040103001007		项目名称		回填方		计量单位	m³	工程量	13 020.33
清单综合单价组成明细											
定额编号	定额项目名称	定额单位	数量	单价				合价			
				人工费	材料费	机械费	管理费和利润	人工费	材料费	机械费	管理费和利润
DA0137	机械回填碾压土	1 000 m³	0.001	1 440.14	10.70	4 920.60	1 185.42	1.44	0.01	4.92	1.19
人工单价		小　计						1.44	0.01	4.92	1.19
元 / 工日		未计价材料费									
清单项目综合单价								7.56			

续表

<table>
<tr><td rowspan="4">材料费明细</td><td colspan="5">主要材料名称、规格、型号</td><td>单位</td><td>数量</td><td>单价/元</td><td>合价/元</td><td>暂估单价/元</td><td>暂估合价/元</td></tr>
<tr><td colspan="5">水</td><td>m^3</td><td>0.005</td><td>2.14</td><td>0.01</td><td></td><td></td></tr>
<tr><td colspan="7">其他材料费</td><td>—</td><td></td><td>—</td><td></td></tr>
<tr><td colspan="7">材料费小计</td><td>—</td><td>0.01</td><td>—</td><td></td></tr>
<tr><td colspan="2">项目编码</td><td colspan="2">（9）
040103002008</td><td colspan="2">项目名称</td><td colspan="2">余方弃置</td><td>计量单位</td><td>m^3</td><td>工程量</td><td>479.67</td></tr>
<tr><td colspan="12">清单综合单价组成明细</td></tr>
<tr><td rowspan="2">定额编号</td><td rowspan="2">定额项目名称</td><td rowspan="2">定额单位</td><td rowspan="2">数量</td><td colspan="4">单价</td><td colspan="4">合价</td></tr>
<tr><td>人工费</td><td>材料费</td><td>机械费</td><td>管理费和利润</td><td>人工费</td><td>材料费</td><td>机械费</td><td>管理费和利润</td></tr>
<tr><td>DA0162 换</td><td>机械装运土全程运距≤15km 运距≤1 000 m［+DA0163×14］</td><td>1 000 m^3</td><td>0.001</td><td>4 867.30</td><td>2.46</td><td>20 803.56</td><td>4 912.50</td><td>4.87</td><td></td><td>20.80</td><td>4.91</td></tr>
<tr><td colspan="2">人工单价</td><td colspan="6">小　计</td><td>4.87</td><td></td><td>20.80</td><td>4.91</td></tr>
<tr><td colspan="2">元/工日</td><td colspan="6">未计价材料费</td><td colspan="4">30.01</td></tr>
<tr><td colspan="8">清单项目综合单价</td><td colspan="4">60.60</td></tr>
<tr><td rowspan="5">材料费明细</td><td colspan="5">主要材料名称、规格、型号</td><td>单位</td><td>数量</td><td>单价/元</td><td>合价/元</td><td>暂估单价/元</td><td>暂估合价/元</td></tr>
<tr><td colspan="5">水</td><td>m^3</td><td>0.011</td><td>2.14</td><td>0.02</td><td></td><td></td></tr>
<tr><td colspan="5">弃渣费</td><td>m^3</td><td>1.000 4</td><td>30.00</td><td>30.01</td><td></td><td></td></tr>
<tr><td colspan="7">其他材料费</td><td>—</td><td></td><td>—</td><td></td></tr>
<tr><td colspan="7">材料费小计</td><td>—</td><td>30.02</td><td>—</td><td></td></tr>
</table>

续表

项目编码		（10） 0104040011294		项目名称		管道碎石垫层		计量单位	m³	工程量	1 112
清单综合单价组成明细											
定额编号	定额项目名称	定额单位	数量	单价				合价			
				人工费	材料费	机械费	管理费和利润	人工费	材料费	机械费	管理费和利润
DE0003 换	钢筋混凝土管道砂石基础 碎石	10 m³	0.1	535.32	687.34	18.35	189.67	53.53	68.73	1.84	18.97
人工单价		小　计						53.53	68.73	1.84	18.97
元 / 工日		未计价材料费									
清单项目综合单价								143.07			
材料费明细	主要材料名称、规格、型号					单位	数量	单价 / 元	合价 / 元	暂估单价 / 元	暂估合价 / 元
	碎石 5～40 mm					m³	1.12	61.37	68.73		
	其他材料费							—		—	
	材料费小计							—	68.73	—	
项目编码		（11） 041001001013		项目名称		拆除混凝土道路		计量单位	m²	工程量	3 009
清单综合单价组成明细											
定额编号	定额项目名称	定额单位	数量	单价				合价			
				人工费	材料费	机械费	管理费和利润	人工费	材料费	机械费	管理费和利润
DK0013 换	手持式风镐拆除水泥混凝土路面无筋厚≤15 cm［+DK0014×5］	100 m²	0.01	1 636.78	42.38	314.96	190.35	16.37	0.42	3.15	1.90

续表

DA0172	机械装运石渣全程运距≤15km 运距≤1 000 m	1 000 m^3	0.000 6	1 675.87	16.18	5 652.79	1 387.28	1.01	0.01	3.39	0.83
人工单价		小　计						17.38	0.43	6.54	2.73
元/工日		未计价材料费									
清单项目综合单价								27.08			
材料费明细	主要材料名称、规格、型号					单位	数量	单价/元	合价/元	暂估单价/元	暂估合价/元
	水					m^3	0.005	2.14	0.01		
	其他材料费							—	0.42	—	
	材料费小计							—	0.43	—	
项目编码		(12) 040202001014		项目名称		路床（槽）整型		计量单位	m^2	工程量	3 009
清单综合单价组成明细											
定额编号	定额项目名称	定额单位	数量	单价				合价			
				人工费	材料费	机械费	管理费和利润	人工费	材料费	机械费	管理费和利润
DB0071	路床碾压整型	100 m^2	0.01	50.90		94.61	48.86	0.51		0.95	0.49
人工单价		小　计						0.51		0.95	0.49
元/工日		未计价材料费									
清单项目综合单价								1.94			
材料费明细	主要材料名称、规格、型号					单位	数量	单价/元	合价/元	暂估单价/元	暂估合价/元
	其他材料费							—		—	
	材料费小计							—		—	

续表

项目编码		（13）040202009015		项目名称		恢复天然砂沙石垫层厚 20 cm		计量单位	m^2	工程量	3 009
清单综合单价组成明细											
定额编号	定额项目名称	定额单位	数量	单价				合价			
				人工费	材料费	机械费	管理费和利润	人工费	材料费	机械费	管理费和利润
DB0102	砂砾石基层压实厚度（cm）20	100 m^2	0.01	472.34	2 241.34	279.32	255.15	4.72	22.41	2.79	2.55
人工单价		小　计						4.72	22.41	2.79	2.55
元 / 工日		未计价材料费									
清单项目综合单价								32.48			
材料费明细	主要材料名称、规格、型号					单位	数量	单价 / 元	合价 / 元	暂估单价 / 元	暂估合价 / 元
	连砂石					m^3	0.244 8	91.37	22.37		
	水					m^3	0.022	2.14	0.05		
	其他材料费							—		—	
	材料费小计							—	22.41	—	

续表

项目编码		（14） 040202015016		项目名称		20厚水泥（5%）稳定碎石基层		计量单位	m^2	工程量	3 009
清单综合单价组成明细											
定额编号	定额项目名称	定额单位	数量	单价				合价			
				人工费	材料费	机械费	管理费和利润	人工费	材料费	机械费	管理费和利润
DB0133	顶层多合土养生人工洒水	100 m^2	0.01	44.75	5.13		7.63	0.45	0.05		0.08
DB0136	多合土运输全程运距≤10 km 运距≤1 000 m	1 000 m^3	0.001	2 492.81		9 890.07	1 900.20	2.49		9.89	1.90
DB0120	水泥稳定碎石基层（水泥含量）5% 压实厚度（cm）20	100 m^2	0.01	563.06	3 531.43	249.33	278.69	5.63	35.31	2.49	2.79
人工单价		小　计						8.57	35.36	12.38	4.77
元/工日		未计价材料费									
清单项目综合单价								61.08			
材料费明细	主要材料名称、规格、型号					单位	数量	单价/元	合价/元	暂估单价/元	暂估合价/元
	水					m^3	0.1	2.14	0.21		
	水泥 32.5					kg	22.33	0.683	15.25		
	碎石 5～40mm					m^3	0.154 4	61.37	9.48		
	石屑					m^3	0.114	91.37	10.42		
	其他材料费							—	0.01	—	
	材料费小计							—	35.37	—	

续表

<table>
<tr><td colspan="2">项目编码</td><td colspan="2">（15）
040203007017</td><td colspan="2">项目名称</td><td colspan="2">C30 混凝土面层</td><td>计量单位</td><td>m^2</td><td>工程量</td><td>3 009</td></tr>
<tr><td colspan="12">清单综合单价组成明细</td></tr>
<tr><td rowspan="2">定额编号</td><td rowspan="2">定额项目名称</td><td rowspan="2">定额单位</td><td rowspan="2">数量</td><td colspan="4">单价</td><td colspan="4">合价</td></tr>
<tr><td>人工费</td><td>材料费</td><td>机械费</td><td>管理费和利润</td><td>人工费</td><td>材料费</td><td>机械费</td><td>管理费和利润</td></tr>
<tr><td>DB0184</td><td>商品混凝土路面（C30）设计厚度（cm）20</td><td>100 m^2</td><td>0.01</td><td>1 064.52</td><td>12 734.88</td><td>6.97</td><td>236.17</td><td>10.65</td><td>127.35</td><td>0.07</td><td>2.36</td></tr>
<tr><td colspan="2">人工单价</td><td colspan="6">小　计</td><td>10.65</td><td>127.35</td><td>0.07</td><td>2.36</td></tr>
<tr><td colspan="2">元 / 工日</td><td colspan="6">未计价材料费</td><td colspan="4"></td></tr>
<tr><td colspan="8">清单项目综合单价</td><td colspan="4">140.43</td></tr>
<tr><td rowspan="5">材料费明细</td><td colspan="5">主要材料名称、规格、型号</td><td>单位</td><td>数量</td><td>单价 / 元</td><td>合价 / 元</td><td>暂估单价 / 元</td><td>暂估合价 / 元</td></tr>
<tr><td colspan="5">商品混凝土 C30</td><td>m^3</td><td>0.202</td><td>625.16</td><td>126.28</td><td></td><td></td></tr>
<tr><td colspan="5">水</td><td>m^3</td><td>0.31</td><td>2.14</td><td>0.66</td><td></td><td></td></tr>
<tr><td colspan="7">其他材料费</td><td>—</td><td>0.41</td><td>—</td><td></td></tr>
<tr><td colspan="7">材料费小计</td><td>—</td><td>127.35</td><td>—</td><td></td></tr>
</table>

注：1. 如不适用省级或行业建设主管部门发布的计价依据，可不填定额编号、名称等。

2. 招标文件提供了暂估单价的材料，按暂估的单价填入表内“暂估单价”栏及“暂估合价”栏。

综合单价分析表

工程名称：某地农村污水治理建设项目 \A 地区【市政工程】　　　　标段：

<table>
<tr><td colspan="2">项目编码</td><td colspan="2">（1）
041101002001</td><td colspan="2">项目名称</td><td colspan="2">检查井脚手架</td><td>计量单位</td><td>m^2</td><td>工程量</td><td>1 058.91</td></tr>
<tr><td colspan="12">清单综合单价组成明细</td></tr>
<tr><td rowspan="2">定额编号</td><td rowspan="2">定额项目名称</td><td rowspan="2">定额单位</td><td rowspan="2">数量</td><td colspan="4">单价</td><td colspan="4">合价</td></tr>
<tr><td>人工费</td><td>材料费</td><td>机械费</td><td>管理费和利润</td><td>人工费</td><td>材料费</td><td>机械费</td><td>管理费和利润</td></tr>
<tr><td>DL0004</td><td>双排脚手架高度≤4 m</td><td>100 m^2</td><td>0.01</td><td>586.37</td><td>537.86</td><td>45.79</td><td>120.30</td><td>5.86</td><td>5.38</td><td>0.46</td><td>1.20</td></tr>
<tr><td colspan="2">人工单价</td><td colspan="6">小　计</td><td>5.86</td><td>5.38</td><td>0.46</td><td>1.20</td></tr>
<tr><td colspan="2">元 / 工日</td><td colspan="6">未计价材料费</td><td colspan="4"></td></tr>
<tr><td colspan="8">清单项目综合单价</td><td colspan="4">12.90</td></tr>
<tr><td rowspan="5">材料费明细</td><td colspan="5">主要材料名称、规格、型号</td><td>单位</td><td>数量</td><td>单价 / 元</td><td>合价 / 元</td><td>暂估单价 / 元</td><td>暂估合价 / 元</td></tr>
<tr><td colspan="5">锯材综合</td><td>m^3</td><td>0.002 4</td><td>1 565.75</td><td colspan="2">3.76</td><td></td></tr>
<tr><td colspan="5">脚手架钢材</td><td>kg</td><td>0.267</td><td>5.481</td><td colspan="2">1.46</td><td></td></tr>
<tr><td colspan="6">其他材料费</td><td></td><td>—</td><td colspan="2">0.16</td><td></td></tr>
<tr><td colspan="6">材料费小计</td><td></td><td>—</td><td colspan="2">5.38</td><td></td></tr>
</table>

续表

项目编码		（2）041102003001		项目名称		道路模板		计量单位	m^2	工程量	3 009
清单综合单价组成明细											
定额编号	定额项目名称	定额单位	数量	单价				合价			
				人工费	材料费	机械费	管理费和利润	人工费	材料费	机械费	管理费和利润
DL0209	现浇混凝土路面设计厚度（cm）20 木模	100 m^2	0.01	206.55	86.76	0.53	39.83	2.07	0.87	0.01	0.40
人工单价		小计						2.07	0.87	0.01	0.40
元 / 工日		未计价材料费									
清单项目综合单价								3.34			
材料费明细	主要材料名称、规格、型号					单位	数量	单价 / 元	合价 / 元	暂估单价 / 元	暂估合价 / 元
	二等锯材					m^3	0.000 4	1 565.75	0.63		
	铁件					kg	0.046	4.60	0.21		
	其他材料费							—	0.03	—	
	材料费小计							—	0.87	—	
项目编码		（3）041102001001		项目名称		垫层模板		计量单位	m^2	工程量	55.97
清单综合单价组成明细											
定额编号	定额项目名称	定额单位	数量	单价				合价			
				人工费	材料费	机械费	管理费和利润	人工费	材料费	机械费	管理费和利润
DL0009	垫层复合模板	10 m^2	0.1	208.35	127.34	2.95	40.71	20.84	12.73	0.30	4.07

续表

人工单价		小　计						20.84	12.73	0.30	4.07
元 / 工日		未计价材料费									
清单项目综合单价								37.94			
材料费明细	主要材料名称、规格、型号					单位	数量	单价 / 元	合价 / 元	暂估单价 / 元	暂估合价 / 元
	二等锯材					m^3	0.001	1 565.75	1.57		
	复合模板					m^2	0.246 8	45.00	11.11		
	其他材料费							—	0.05	—	
	材料费小计							—	12.73	—	
项目编码		（4）041102037001		项目名称		井底板模板		计量单位	m^2	工程量	1 815.48
清单综合单价组成明细											
定额编号	定额项目名称	定额单位	数量	单价				合价			
				人工费	材料费	机械费	管理费和利润	人工费	材料费	机械费	管理费和利润
DL0152	排水现浇钢筋混凝土窨井井底复合模板	10 m^2	0.1	225.34	175.65	4.19	44.09	22.53	17.57	0.42	4.41
人工单价		小　计						22.53	17.57	0.42	4.41
元 / 工日		未计价材料费									
清单项目综合单价								44.93			

续表

材料费明细	主要材料名称、规格、型号	单位	数量	单价 / 元	合价 / 元	暂估单价 / 元	暂估合价 / 元
	二等锯材	m^3	0.003	1 565.75	4.70		
	复合模板	m^2	0.246 8	45.00	11.11		
	摊销卡具和支撑钢材	kg	0.424	4.15	1.76		
	其他材料费			—		—	
	材料费小计			—	17.57	—	

项目编码	（5）041102037001	项目名称	井壁模板	计量单位	m^2	工程量	1 815.48

清单综合单价组成明细											
定额编号	定额项目名称	定额单位	数量	单价				合价			
				人工费	材料费	机械费	管理费和利润	人工费	材料费	机械费	管理费和利润
DL0156	排水现浇钢筋混凝土窨井圆形井壁复合模板	10 m^2	0.1	398.67	142.00	9.84	78.51	39.87	14.20	0.98	7.85
人工单价		小　计						39.87	14.20	0.98	7.85
元 / 工日		未计价材料费									
清单项目综合单价								62.90			

材料费明细	主要材料名称、规格、型号	单位	数量	单价 / 元	合价 / 元	暂估单价 / 元	暂估合价 / 元
	二等锯材	m^3	0.000 1	1 565.75	0.16		
	复合模板	m^2	0.246 8	45.00	11.11		

续表

材料费明细	摊销卡具和支撑钢材				kg	0.58	4.15		2.41		
	其他材料费						—		0.52	—	
	材料费小计						—		14.20	—	
项目编码		（6） 041102037001		项目名称		井顶板模板		计量单位	m^2	工程量	53.24
清单综合单价组成明细											
定额编号	定额项目名称	定额单位	数量	单价				合价			
				人工费	材料费	机械费	管理费和利润	人工费	材料费	机械费	管理费和利润
DL0158	排水现浇钢筋混凝土窨井井顶复合模板	10 m^2	0.1	368.61	145.81	13.77	73.46	36.86	14.58	1.38	7.35
人工单价		小　计						36.86	14.58	1.38	7.35
元/工日		未计价材料费									
清单项目综合单价								60.17			
材料费明细	主要材料名称、规格、型号				单位	数量		单价/元	合价/元	暂估单价/元	暂估合价/元
	二等锯材				m^3	0.001		1 565.75	1.57		
	复合模板				m^2	0.246 8		45.00	11.11		
	摊销卡具和支撑钢材				kg	0.433		4.15	1.80		
	其他材料费							—	0.10	—	
	材料费小计							—	14.58	—	

续表

项目编码		（7）041102003		项目名称		井圈加固模板		计量单位	m^2	工程量	66.71
清单综合单价组成明细											
定额编号	定额项目名称	定额单位	数量	单价				合价			
				人工费	材料费	机械费	管理费和利润	人工费	材料费	机械费	管理费和利润
DL0021	混凝土承台无底模复合模板	10 m^2	0.1	300.29	212.03	19.26	62.07	30.03	21.20	1.93	6.21
人工单价		小　计						30.03	21.20	1.93	6.21
元 / 工日		未计价材料费									
清单项目综合单价								59.37			
材料费明细	主要材料名称、规格、型号					单位	数量	单价 / 元	合价 / 元	暂估单价 / 元	暂估合价 / 元
	锯材综合					m^3	0.005	1 565.75	7.83		
	复合模板					m^2	0.246 8	45.00	11.11		
	摊销卡具和支撑钢材					kg	0.475	4.15	1.97		
	其他材料费							—	0.29	—	
	材料费小计							—	21.20	—	

续表

项目编码		（8）041106001001		项目名称		大型机械设备进出场及安拆		计量单位	台次	工程量	3
清单综合单价组成明细											
定额编号	定额项目名称	定额单位	数量	单价				合价			
				人工费	材料费	机械费	管理费和利润	人工费	材料费	机械费	管理费和利润
AS0202	大型机械设备进场费履带式挖掘机（斗容量）≤1 m^3	台次	1	1 436.45	152.86	1 857.53	504.54	1 436.45	152.86	1 857.53	504.54
人工单价		小　计						1 436.45	152.86	1 857.53	504.54
元 / 工日		未计价材料费									
清单项目综合单价								3 951.38			
材料费明细	主要材料名称、规格、型号					单位	数量	单价 / 元	合价 / 元	暂估单价 / 元	暂估合价 / 元
	枕木					m^3	0.08	1 565.00	125.20		
	镀锌铁丝 8#					kg	5	4.00	20.00		
	草袋子					m^2	6.38	1.20	7.66		
	其他材料费							—		—	
	材料费小计							—	152.86	—	

注：1. 如不适用省级或行业建设主管部门发布的计价依据，可不填定额编号、名称等。

2. 招标文件提供了暂估单价的材料，按暂估的单价填入表内“暂估单价”栏及“暂估合价”栏。

十、总价措施项目清单计价表

总价措施项目清单计价表

工程名称：某地农村污水治理建设项目\A 地区【市政工程】　　　　　　　　　　标段：

序号	项目编码	项目名称	计算基础	费率 / %	金额 / 元	调整费率 / %	调整后金额 / 元	备注
1	041109001001	安全文明施工费			86 878.99			
	①	环境保护费	分部分项工程及单价措施项目（定额人工费 + 定额机械费）	1.1	6 730.06			
	②	文明施工费	分部分项工程及单价措施项目（定额人工费 + 定额机械费）	3.3	20 190.19			
	③	安全施工费	分部分项工程及单价措施项目（定额人工费 + 定额机械费）	4.2	25 696.60			
	④	临时设施费	分部分项工程及单价措施项目（定额人工费 + 定额机械费）	5.6	34 262.14			
2	041109002001	夜间施工增加费			2 936.75			
3	041109003001	二次搬运费			1 407.19			
4	041109004001	冬雨季施工增加费			2 202.57			
5	041109005001	行车、行人干扰						
6	041109006001	地上和地下设施、建筑物的临时保护设施						
7	041109007001	已完工程及设备保护费						
8	041109008001	工程定位复测费			550.64			
合　计					93 976.14			

编制人（造价人员）：　　　　　　　　　　　　复核人（造价工程师）：

注：1.“计算基础”中安全文明施工费可为“定额基价”“定额人工费”或“定额人工费 + 定额机械费”，其他项目可为“定额人工费”或“定额人工费 + 定额机械费”。

2. 按施工方案计算的措施费，若无“计算基础”和“费率”的数值，也可只填“金额”数值，但应在备注栏说明施工方案出处或计算方法。

十一、其他项目清单与计价汇总表

其他项目清单与计价汇总表

工程名称：某地农村污水治理建设项目 \A 地区【市政工程】　　　　标段：

序号	项目名称	金额 / 元	结算金额 / 元	备注
1	暂列金额	100 690.29		
2	暂估价			
2.1	材料（工程设备）暂估价 / 结算价	—		
2.2	专业工程暂估价 / 结算价			
3	计日工			
4	总承包服务费			
合　计		100 690.29		—

注：材料（工程设备）暂估单价进入清单项目综合单价，此处不汇总。

十二、暂列金额明细表

暂列金额明细表

工程名称：某地农村污水治理建设项目 \A 地区【市政工程】　　　　标段：

序号	项目名称	计量单位	暂定金额 / 元	备注
1	零星工程费	项	100 690.29	
合　计			100 690.29	—

注：此表由招标人填写，如不能详列，也可只列暂定金额总额，投标人应将上述暂列金额计入投标总价中。

十三、规费及税金项目计价表

规费、税金项目计价表

工程名称：某地农村污水治理建设项目 \A 地区【市政工程】　　　　标段：

序号	项目名称	计算基础	计算基数	计算费率 /%	金额 / 元
1	规费	分部分项定额人工费 + 单价措施项目定额人工费	416 274.07	9.34	38 880.00

续表

序号	项目名称	计算基础	计算基数	计算费率 /%	金额 / 元
2	销项增值税税额	分部分项工程费 + 措施项目费 + 其他项目费 + 规费 + 按实计算费用 + 创优质工程奖补偿奖励费 - 按规定不计税的工程设备金额 - 除税甲供材料（设备）费	3 495 913.32	9	314 632.20
3	附加税	分部分项工程费 + 措施项目费 + 其他项目费 + 规费 + 按实计算费用 + 创优质工程奖补偿奖励费 - 按规定不计税的工程设备金额 - 除税甲供材料（设备）费	3 495 913.32	0.261	9 124.33
合　计					362 636.53

编制人（造价人员）：　　　　　　　　复核人（造价工程师）：

第十三章　工程造价实训（污水处理厂及截污干管工程）

第一节　项目说明

一、工程概述

本概算是《某污水处理厂及截污干管工程建设项目》工程设计投资概算。

本项目规划总用地面积为 20 215.29 m^2，主要建设内容包括各种构筑物、建筑物共 18 个。

二、编制依据

（1）《关于印发〈建筑工程设计文件编制深度规定〉（2008 年版）的通知》（建质〔2008〕216 号）。

（2）《基本建设财务管理规定》（财建〔2002〕394 号）。

（3）《国有项目建设单位会计制度》（财会字〔1995〕45 号）及《国有建设单位会计制度补充规定》（财会字〔1998〕17 号）。

（4）《财政投资评审管理规定》（财建〔2009〕648 号）。

（5）《财政投资项目评审操作规程》（财办建〔2002〕619 号）。

（6）《市政工程投资估算编制办法》（建标〔2007〕164 号）。

（7）《建设工程工程量清单计价规范》（GB 50500—2013）。

（8）《四川省建设工程工程量清单计价定额》。

材料价格采用当年当地《工程造价信息》中规定的现行市场价格，信息价没有的材料依据当期的市场价。

三、编制方法

市政工程：根据市政道路专业提供的平、立、剖面图和初步设计文字说明。道路工程、绿化工程、给排水工程、电气工程、交通安全工程等各专业提供的数据汇总。

四、其他费用概算

（1）土地费：2 747 万元。

（2）建设单位管理费：财建〔2016〕504 号。

（3）工程监理费：根据发改价格〔2015〕299 号，参照发改价格〔2007〕670 号计取。

（4）前期工程咨询费：根据计价格〔1999〕1283 号文。

（5）勘察费：根据计价格〔2002〕10 号，按第一部分工程费用的 1% 计取。

（6）设计费：根据发改价格〔2015〕299 号及计价格〔2002〕10 号计取。

（7）建设项目环境影响咨询费：根据《关于规范环境影响咨询收费有关问题的通知》（计价格〔2002〕125 号）计取。

（8）施工图审查费：根据川发改价格〔2011〕323 号计取。

（9）竣工图编制费：设计费 ×8%。

（10）劳动安全卫生评审费：按第一部分工程费用的 0.1% 计取。

（11）工程保险（基本险）费：按第一部分工程费用的 0.3% 计取。

（12）招标代理费：根据计价格〔2002〕1980 号计取。

（13）招标清单及控制价编制费、施工阶段全过程造价控制、审核工程设计概算费、审核竣工结算费：参照《四川省物价局、四川省建设厅关于〈工程造价咨询服务收费标准〉的通知》（川价发〔2008〕141 号）计取。

（14）联合试运转费用：按设备购置费的 1% 计取。

（15）办公及生活家具购置费：按 50 人、每人 12 000 元计取。

（16）生产培训费：按定员 60%，培训 3 个月，每人每月 5 000 元计取。

（17）预备费：按第一、二部分费用总和的 10% 计取。

（18）铺底流动资金：3 个月经营成本。

五、有关问题说明

（1）零星工程费用按照工程费用总和的 17% 计入。

（2）本概算是按现行定额、取费标准、价格依据和本工程初步设计图纸编制的，因此只能反映现时设计造价水平，不能作为以后招投标的标底，如果在以后各阶段内相关资料、依据发生变化，应允许在规定范围内调整。

六、节选内容说明

本章节选了某污水处理厂及截污干管工程建设项目概算中的投资概算表、粗格栅及提升泵房、A^2/O 生化池、反硝化深床滤池、鼓风机房、综合楼、总坪工程、工程车辆部分，因这些部分都具有较为典型的意义。

第二节　投资概算表

某污水处理厂及截污干管工程投资概算见表 13-1。

表 13-1　投资概算表

单位：万元

序号	项目和费用名称	概算金额 / 万元						技术经济指标			比例 /%	备　注
		建筑工程	安装及设备工程	总坪工程	设备及工器具购置	其他费用	合计	单位	建筑面积或池容量	单位指标 / 元		
一	**第一部分工程费用**	**1 746.34**	**603.83**	**3 198.48**	**2 619.91**	**1 538.66**	**9 707.22**				**64.80**	
（一）	**建筑工程**	**1 746.34**	**603.83**	**3 198.48**	**2 619.91**	**1 538.66**	**9 707.22**				**64.80**	
1	**建筑工程**	**1 746.34**	**603.83**		**2 619.91**	**1 538.66**	**6 508.74**				**43.45**	
1.1	粗格栅及提升泵房（上部）	30.37	7.30		34.43		72.10	m^2	58.28	5 211.23	0.48	
1.2	粗格栅及提升泵房（下部）	50.33					50.33	m^3	626.50	803.31	0.34	
1.3	细格栅及沉砂池	21.97	11.96		22.27		56.20	m^3	50.53	4 347.96	0.38	
1.4	调节池	134.38	3.13		5.40		142.91	m^3	1 056.00	1 272.56	0.95	
1.5	水解酸化池	146.87	35.35		34.05		216.27	m^3	1 635.77	897.85	1.44	
1.6	A^2/O 生化池及二沉池	705.13	46.58		160.48		912.19	m^3	5 963.76	1 182.36	6.09	
1.7	高效沉淀池	65.42	13.23		88.52		167.17	m^3	563.20	1 161.52	1.12	
1.8	反硝化深床滤池	47.15	53.03		406.02		506.20	m^3	420.00	1 122.61	3.38	
1.9	接触消毒池	26.58	2.12		2.78		31.48	m^3	256.00	1 038.26	0.21	

续表

序号	项目和费用名称	概算金额 / 万元						技术经济指标			比例 /%	备 注
		建筑工程	安装及设备工程	总坪工程	设备及工器具购置	其他费用	合计	单位	建筑面积或池容量	单位指标 / 元		
1.10	贮泥池	5.30	2.87		15.42		23.59	m^3	49.00	1 082.48	0.16	
1.11	鼓风机房	27.71	12.24		62.68		102.63	m^2	116.92	2 369.91	0.69	
1.12	配电间	41.23					41.23	m^2	166.60	2 474.91	0.28	
1.13	丹棱陶瓷园区	96.87					96.87	m^2	427.36	2 266.67	0.65	
1.14	加氯加药间	114.92	30.71		262.62		408.25	m^2	485.84	2 365.34	2.73	
1.15	综合楼	192.12					192.12	m^2	883.92	2 173.51	1.28	
1.16	机修房	23.87					23.87	m^2	102.40	2 330.74	0.16	
1.17	门卫及进水监测房	12.77					12.77	m^2	50.74	2 516.01	0.09	
1.18	出水在线监测房	3.36					3.36	m^2	15.21	2 211.17	0.02	
1.19	污泥脱水间		43.15		259.60		302.75	m^2			2.02	
1.20	电气、自控、在线监测及化验设备		342.16		1 265.64		1 607.80	项			10.73	
1.21	工程车辆					150.00	150.00	辆	5.00	300 000.00	1.00	
2	**总坪工程**			**660.70**			**660.70**	m^2	**16 942.74**	**389.96**	**4.41**	
2.1	土方工程			151.70			151.70	m^3			1.01	
2.2	挡土墙			68.19			68.19	m^3			0.46	
2.3	厂区围墙			32.26			32.26	m			0.22	
2.4	厂区道路			179.77			179.77	m^2			1.20	
2.5	大门			1.21			1.21	扇			0.01	

续表

序号	项目和费用名称	概算金额 / 万元						技术经济指标			比例 /%	备　注
		建筑工程	安装及设备工程	总坪工程	设备及工器具购置	其他费用	合计	单位	建筑面积或池容量	单位指标 / 元		
2.6	厂区绿化			123.18			123.18	m^2			0.82	
2.7	厂区安装			104.39			104.39	项			0.70	
2.8	厂外截污干管			2 537.78			2 537.78	项			16.94	
2.9	截污干管			2 537.78			2 537.78	项			16.94	
3	**零星工程**					**1 388.66**	**1 388.66**	**项**	**1.00**	**13 886 558.70**	**9.27**	
二	**第二部分工程建设其他费用**					**3 996.93**	**3 996.93**				**26.68**	
（一）	土地费用					2 747.00	2 747.00				18.34	
（二）	建设管理费					274.50	274.50				1.83	
2.1	建设单位管理费					53.20	53.20	财建〔2016〕504 号			0.36	
2.2	工程监理费					221.30	221.30	根据发改价格〔2015〕299 号、发改价格〔2007〕670 号			1.48	
（三）	前期工程咨询费					57.47	57.47	计价格〔1999〕1283 号			0.38	
（四）	工程勘察费					97.07	97.07	计价格〔2002〕10 号，按第一部分工程费用的 1% 计取			0.65	
（五）	工程设计费					305.35	305.35	根据发改价格〔2015〕299 号，参照计价格〔2002〕10 号计取			2.04	
（六）	环境影响评价费					12.35	12.35	《关于规范环境影响咨询收费有关问题的通知》（计价格〔2002〕125 号）			0.08	

续表

序号	项目和费用名称	概算金额 / 万元						技术经济指标			比例 /%	备　注
		建筑工程	安装及设备工程	总坪工程	设备及工器具购置	其他费用	合计	单位	建筑面积或池容量	单位指标 / 元		
（七）	施工图审查费					19.57	19.57	川发改价格〔2011〕323 号			0.13	
（八）	竣工图编制费					24.43	24.43	设计费 ×8%				
（九）	劳动安全卫生评审费					9.71	9.71	按第一部分工程费用的 0.1% 计取			0.06	
（十）	工程保险（基本险）费					29.12	29.12	按第一部分工程费用的 0.3% 计取			0.19	
（十一）	招投代理服务费					37.03	37.03	计价格〔2002〕1980 号			0.25	
（十二）	工程造价咨询服务费					203.60	203.60	参照川价发〔2008〕141 号《四川省物价局、四川省建设厅关于〈工程造价咨询服务收费标准〉的通知》规定计取			1.36	
12.1	招标清单及控制价编制费					32.45	32.45				0.22	
12.2	招标控制价审查费					29.44	29.44				0.20	
12.3	施工阶段全过程造价控制					98.67	98.67				0.66	
12.4	审核竣工结算费					43.03	43.03				0.29	
（十三）	联合试运转费用					26.20	26.20	设备购置费 ×1%			0.17	
（十四）	场地准备及临时设施费					48.54	48.54	建标〔2007〕164 号，按第一部分工程费用的 0.5% 计取			0.32	
（十五）	办公及生活家具购置费					60.00	60.00	按 50 人，每人 12 000 元计取			0.40	
（十六）	生产培训费					45.00	45.00	定员 60%，培训 3 个月，每人每月 5 000 元			0.30	
三	**基本预备费**					**1 095.71**	**1 095.71**	**第一、二部分工程费用 10%**			**7.31**	
四	**铺底流动资金**					**180.77**	**180.77**	**3 个月经营成本**			**1.21**	
五	**总投资**	**1 746.34**	**603.83**	**3 198.48**	**2 619.91**	**6 812.07**	**14 980.63**				**100.00**	

第三节 粗格栅、提升泵房部分

一、分部分项工程和单价措施项目清单与计价表

分部分项工程和单价措施项目清单与计价见表 13-2。

表 13-2 分部分项工程和单价措施项目清单与计价表

工程名称：污水处理厂\粗格栅、提升泵房【粗格栅、提升泵房——土建工程】 标段：

序号	项目编码	项目名称	项目特征	计量单位	工程量	金额 / 元		
						综合单价	合价	其中：暂估价
		分部分项工程量清单						
1	040101001001	挖一般土方	1. 土壤类别 2. 挖土深度	m^3	301.511	4.53	1 365.84	
2	040103001002	回填方	1. 密实度要求 2. 填方材料品种 3. 填方粒径要求 4. 填方来源、运距	m^3	100.504	4.93	495.48	
3	040103002003	余方弃置	1. 废弃料品种 2. 运距	m^3	201.007	18.71	3 760.84	
4	040601017018	垫层 C15	1. 构件名称、规格 2. 混凝土强度等级	m^3	2.755	616.25	1 697.77	

续表

序号	项目编码	项目名称	项目特征	计量单位	工程量	金额/元		
						综合单价	合价	其中：暂估价
5	040601006006	现浇混凝土池底 C30 S8	1. 混凝土强度等级 2. 防水、抗渗要求	m^3	15.821	577.64	9 138.84	
6	040601017017	池内 C15 素砼	1. 构件名称、规格 2. 混凝土强度等级	m^3	1.214	541.05	656.83	
7	040601007007	现浇混凝土池壁（隔墙）C30 S8	1. 混凝土强度等级 2. 防水、抗渗要求	m^3	60.101	577.75	34 723.35	
8	040601008008	现浇混凝土池柱 C30 S8	1. 混凝土强度等级 2. 防水、抗渗要求	m^3	2.805	582.38	1 633.58	
9	010506001022	直形楼梯 S8	1. 混凝土种类 2. 混凝土强度等级	m^2	2.128	148.61	316.24	
10	040601009009	现浇混凝土池梁 C30 S8	1. 混凝土强度等级 2. 防水、抗渗要求	m^3	6.013	583.28	3 507.26	
11	040601011010	现浇混凝土板 C30 S8	1. 名称、规格 2. 混凝土强度等级 3. 防水、抗渗要求	m^3	3.201	585.36	1 873.74	
12	010515001021	现浇构件钢筋	钢筋种类、规格	t	13.5	5 567.54	75 161.79	
13	040601030014	井、池渗漏试验	构筑物名称	m^3	201.007	6.27	1 260.31	
14	011201001015	外墙面一般抹灰	1. 墙体类型 2. 底层厚度、砂浆配合比 3. 面层厚度、砂浆配合比 4. 装饰面材料种类 5. 分格缝宽度、材料种类	m^2	3.457	28.43	98.28	

续表

序号	项目编码	项目名称	项目特征	计量单位	工程量	金额/元		
						综合单价	合价	其中：暂估价
15	011204003016	块料墙面 外墙面	1. 墙体类型 2. 安装方式 3. 面层材料品种、规格、颜色 4. 缝宽、嵌缝材料种类 5. 防护材料种类 6. 磨光、酸洗、打蜡要求	m^2	3.457	186.57	644.97	
16	040601016025	金属扶梯、栏杆	1. 材质 2. 规格 3. 防腐刷油材质、工艺要求	m	3.037	211.12	641.17	
17	040601022026	玻璃钢盖板	1. 材质 2. 规格 3. 厚度 4. 部位	m^2	4.998	188.23	940.77	
		基坑支护工程						
18	010202009004	喷射混凝土 C20 厚 80 mm	1. 部位：基坑边坡 2. 厚度：80 mm 3. 混凝土（砂浆）类别、强度等级：C20 4. φ20PPR 管泄水孔 @2400，详见设计图纸	m^2	441.441	106.36	46 951.66	
19	010515003005	钢筋网片	钢筋种类、规格：圆钢 $\varphi8@200\times200$	t	1.723	5 474.49	9 432.55	

续表

序号	项目编码	项目名称	项目特征	计量单位	工程量	金额/元		
						综合单价	合价	其中：暂估价
20	010401014006	M5 水泥砂浆砌 ×MU7.5 页岩砖地沟（0.3 m×0.3 m）	1. 沟截面尺寸：净空 300 mm×300 mm，壁厚为 120 mm，沟平均深度为 400 mm 2. 垫层材料种类、厚度：C15 混凝土、厚 100 mm 3. 砖品种、规格、强度等级：MU10 烧结页岩砖、240 mm×115 mm× 53 mm 4. 砂浆强度等级、配合比：M5 水泥砂浆、1∶2 水泥砂浆	m	57.617	97.51	5 618.23	
21	010507002007	C15 地坪	1. 地坪厚度：5 cm 2. 混凝土强度等级：C15	m^2	43.571	30.97	1 349.39	
		分部小计					63 351.83	
		分部小计					201 268.89	
		单价措施项目清单						
		1.1 混凝土、钢筋混凝土模板及支架						
22	041102001	垫层模板	构件类型	m^2	1.408	28.29	39.83	
23	041102028	沉井井壁（隔墙）模板	1. 构件类型 2. 支模高度	m^2	312.238	45.64	14 250.54	
24	041102030	沉井底板模板	构件类型	m^2	7.854	64.06	503.13	

续表

序号	项目编码	项目名称	项目特征	计量单位	工程量	金额/元		
						综合单价	合价	其中：暂估价
25	041102015	板梁模板	1. 构件类型 2. 支模高度	m^2	27.434	58.94	1 616.96	
		分部小计					16 410.46	
26	041101004	沉井脚手架	沉井高度	m^2	31.996	24.51	784.22	
		施工排水、降水						
27	041107002047	排水、降水	1. 机械规格型号：潜水泵，出口口径 $\Phi100$ 2. 降排水管规格：$\Phi100$	项	1	45 055.18	45 055.18	
		分部小计					45 055.18	
		分部小计					62 249.86	
合　计							263 518.75	

注：为计取规费等的使用，可在表中增设“其中：定额人工费”。

二、总价措施项目清单计价表

总价措施项目清单计价见表 13-3。

表 13-3 总价措施项目清单计价表

工程名称：污水处理厂 \ 粗格栅、提升泵房【粗格栅、提升泵房——土建工程】 标段：

序号	项目编码	项目名称	计算基础	费率 / %	金额 / 元	调整费率 / %	调整后金额 / 元	备注
1	041109001031	安全文明施工费		项	4 667.52			
	①	环境保护费	分部分项工程量清单项目定额人工费	0.52	133.65			
	②	文明施工费	分部分项工程量清单项目定额人工费	3.82	981.82			
	③	安全施工费	分部分项工程量清单项目定额人工费	6.3	1 619.24			
	④	临时设施费	分部分项工程量清单项目定额人工费	7.52	1 932.81			
2	041109002032	夜间施工费		项	200.48			
	①	夜间施工费	分部分项工程量清单项目定额人工费	0.78	200.48			
3	041109003033	二次搬运费		项	97.67			
	①	二次搬运费	分部分项工程量清单项目定额人工费	0.38	97.67			
4	041109004034	冬雨季施工费		项	149.07			
	①	冬雨季施工费	分部分项工程量清单项目定额人工费	0.58	149.07			
5	041109005035	行车、行人干扰		项				
6	041109006036	地上、地下设施、建筑物的临时保护设施		项				
7	041109007037	已完工程及设备保护		项				
8	041109008038	工程定位复测费		项				
	①	工程定位复测费	分部分项工程量清单项目定额人工费＋单价措施项目定额人工费	0.14				
合 计					5 114.74			

编制人（造价人员）： 复核人（造价工程师）：

注：1. “计算基础”中安全文明施工费可为“定额基价”“定额人工费”或“定额人工费＋定额机械费”，其他项目可为“定额人工费”或“定额人工费＋定额机械费”。

2. 按施工方案计算的措施费，若无“计算基础”和“费率”的数值，也可只填“金额”数值，但应在备注栏说明施工方案出处或计算方法。

三、规费、税金项目计价表

规费、税金项目计价见表 13-4。

表 13-4　规费、税金项目计价表

工程名称：污水处理厂\粗格栅、提升泵房【粗格栅、提升泵房——土建工程】　　标段：

序号	项目名称	计算基础	计算基数	计算费率 /%	金额 / 元
1	规费	分部分项清单定额人工费+单价措施项目清单定额人工费			4 979.57
1.1	社会保险费	分部分项清单定额人工费+单价措施项目清单定额人工费			3 884.06
（1）	养老保险费	分部分项清单定额人工费+单价措施项目清单定额人工费	33 197.16	7.5	2 489.79
（2）	失业保险费	分部分项清单定额人工费+单价措施项目清单定额人工费	33 197.16	0.6	199.18
（3）	医疗保险费	分部分项清单定额人工费+单价措施项目清单定额人工费	33 197.16	2.7	896.32
（4）	工伤保险费	分部分项清单定额人工费+单价措施项目清单定额人工费	33 197.16	0.7	232.38
（5）	生育保险费	分部分项清单定额人工费+单价措施项目清单定额人工费	33 197.16	0.2	66.39
1.2	住房公积金	分部分项清单定额人工费+单价措施项目清单定额人工费	33 197.16	3.3	1 095.51
1.3	工程排污费	按工程所在地环境保护部门收取标准，按实计入			
2	销项增值税税额	分部分项工程费+措施项目费+其他项目费+规费+创优质工程奖补偿奖励费－按规定不计税的工程设备金额－除税甲供材料（设备）设备费	273 613.06	11	30 097.44
合　计					35 077.01

编制人（造价人员）：　　　　复核人（造价工程师）：

四、承包人提供主要材料和工程设备一览表

承包人提供主要材料和工程设备一览见表 13-5。

表 13-5　承包人提供主要材料和工程设备一览表（适用造价信息差额调整法）

工程名称：污水处理厂\粗格栅、提升泵房【粗格栅、提升泵房——土建工程】　标段：

序号	名称、规格、型号	单位	数量	风险系数 /%	基准单价 / 元	投标单价 / 元	发承包人确认单价 / 元	备注
1	其他材料费	元	1 683.948			1.00		
2	柴油（机械）	kg	347.025			6.60	5.81	
3	汽油（机械）	kg	9.58			8.58	7.16	
4	二等锯材	m^3	1.653			1 801.17	1 541.30	
5	水	m^3	395.861			4.47		
6	干混抹灰砂浆	t	0.17			436.20		
7	面砖 95 × 95	m^2	3.57			105.50		
8	白水泥	kg	0.525			0.67		
9	商品混凝土 C15	m^3	9.337			480.89		
10	商品混凝土 C30 S8	m^3	88.874			524.61		
11	钢筋直径≤φ10	t	2.609			3 928.27		
12	钢筋直径 φ12～16	t	13.211			4 063.78		
13	焊条综合	kg	110.462			25.64		
14	钢筋直径＞φ16	t	0.399			3 925.69		
15	螺纹连接套筒≤φ32	个	139.229			2.32		
16	塑料软管 φ20	m	0.402			3.76		
17	不锈钢钢管 φ25	m	17.966			9.30		
18	不锈钢钢管 φ35	m	4.572			11.30		
19	水泥 32.5	kg	24 369.083			0.36		
20	中砂	m^3	34.137			238.02		
21	玻璃钢盖板	m^2	5			170.94		

续表

序号	名称、规格、型号	单位	数量	风险系数 /%	基准单价 / 元	投标单价 / 元	发承包人确认单价 / 元	备注
22	φ20 PPR 管	m	77.938			1.60		
23	砾石 5～10 mm	m^3	28.047			194.30		
24	速凝剂	kg	677.792			2.50		
25	高压胶皮管	m	25.169			5.00		
26	标准砖	千匹（千块）	2.229			777.20		
27	石油沥青 10#	kg	3.924			3.43		
28	机上人工	工日	200			113.00		
29	电	kW · h	10 400			0.88		
30	钢管	kg	29.58			5.20		
31	复合模板	m^2	86.116			35.90		
32	铁件	kg	10.928			4.50		
33	摊销卡具和支撑钢材	kg	99.339			4.10		
34	锯材综合	m^3	0.351			1 972.71		
35	脚手架钢材	kg	24.336			3.96		

注：1. 此表由招标人填写除“投标单价”栏的内容，投标人在投标时自主确定投标单价。

2. 招标人应优先采用工程造价管理机构发布的单价作为基准单价，未发布的通过市场调查确定其基准单价。

第四节　AAO 生化池

一、分部分项工程和单价措施项目清单与计价表

分部分项工程和单价措施项目清单与计价见表 13–6。

表 13-6　分部分项工程和单价措施项目清单与计价表

工程名称：污水处理厂 \AAO 生化池【AAO 生化池——土建工程】　　　　标段：

序号	项目编码	项目名称	项目特征	计量单位	工程量	金额 / 元		
						综合单价	合价	其中：暂估价
		分部分项工程量清单						
1	040101001001	挖一般土方	1. 土壤类别 2. 挖土深度	m^3	9 333.164	4.53	42 279.23	
2	040103001002	回填方	1. 密实度要求 2. 填方材料品种 3. 填方粒径要求 4. 填方来源、运距	m^3	1 157.358	4.93	5 705.77	
3	040103002003	余方弃置	1. 废弃料品种 2. 运距	m^3	8 175.807	18.71	152 969.35	
4	040601017018	垫层 C15	1. 构件名称、规格 2. 混凝土强度等级	m^3	380.363	616.25	234 398.70	
5	040601006006	现浇混凝土池底 C30 S8	1. 混凝土强度等级 2. 防水、抗渗要求	m^3	2 660.054	577.64	1 536 553.59	
6	040601007007	现浇混凝土池壁（隔墙）C30 S8	1. 混凝土强度等级 2. 防水、抗渗要求	m^3	641.866	577.75	370 838.08	
7	040601008008	现浇混凝土池柱 C30 S8	1. 混凝土强度等级 2. 防水、抗渗要求	m^3	2.397	582.39	1 395.99	
8	040601009009	现浇混凝土池梁 C30 S8	1. 混凝土强度等级 2. 防水、抗渗要求	m^3	17.301	583.27	10 091.15	

续表

序号	项目编码	项目名称	项目特征	计量单位	工程量	金额 / 元		
						综合单价	合价	其中：暂估价
9	010606008030	钢梯	1. 钢材品种、规格 2. 钢梯型式 3. 螺栓种类 4. 防火要求	t	17.574	7 751.36	136 222.40	
10	040601011010	现浇混凝土板 C30 S8	1. 名称、规格 2. 混凝土强度等级 3. 防水、抗渗要求	m^3	16.612	585.36	9 724.00	
11	010515001021	现浇构件钢筋	钢筋种类、规格	t	498.15	5 567.80	2 773 599.57	
12	040601030014	井、池渗漏试验	构筑物名称	m^3	21 735	8.43	183 226.05	
13	011201001015	外墙面一般抹灰	1. 墙体类型 2. 底层厚度、砂浆配合比 3. 面层厚度、砂浆配合比 4. 装饰面材料种类 5. 分格缝宽度、材料种类	m^2	1 582.699	28.43	44 996.13	
14	011204003016	块料墙面外墙面	1. 墙体类型 2. 安装方式 3. 面层材料品种、规格、颜色 4. 缝宽、嵌缝材料种类 5. 防护材料种类 6. 磨光、酸洗、打蜡要求	m^2	1 582.699	186.57	295 284.15	
15	04060102026	玻璃钢盖板	1. 材质 2. 规格 3. 厚度 4. 部位	m^2	581.119	188.23	109 384.03	

续表

序号	项目编码	项目名称	项目特征	计量单位	工程量	金额 / 元		
						综合单价	合价	其中：暂估价
		分部小计					5 906 668.19	
		单价措施项目清单						
		1.1 混凝土、钢筋混凝土模板及支架						
16	041102001	垫层模板	构件类型	m^2	44.439	28.29	1 257.18	
17	041102012	柱模板	1. 构件类型 2. 支模高度	m^2	20.418	49.35	1 007.63	
18	041102028	沉井井壁（隔墙）模板	1. 构件类型 2. 支模高度	m^2	2 573.558	45.64	117 457.19	
19	041102030	沉井底板模板	构件类型	m^2	283.493	64.06	18 160.56	
20	041102015	板梁模板	1. 构件类型 2. 支模高度	m^2	654.857	58.94	38 597.27	
		分部小计					176 479.83	
21	041101004	沉井脚手架	沉井高度	m^2	1 549.408	24.51	37 975.99	
		施工排水、降水						
22	041107002046	排水、降水	1. 机械规格型号：潜水泵，出口口径 Φ100 2. 降排水管规格：Φ 100	项	1	13 630.78	13 630.78	
		分部小计					13 630.78	
		分部小计					228 086.60	
合　计							6 134 754.79	

注：为计取规费等的使用，可在表中增设“其中：定额人工费”。

二、总价措施项目清单计价表

总价措施项目清单计价见表 13-7。

表 13–7 总价措施项目清单计价表

工程名称：污水处理厂 \AAO 生化池【AAO 生化池——土建工程】　　　　标段：

序号	项目编码	项目名称	计算基础	费率 / %	金额 / 元	调整费率 / %	调整后金额 / 元	备注
1	041109001032	安全文明施工费		项	106 267.56			
	①	环境保护费	分部分项工程量清单项目定额人工费	0.52	3 042.90			
	②	文明施工费	分部分项工程量清单项目定额人工费	3.82	22 353.64			
	③	安全施工费	分部分项工程量清单项目定额人工费	6.3	36 865.95			
	④	临时设施费	分部分项工程量清单项目定额人工费	7.52	44 005.07			
2	041109002033	夜间施工费		项	4 564.36			
	①	夜间施工费	分部分项工程量清单项目定额人工费	0.78	4 564.36			
3	041109003034	二次搬运费		项	2 223.66			
	①	二次搬运费	分部分项工程量清单项目定额人工费	0.38	2 223.66			
4	041109004035	冬雨季施工费		项	3 394.01			
	①	冬雨季施工费	分部分项工程量清单项目定额人工费	0.58	3 394.01			
5	041109005036	行车、行人干扰		项				
6	041109006037	地上和地下设施、建筑物的临时保护设施		项				
7	041109007038	已完工程及设备保护		项				
8	041109008039	工程定位复测费		项				
	①	工程定位复测费	分部分项工程量清单项目定额人工费 + 单价措施项目定额人工费	0.14				
合　计					116 449.59			

编制人（造价人员）：　　　　　　　　　　复核人（造价工程师）：

注：1.“计算基础”中安全文明施工费可为“定额基价”“定额人工费”或“定额人工费 + 定额机械费”，其他项目可为“定额人工费”或“定额人工费 + 定额机械费”。

2. 按施工方案计算的措施费，若无“计算基础”和“费率”的数值，也可只填“金额”数值，但应在备注栏说明施工方案出处或计算方法。

三、规费、税金项目计价表

规费、税金项目计价见表 13-8。

表 13-8 规费、税金项目计价表

工程名称：污水处理厂 \AAO 生化池【AAO 生化池——土建工程】　　标段：

序号	项目名称	计算基础	计算基数	计算费率 /%	金额 / 元
1	规费	分部分项清单定额人工费 + 单价措施项目清单定额人工费			101 306.51
1.1	社会保险费	分部分项清单定额人工费 + 单价措施项目清单定额人工费			79 019.08
（1）	养老保险费	分部分项清单定额人工费 + 单价措施项目清单定额人工费	675 376.75	7.5	50 653.26
（2）	失业保险费	分部分项清单定额人工费 + 单价措施项目清单定额人工费	675 376.75	0.6	4 052.26
（3）	医疗保险费	分部分项清单定额人工费 + 单价措施项目清单定额人工费	675 376.75	2.7	18 235.17
（4）	工伤保险费	分部分项清单定额人工费 + 单价措施项目清单定额人工费	675 376.75	0.7	4 727.64
（5）	生育保险费	分部分项清单定额人工费 + 单价措施项目清单定额人工费	675 376.75	0.2	1 350.75
1.2	住房公积金	分部分项清单定额人工费 + 单价措施项目清单定额人工费	675 376.75	3.3	22 287.43
1.3	工程排污费	按工程所在地环境保护部门收取标准，按实计入			
2	销项增值税税额	分部分项工程费 + 措施项目费 + 其他项目费 + 规费 + 创优质工程奖补偿奖励费 − 按规定不计税的工程设备金额 − 除税甲供材料（设备）设备费	6 352 510.89	11	698 776.20
合　计					800 082.71

编制人（造价人员）：　　　　　　复核人（造价工程师）：

四、承包人提供主要材料和工程设备一览表

承包人提供主要材料和工程设备一览见表 13-9。

表 13–9　承包人提供主要材料和工程设备一览表（适用造价信息差额调整法）

工程名称：污水处理厂 \AAO 生化池【AAO 生化池——土建工程】　　标段：

序号	名称、规格、型号	单位	数量	风险系数 /%	基准单价 / 元	投标单价 / 元	发承包人确认单价 / 元	备注
1	其他材料费	元	34 805.2			1.00		
2	柴油（机械）	kg	11 698.214			6.60	5.81	
3	汽油（机械）	kg	302.665			8.58	7.16	
4	二等锯材	m^3	15.762			1 801.17	1 541.30	
5	水	m^3	24 035.611			4.47		
6	干混抹灰砂浆	t	77.077			436.20		
7	面砖 95 × 95	m^2	1 614.354			105.50		
8	白水泥	kg	237.405			0.67		
9	商品混凝土 C15	m^3	384.164			480.89		
10	商品混凝土 C30 S8	m^3	3 354.921			524.61		
11	钢筋直径≤φ10	t	28.212			3 928.27		
12	钢筋直径 φ12～16	t	487.504			4 063.78		
13	焊条综合	kg	4 213.299			25.64		
14	钢筋直径＞φ16	t	14.737			3 925.69		
15	螺纹连接套筒≤φ32	个	5 144.061			2.32		
16	水泥 32.5	kg	1 534.104			0.36		
17	中砂	m^3	2.661			238.02		
18	玻璃钢盖板	m^2	581.1			170.94		
19	塑料软管 φ20	m	43.47			3.76		
20	成品踏步式扶梯	t	17.574			6 000.00		
21	杉原木综合	m^3	0.176			1 312.28		
22	螺栓（综合）	kg	18.453			6.50		
23	机上人工	工日	60			113.00		
24	电	kW · h	3 120			0.88		
25	钢管	kg	29.58			5.20		
26	复合模板	m^2	882.736			35.90		
27	铁件	kg	92.403			4.50		
28	摊销卡具和支撑钢材	kg	1 325.325			4.10		
29	锯材综合	m^3	12.153			1 972.71		
30	脚手架钢材	kg	1 178.319			3.96		

注：1. 此表由招标人填写除“投标单价”栏的内容，投标人在投标时自主确定投标单价。

2. 招标人应优先采用工程造价管理机构发布的单价作为基准单价，未发布的通过市场调查确定其基准单价。

第五节　反硝化深床滤池

一、分部分项工程和单价措施项目清单与计价表

分部分项工程和单价措施项目清单与计价见表 13-10。

表 13-10　分部分项工程和单价措施项目清单与计价表

工程名称：污水处理厂 \ 反硝化深床滤池【反硝化深床滤池——土建工程】　标段：

序号	项目编码	项目名称	项目特征	计量单位	工程量	金额 / 元		
						综合单价	合价	其中：暂估价
		分部分项工程量清单						
1	040101001001	挖一般土方	1. 土壤类别 2. 挖土深度	m^3	918.783	4.53	4 162.09	
2	040103001002	回填方	1. 密实度要求 2. 填方材料品种 3. 填方粒径要求 4. 填方来源、运距	m^3	306.261	4.93	1 509.87	
3	040103002003	余方弃置	1. 废弃料品种 2. 运距	m^3	612.522	18.71	11 460.29	
4	040601017018	垫层 C15	1. 构件名称、规格 2. 混凝土强度等级	m^3	15.199	616.25	9 366.38	

续表

序号	项目编码	项目名称	项目特征	计量单位	工程量	金额/元		
						综合单价	合价	其中：暂估价
5	040601006006	现浇混凝土池底 C30 S8	1. 混凝土强度等级 2. 防水、抗渗要求	m^3	75.995	577.63	43 896.99	
6	010501003030	独立基础	1. 混凝土种类 2. 混凝土强度等级	m^3	5.655	537.09	3 037.24	
7	040601007007	现浇混凝土池壁（隔墙）C30 S8	1. 混凝土强度等级 2. 防水、抗渗要求	m^3	129.886	577.75	75 041.64	
8	040601008008	现浇混凝土池柱 C30 S8	1. 混凝土强度等级 2. 防水、抗渗要求	m^3	0.241	582.39	140.36	
9	010606008030	钢梯	1. 钢材品种、规格 2. 钢梯型式 3. 螺栓种类 4. 防火要求	t	1.89	7 751.36	14 650.07	
10	040601009009	现浇混凝土池梁 C30 S8	1. 混凝土强度等级 2. 防水、抗渗要求	m^3	3.16	583.27	1 843.13	
11	040601011010	现浇混凝土板 C30 S8	1. 名称、规格 2. 混凝土强度等级 3. 防水、抗渗要求	m^3	3.069	585.36	1 796.47	
12	010515001021	现浇构件钢筋	钢筋种类、规格	t	32.7	5 567.80	182 067.06	
13	040601030014	井、池渗漏试验	构筑物名称	m^3	1 019.952	7.41	7 557.84	

续表

序号	项目编码	项目名称	项目特征	计量单位	工程量	金额 / 元		
						综合单价	合价	其中：暂估价
14	011201001015	外墙面一般抹灰	1. 墙体类型 2. 底层厚度、砂浆配合比 3. 面层厚度、砂浆配合比 4. 装饰面材料种类 5. 分格缝宽度、材料种类	m^2	96.828	28.43	2 752.82	
15	011204003016	块料墙面 外墙面	1. 墙体类型 2. 安装方式 3. 面层材料品种、规格、颜色 4. 缝宽、嵌缝材料种类 5. 防护材料种类 6. 磨光、酸洗、打蜡要求	m^2	96.828	186.57	18 065.20	
16	040601022026	玻璃钢盖板	1. 材质 2. 规格 3. 厚度 4. 部位	m^2	6.428	188.23	1 209.94	
		分部小计					378 557.39	
		单价措施项目清单						
		1.1 混凝土、钢筋混凝土模板及支架						
17	041102001	垫层模板	构件类型	m^2	5.351	28.29	151.38	
18	041102012	柱模板	1. 构件类型 2. 支模高度	m^2	2.549	49.35	125.79	

续表

序号	项目编码	项目名称	项目特征	计量单位	工程量	金额/元		
						综合单价	合价	其中：暂估价
19	041102028	沉井井壁（隔墙）模板	1. 构件类型 2. 支模高度	m^2	297.751	45.64	13 589.36	
20	041102030	沉井底板模板	构件类型	m^2	35.735	64.06	2 289.18	
21	041102015	板梁模板	1. 构件类型 2. 支模高度	m^2	78.333	58.94	4 616.95	
		分部小计					20 772.66	
22	041101004	沉井脚手架	沉井高度	m^2	158.604	24.51	3 887.38	
		施工排水、降水						
23	041107002041	排水、降水	1. 机械规格型号：潜水泵，出口口径 $\Phi100$ 2. 降排水管规格：$\Phi100$	项	1	6 896.98	6 896.98	
		分部小计					6 896.98	
		分部小计					31 557.02	
合　计							410 114.41	

注：为计取规费等的使用，可在表中增设“其中：定额人工费”。

二、总价措施项目清单计价表

总价措施项目清单计价见表 13-11。

表 13-11　总价措施项目清单计价表

工程名称：污水处理厂 \ 反硝化深床滤池【反硝化深床滤池——土建工程】　　　　标段：

序号	项目编码	项目名称	计算基础	费率 / %	金额 / 元	调整费率 / %	调整后金额 / 元	备注
1	041109001027	安全文明施工费		项	6 813.89			
	①	环境保护费	分部分项工程量清单项目定额人工费	0.52	195.11			
	②	文明施工费	分部分项工程量清单项目定额人工费	3.82	1 433.32			
	③	安全施工费	分部分项工程量清单项目定额人工费	6.3	2 363.85			
	④	临时设施费	分部分项工程量清单项目定额人工费	7.52	2 821.61			
2	041109002028	夜间施工费		项	292.67			
	①	夜间施工费	分部分项工程量清单项目定额人工费	0.78	292.67			
3	041109003029	二次搬运费		项	142.58			
	①	二次搬运费	分部分项工程量清单项目定额人工费	0.38	142.58			
4	041109004030	冬雨季施工费		项	217.62			
	①	冬雨季施工费	分部分项工程量清单项目定额人工费	0.58	217.62			
5	041109005031	行车、行人干扰		项				
6	041109006032	地上和地下设施、建筑物的临时保护设施		项				
7	041109007033	已完工程及设备保护		项				
8	041109008034	工程定位复测费		项				
	①	工程定位复测费	分部分项工程量清单项目定额人工费 + 单价措施项目定额人工费	0.14				
合　计					7 466.76			

编制人（造价人员）：　　　　　　　　　　复核人（造价工程师）：

注：1.“计算基础”中安全文明施工费可为“定额基价”“定额人工费”或“定额人工费 + 定额机械费”，其他项目可为“定额人工费”或“定额人工费 + 定额机械费”。

2. 按施工方案计算的措施费，若无“计算基础”和“费率”的数值，也可只填“金额”数值，但应在备注栏说明施工方案出处或计算方法。

三、规费、税金项目计价表

规费、税金项目计价见表 13-12。

表 13-12　规费、税金项目计价表

工程名称：污水处理厂 \ 反硝化深床滤池【反硝化深床滤池——土建工程】　　标段：

序号	项目名称	计算基础	计算基数	计算费率 /%	金额 / 元
1	规费	分部分项清单定额人工费 + 单价措施项目清单定额人工费			7 189.95
1.1	社会保险费	分部分项清单定额人工费 + 单价措施项目清单定额人工费			5 608.16
（1）	养老保险费	分部分项清单定额人工费 + 单价措施项目清单定额人工费	47 932.98	7.5	3 594.97
（2）	失业保险费	分部分项清单定额人工费 + 单价措施项目清单定额人工费	47 932.98	0.6	287.60
（3）	医疗保险费	分部分项清单定额人工费 + 单价措施项目清单定额人工费	47 932.98	2.7	1 294.19
（4）	工伤保险费	分部分项清单定额人工费 + 单价措施项目清单定额人工费	47 932.98	0.7	335.53
（5）	生育保险费	分部分项清单定额人工费 + 单价措施项目清单定额人工费	47 932.98	0.2	95.87
1.2	住房公积金	分部分项清单定额人工费 + 单价措施项目清单定额人工费	47 932.98	3.3	1 581.79
1.3	工程排污费	按工程所在地环境保护部门收取标准，按实计入			
2	销项增值税税额	分部分项工程费 + 措施项目费 + 其他项目费 + 规费 + 创优质工程奖补偿奖励费 − 按规定不计税的工程设备金额 − 除税甲供材料（设备）设备费	424 771.12	11	46 724.82
合　计					53 914.77

编制人（造价人员）：　　　　　　复核人（造价工程师）：

四、承包人提供主要材料和工程设备一览表

承包人提供主要材料和工程设备一览见表 13-13。

表 13-13 承包人提供主要材料和工程设备一览表（适用造价信息差额调整法）

工程名称：污水处理厂 \ 反硝化深床滤池【反硝化深床滤池——土建工程】标段：

序号	名称、规格、型号	单位	数量	风险系数 /%	基准单价 / 元	投标单价 / 元	发承包人确认单价 / 元	备注
1	其他材料费	元	2 257.381			1.00		
2	柴油（机械）	kg	1 024.847			6.60	5.81	
3	汽油（机械）	kg	34.06			8.58	7.16	
4	二等锯材	m^3	1.849			1 801.17	1 541.30	
5	水	m^3	1 159.984			4.47		
6	干混抹灰砂浆	t	4.714			436.20		
7	面砖 95 × 95	m^2	98.736			105.50		
8	白水泥	kg	14.52			0.67		
9	商品混凝土 C15	m^3	15.352			480.89		
10	商品混凝土 C30 S8	m^3	213.411			524.61		
11	钢筋直径≤φ10	t	1.852			3 928.27		
12	钢筋直径 φ12～16	t	32.001			4 063.78		
13	焊条综合	kg	282.314			25.64		
14	钢筋直径＞φ16	t	0.967			3 925.69		
15	螺纹连接套筒≤φ32	个	337.673			2.32		
16	水泥 32.5	kg	16.896			0.36		
17	中砂	m^3	0.029			238.02		
18	玻璃钢盖板	m^2	6.4			170.94		
19	商品混凝土 C20	m^3	5.688			495.47		
20	成品踏步式扶梯	t	1.89			6 000.00		
21	杉原木综合	m^3	0.019			1 312.28		
22	螺栓（综合）	kg	1.985			6.50		
23	塑料软管 φ20	m	2.04			3.76		
24	机上人工	工日	30			113.00		
25	电	kW · h	1 560			0.88		
26	钢管	kg	29.58			5.20		
27	复合模板	m^2	103.586			35.90		
28	铁件	kg	10.712			4.50		
29	摊销卡具和支撑钢材	kg	158.57			4.10		
30	锯材综合	m^3	1.326			1 972.71		
31	脚手架钢材	kg	120.616			3.96		

注：1. 此表由招标人填写除“投标单价”栏的内容，投标人在投标时自主确定投标单价。

2. 招标人应优先采用工程造价管理机构发布的单价作为基准单价，未发布的通过市场调查确定其基准单价。

第六节　鼓风机房

一、分部分项工程和单价措施项目清单与计价表

分部分项工程和单价措施项目清单与计价表见表 13-14。

表 13-14　分部分项工程和单价措施项目清单与计价表

工程名称：污水处理厂\鼓风机房【鼓风机房——土建工程】　　　　标段：

序号	项目编码	项目名称	项目特征	计量单位	工程量	金额 / 元		
						综合单价	合价	其中：暂估价
		分部分项工程量清单						
1	010101004300	挖基坑土方	1. 土壤类别 2. 挖土深度 3. 弃土运距	m^3	40.955	24.27	993.98	
2	010101003301	挖沟槽土方	1. 土壤类别 2. 挖土深度 3. 弃土运距	m^3	1.02	20.23	20.63	
3	010103001302	回填方	1. 密实度要求 2. 填方材料品种 3. 填方粒径要求 4. 填方来源、运距	m^3	9.686	5.93	57.44	
4	010103002303	余方弃置	1. 废弃料品种 2. 运距	m^3	29.294	17.80	521.43	

续表

序号	项目编码	项目名称	项目特征	计量单位	工程量	金额 / 元		
						综合单价	合价	其中：暂估价
5	010401004304	多孔砖墙	1. 砖品种、规格、强度等级 2. 墙体类型 3. 砂浆强度等级、配合比	m^3	3.862	562.53	2 172.49	
6	010401005305	空心砖墙	1. 砖品种、规格、强度等级 2. 墙体类型 3. 砂浆强度等级、配合比	m^3	18.159	554.75	10 073.71	
7	010401014306	砖地沟、明沟	1. 砖品种、规格、强度等级 2. 沟截面尺寸 3. 垫层材料种类、厚度 4. 混凝土强度等级 5. 砂浆强度等级	m	3.214	168.33	541.01	
8	010501001307	垫层	1. 混凝土种类 2. 混凝土强度等级	m^3	3.374	523.24	1 765.41	
9	010501006308	设备基础	1. 混凝土种类 2. 混凝土强度等级 3. 灌浆材料及其强度等级	m^3	0.485	670.56	325.22	
10	010501003309	独立基础	1. 混凝土种类 2. 混凝土强度等级	m^3	8.131	556.46	4 524.58	
11	010503001310	基础梁	1. 混凝土种类 2. 混凝土强度等级	m^3	0.661	562.37	371.73	
12	010502001311	矩形柱	1. 混凝土种类 2. 混凝土强度等级	m^3	0.269	564.42	151.83	

续表

序号	项目编码	项目名称	项目特征	计量单位	工程量	金额/元		
						综合单价	合价	其中：暂估价
13	010502002312	构造柱	1. 混凝土种类 2. 混凝土强度等级	m^3	1.908	552.90	1 054.93	
14	010503005313	过梁	1. 混凝土种类 2. 混凝土强度等级	m^3	0.539	465.28	250.79	
15	010505001314	有梁板	1. 混凝土种类 2. 混凝土强度等级	m^3	7.762	564.88	4 384.60	
16	010507005316	扶手、压顶	1. 断面尺寸 2. 混凝土种类 3. 混凝土强度等级	m^3	3.85	493.37	1 899.47	
17	010515001317	现浇构件钢筋	钢筋种类、规格	t	3.9	5 607.19	21 868.04	
18	010802001318	金属（塑钢）门	1. 门代号及洞口尺寸 2. 门框或扇外围尺寸 3. 门框、扇材质 4. 玻璃品种、厚度	m^2	7.632	703.86	5 371.86	
19	010807001319	金属（塑钢、断桥）窗	1. 窗代号及洞口尺寸 2. 框、扇材质 3. 玻璃品种、厚度	m^2	12.996	525.29	6 826.67	
20	010902001320	屋面	1. 卷材品种、规格、厚度 2. 防水层数 3. 防水层做法	m^2	116.92	101.75	11 896.61	
		外墙面						

续表

序号	项目编码	项目名称	项目特征	计量单位	工程量	金额 / 元		
						综合单价	合价	其中：暂估价
21	011204003321	外墙面	1. 墙体类型 2. 安装方式 3. 面层材料品种、规格、颜色 4. 缝宽、嵌缝材料种类 5. 防护材料种类 6. 磨光、酸洗、打蜡要求	m^2	231.392	206.77	47 844.92	
		分部小计					47 844.92	
		内墙面						
22	011204003322	面砖墙面	1. 墙体类型 2. 安装方式 3. 面层材料品种、规格、颜色 4. 缝宽、嵌缝材料种类 5. 防护材料种类 6. 磨光、酸洗、打蜡要求	m^2	8.207	204.60	1 679.15	
23	011201001323	混合砂浆墙面	1. 墙体类型 2. 底层厚度、砂浆配合比 3. 面层厚度、砂浆配合比 4. 装饰面材料种类 5. 分格缝宽度、材料种类	m^2	108.323	35.15	3 807.55	

续表

序号	项目编码	项目名称	项目特征	计量单位	工程量	金额/元		
						综合单价	合价	其中：暂估价
24	011207001324	矿棉吸音板内墙面	1. 龙骨材料种类、规格、中距 2. 隔离层材料种类、规格 3. 基层材料种类、规格 4. 面层材料品种、规格、颜色 5. 压条材料种类、规格	m^2	69.66	240.91	16 781.79	
		分部小计					22 268.49	
		楼地面						
25	011102003325	防滑地砖楼面	1. 找平层厚度、砂浆配合比 2. 结合层厚度、砂浆配合比 3. 面层材料品种、规格、颜色 4. 嵌缝材料种类 5. 防护层材料种类 6. 酸洗、打蜡要求	m^2		15.751	589.54	9 285.84
26	011102003326	普通地砖楼面	1. 找平层厚度、砂浆配合比 2. 结合层厚度、砂浆配合比 3. 面层材料品种、规格、颜色 4. 嵌缝材料种类 5. 防护层材料种类 6. 酸洗、打蜡要求	m^2		109.24	230.31	25 159.06
27	011104004327	防静电架空活动地板	1. 支架高度、材料种类 2. 面层材料品种、规格、颜色 3. 防护材料种类	m^2		8.448	582.50	4 920.96

续表

序号	项目编码	项目名称	项目特征	计量单位	工程量	金额/元		
						综合单价	合价	其中：暂估价
28	011101003328	不发火细石混凝土楼地面	1. 找平层厚度、砂浆配合比 2. 面层厚度、混凝土强度等级	m^2		24.045	133.25	3 204.00
29	011101001329	水泥砂浆楼地面	1. 找平层厚度、砂浆配合比 2. 素水泥浆遍数 3. 面层厚度、砂浆配合比 4. 面层做法要求	m^2		5.7	33.14	188.90
30	011101001330	水泥豆石楼地面	1. 找平层厚度、砂浆配合比 2. 素水泥浆遍数 3. 面层厚度、砂浆配合比 4. 面层做法要求	m^2		20.027	172.25	3 449.65
31	011102003331	耐酸砖楼地面	1. 找平层厚度、砂浆配合比 2. 结合层厚度、砂浆配合比 3. 面层材料品种、规格、颜色 4. 嵌缝材料种类 5. 防护层材料种类 6. 酸洗、打蜡要求	m^2		6.405	247.59	1 585.81
		分部小计					47 794.22	
		踢脚线						
32	011105003332	彩色釉面砖踢脚线	1. 踢脚线高度 2. 粘贴层厚度、材料种类 3. 面层材料品种、规格、颜色 4. 防护材料种类	m^2	13.269	202.38	2 685.38	

续表

序号	项目编码	项目名称	项目特征	计量单位	工程量	金额/元		
						综合单价	合价	其中：暂估价
33	011105001333	水泥豆石踢脚线	1. 踢脚线高度 2. 底层厚度、砂浆配合比 3. 面层厚度、砂浆配合比	m^2	12.053	96.28	1 160.46	
34	011105004334	塑料板踢脚线	1. 踢脚线高度 2. 粘结层厚度、材料种类 3. 面层材料种类、规格、颜色	m^2	4.56	119.60	545.38	
		分部小计					4 391.22	
		墙裙						
35	011204003335	瓷砖墙裙	1. 墙体类型 2. 安装方式 3. 面层材料品种、规格、颜色 4. 缝宽、嵌缝材料种类 5. 防护材料种类 6. 磨光、酸洗、打蜡要求	m^2	23.4	199.14	4 659.88	
		分部小计					4 659.88	
		顶棚						
36	011302001336	轻钢龙骨铝扣板顶棚	1. 吊顶型式、吊杆规格、高度 2. 龙骨材料种类、规格、中距 3. 基层材料种类、规格 4. 面层材料品种、规格 5. 压条材料种类、规格 6. 嵌缝材料种类 7. 防护材料种类	m^2	16.58	128.33	2 127.71	

续表

序号	项目编码	项目名称	项目特征	计量单位	工程量	金额/元		
						综合单价	合价	其中：暂估价
37	011301001337	混合砂浆腻子顶棚	1. 基层类型 2. 抹灰厚度、材料种类 3. 砂浆配合比	m^2	91.474	28.59	2 615.24	
38	011302001338	吸声顶棚	1. 吊顶型式、吊杆规格、高度 2. 龙骨材料种类、规格、中距 3. 基层材料种类、规格 4. 面层材料品种、规格 5. 压条材料种类、规格 6. 嵌缝材料种类 7. 防护材料种类	m^2	58.55	170.01	9 954.09	
		分部小计					14 697.04	
		分部小计					216 728.20	
		措施项目清单（二）						
		1.1 混凝土、钢筋混凝土模板及支架						
39	011702001	房建基础模板安拆	基础类型	m^2	53.385	41.15	2 196.79	
40	011702002	矩形柱	基础类型	m^2	111.788	51.13	5 715.72	
41	011702003	构造柱	基础类型	m^2	17.006	43.47	739.25	
42	011702014	有梁板	支撑高度	m^2	157.801	43.66	6 889.59	

续表

序号	项目编码	项目名称	项目特征	计量单位	工程量	金额/元		
						综合单价	合价	其中：暂估价
43	01170200	过梁	1. 梁截面形状 2. 支撑高度	m^2	7.101	38.78	275.38	
44	011702008	圈梁	1. 梁截面形状 2. 支撑高度	m^2	5.937	36.32	215.63	
45	011702024	楼梯	类型	m^2	8.81	120.42	1 060.90	
		分部小计					17 093.26	
46	011701001	综合脚手架	1. 建筑结构形式 2. 檐口高度	m^2	114.855	17.67	2 029.49	
		分部小计					19 122.75	
合　计							235 850.95	

注：为计取规费等的使用，可在表中增设“其中：定额人工费”。

二、总价措施项目清单计价表

总价措施项目清单计价见表 13-15。

表 13-15　总价措施项目清单计价表

工程名称：污水处理厂\鼓风机房【鼓风机房——土建工程】　　　　标段：

序号	项目编码	项目名称	计算基础	费率 / %	金额 / 元	调整费 / %	调整后金额 / 元	备注
1	041109001025	安全文明施工费		项	6 540.86			
	①	环境保护费	分部分项工程量清单项目定额人工费	0.52	187.29			
	②	文明施工费	分部分项工程量清单项目定额人工费	3.82	1 375.89			
	③	安全施工费	分部分项工程量清单项目定额人工费	6.3	2 269.13			
	④	临时设施费	分部分项工程量清单项目定额人工费	7.52	2 708.55			
2	041109002026	夜间施工费		项	280.94			
	①	夜间施工费	分部分项工程量清单项目定额人工费	0.78	280.94			
3	041109003027	二次搬运费		项	136.87			
	①	二次搬运费	分部分项工程量清单项目定额人工费	0.38	136.87			
4	041109004028	冬雨季施工费		项	208.90			
	①	冬雨季施工费	分部分项工程量清单项目定额人工费	0.58	208.90			
5	041109005029	行车、行人干扰		项				
6	041109006030	地上和地下设施、建筑物的临时保护设施		项				
7	041109007031	已完工程及设备保护		项				
8	041109008032	工程定位复测费		项				
	①	工程定位复测费	分部分项工程量清单项目定额人工费+单价措施项目定额人工费	0.14				
合　计					7 167.57			

编制人（造价人员）：　　　　　　　　　　复核人（造价工程师）：

注：1.“计算基础”中安全文明施工费可为“定额基价”“定额人工费”或“定额人工费+定额机械费”，其他项目可为“定额人工费”或“定额人工费+定额机械费”。

2. 按施工方案计算的措施费，若无“计算基础”和“费率”的数值，也可只填“金额”数值，但应在备注栏说明施工方案出处或计算方法。

三、规费、税金项目计价表

规费、税金项目计价见表 13-16。

表 13-16 规费、税金项目计价表

工程名称：污水处理厂\鼓风机房【鼓风机房——土建工程】　　　标段：

序号	项目名称	计算基础	计算基数	计算费率 /%	金额 / 元
1	规费	分部分项清单定额人工费 + 单价措施项目清单定额人工费			6 611.59
1.1	社会保险费	分部分项清单定额人工费 + 单价措施项目清单定额人工费			5 157.04
（1）	养老保险费	分部分项清单定额人工费 + 单价措施项目清单定额人工费	44 077.38	7.5	3 305.80
（2）	失业保险费	分部分项清单定额人工费 + 单价措施项目清单定额人工费	44 077.38	0.6	264.46
（3）	医疗保险费	分部分项清单定额人工费 + 单价措施项目清单定额人工费	44 077.38	2.7	1 190.09
（4）	工伤保险费	分部分项清单定额人工费 + 单价措施项目清单定额人工费	44 077.38	0.7	308.54
（5）	生育保险费	分部分项清单定额人工费 + 单价措施项目清单定额人工费	44 077.38	0.2	88.15
1.2	住房公积金	分部分项清单定额人工费 + 单价措施项目清单定额人工费	44 077.38	3.3	1 454.55
1.3	工程排污费	按工程所在地环境保护部门收取标准，按实计入			
2	销项增值税税额	分部分项工程费 + 措施项目费 + 其他项目费 + 规费 + 创优质工程奖补偿奖励费 - 按规定不计税的工程设备金额 - 除税甲供材料（设备）设备费	249 630.11	11	27 459.31
合　计					34 070.90

编制人（造价人员）：　　　　复核人（造价工程师）：

四、承包人提供主要材料和工程设备一览表

承包人提供主要材料和工程设备一览见表 13-17。

表 13–17　承包人提供主要材料和工程设备一览表（适用造价信息差额调整法）

工程名称：污水处理厂 \ 鼓风机房【鼓风机房——土建工程】　　　　标段：

序号	名称、规格、型号	单位	数量	风险系数 / %	基准单价 / 元	投标单价 / 元	发承包人确认单价 / 元	备注
1	其他材料费	元	1 228.466			1.00		
2	柴油（机械）	kg	72.252			6.60	5.81	
3	汽油（机械）	kg	6.689			8.58	7.16	
4	二等锯材	m^3	2.405			1 801.17	1 541.30	
5	复合模板	m^2	91.428			25.00	13.69	
6	摊销卡具和支撑钢材	kg	166.101			4.50	4.50	
7	对拉螺栓	kg	37.281			6.50	6.50	
8	对拉螺栓塑料管	m	168.12			4.40	1.00	
9	脚手架钢材	kg	99.814			3.96	4.50	
10	锯材综合	m^3	0.182			1 972.71	1 541.30	
11	水	m^3	48.654			4.47		
12	干混砌筑砂浆	t	5.335			409.00		
13	标准砖	千匹（千块）	0.599			777.20		
14	烧结多孔砖 115 × 115 × 240	千匹（千块）	1.038			830.63		
15	烧结空心砖	m^3	16.834			342.94		
16	商品混凝土 C15	m^3	3.404			480.89		
17	商品混凝土 C30	m^3	17.399			514.90		
18	商品混凝土 C20	m^3	1.92			495.47		
19	中砂	m^3	9.429			238.02		
20	砾石 5～20 mm	m^3	3.266			106.80		
21	钢筋直径≤φ10	t	1.47			3 928.27		
22	钢筋直径 φ12～16	t	0.428			4 063.78		
23	焊条综合	kg	21.842			25.64		
24	断桥铝合金平开门	m^2	7.345			664.16		
25	膨胀螺栓（金属胀锚螺栓）M8 × 75	套	161.426			1.51		
26	镀锌螺钉带垫	个	43.776			0.427		
27	断桥铝合金平开窗	m^2	12.568			476.89		
28	弹性体（SBS）改性沥青防水卷材聚酯胎 I 型 3 mm	m^2	148.256			27.08		

续表

序号	名称、规格、型号	单位	数量	风险系数/%	基准单价/元	投标单价/元	发承包人确认单价/元	备注
29	改性沥青嵌缝油膏	kg	14.038			3.17		
30	石油沥青 30#	kg	23.981			3.43		
31	汽油	kg	57.704			8.58		
32	水泥 32.5	kg	7 152.902			0.36		
33	砾石 5～10 mm	m^3	4.768			106.80		
34	豆石 5～10 mm	m^3	0.678			141.84		
35	双组分聚氨酯防水涂料	kg	538.654			19.50		
36	稀释剂	kg	20.642			9.00		
37	SBS 改性沥青涂料	kg	61.64			19.00		
38	玻纤布	m^2	42.56			1.30		
39	干混地面砂浆	t	18.72			407.06		
40	805 胶水	kg	10.567			15.67		
41	干混抹灰砂浆	t	9.969			436.20		
42	滑石粉	kg	38.111			0.376		
43	腻子胶	kg	11.772			2.74		
44	大白粉	kg	1.159			0.376		
45	白水泥	kg	80.4			0.67		
46	面砖 ≤600×600	m^2	273.52			125.57		
47	砾石 5～40 mm	m^3	0.48			106.80		
48	螺纹连接套筒≤φ32	个	31.199			2.32		
49	钢筋直径＞φ16	t	2.232			3 925.69		
50	铁件	kg	0.021			4.50		
51	炉渣	m^3	7.976			67.01		
52	石灰	kg	478.589			0.803		
53	建筑油膏	kg	98.238			4.02		
54	建筑焦油	kg	6.204			4.02		
55	干混抹灰砂浆 M5	t	3.405			436.20		
56	麻刀	kg	9.79			3.25		
57	纸筋	kg	9.054			0.34		
58	石灰膏	m^3	0.997			188.03		
59	细砂	m^3	2.136			184.58		
60	螺栓	个	158.219			1.51		

续表

序号	名称、规格、型号	单位	数量	风险系数 / %	基准单价 / 元	投标单价 / 元	发承包人确认单价 / 元	备注
61	轻钢龙骨 75 × 50	m	127.551			7.59		
62	轻钢龙骨 75 × 40	m	74.579			7.59		
63	木工板 12 mm	m^2	71.443			41.85		
64	乳胶	kg	2.44			37.22		
65	岩棉吸音板	m^2	73.185			46.31		
66	防静电木地板（含托架）	m^2	8.753			384.91		
67	金刚石（三角形）75 × 75 × 20	块	2.1			28.89		
68	白石子（方解石）	kg	150.851			0.20		
69	彩釉地砖 300 × 300	m^2	141.691			117.95		
70	耐酸磁板 150 × 150 × 30	m^2	6.56			117.95		
71	XY401 粘接剂	kg	1.38			17.30		
72	二甲苯	kg	0.874			20.68		
73	软蜡	kg	0.106			11.00		
74	PVC 踢脚板	m^2	4.738			22.68		
75	装配式 T 形铝合金龙骨	m^2	76.704			17.89		
76	加工铁件	kg	22.51			4.34		
77	预埋铁件	kg	30.08			4.50		
78	铝合金扣板 G100 条形 0.6 厚	m^2	16.932			75.00		
79	矿棉板	m^2	61.53			38.97		
80	隔音板	m^2	61.53			50.72		
81	立得时胶	kg	19.074			16.50		

注：1. 此表由招标人填写除“投标单价”栏的内容，投标人在投标时自主确定投标单价。

2. 招标人应优先采用工程造价管理机构发布的单价作为基准单价，未发布的通过市场调查确定其基准单价。

第七节　综合楼

一、分部分项工程和单价措施项目清单与计价表

分部分项工程和单价措施项目清单与计价见表 13-18。

表 13–18　分部分项工程和单价措施项目清单与计价表

工程名称：污水处理厂\综合楼【综合楼——土建工程】　　　　标段：

序号	项目编码	项目名称	项目特征	计量单位	工程量	金额/元		
						综合单价	合价	其中：暂估价
		分部分项工程量清单						
1	010101004300	挖基坑土方	1. 土壤类别 2. 挖土深度 3. 弃土运距	m^3	1 023.87	24.27	24 849.32	
2	010101003301	挖沟槽土方	1. 土壤类别 2. 挖土深度 3. 弃土运距	m^3	5.1	20.23	103.17	
3	010103001302	回填方	1. 密实度要求 2. 填方材料品种 3. 填方粒径要求 4. 填方来源、运距	m^3	968.573	5.93	5 743.64	
4	010103002303	余方弃置	1. 废弃料品种 2. 运距	m^3	60.398	17.80	1 075.08	
5	010401004304	多孔砖墙	1. 砖品种、规格、强度等级 2. 墙体类型 3. 砂浆强度等级、配合比	m^3	154.478	562.53	86 898.51	
6	010401005305	空心砖墙	1. 砖品种、规格、强度等级 2. 墙体类型 3. 砂浆强度等级、配合比	m^3	817.133	554.73	453 288.19	

续表

序号	项目编码	项目名称	项目特征	计量单位	工程量	金额 / 元		
						综合单价	合价	其中：暂估价
7	010401014306	砖地沟、明沟	1. 砖品种、规格、强度等级 2. 沟截面尺寸 3. 垫层材料种类、厚度 4. 混凝土强度等级 5. 砂浆强度等级	m	16.069	168.32	2 704.73	
8	010501001307	垫层	1. 混凝土种类 2. 混凝土强度等级	m^3	16.868	523.17	8 824.83	
9	010501006308	设备基础	1. 混凝土种类 2. 混凝土强度等级 3. 灌浆材料及其强度等级	m^3	2.426	670.84	1 627.46	
10	010501003309	独立基础	1. 混凝土种类 2. 混凝土强度等级	m^3	36.96	556.62	20 572.68	
11	01050300310	基础梁	1. 混凝土种类 2. 混凝土强度等级	m^3	18.555	563.22	10 450.55	
12	010502001311	矩形柱	1. 混凝土种类 2. 混凝土强度等级	m^3	67.193	563.87	37 888.12	
13	010502002312	构造柱	1. 混凝土种类 2. 混凝土强度等级	m^3	9.6	552.87	5 307.55	
14	010503005313	过梁	1. 混凝土种类 2. 混凝土强度等级	m^3	2.693	463.22	1 247.45	
15	010505001314	有梁板	1. 混凝土种类 2. 混凝土强度等级	m^3	139.71	564.94	78 927.77	

续表

序号	项目编码	项目名称	项目特征	计量单位	工程量	金额/元		
						综合单价	合价	其中：暂估价
16	010506001315	直形楼梯	1. 混凝土种类 2. 混凝土强度等级	m^2	44.048	151.37	6 667.55	
17	01050700316	扶手、压顶	1. 断面尺寸 2. 混凝土种类 3. 混凝土强度等级	m^3	2.888	493.03	1 423.87	
18	010515001317	现浇构件钢筋	钢筋种类、规格	t	41.1	5 605.20	230 373.72	
19	010802001318	金属（塑钢）门	1. 门代号及洞口尺寸 2. 门框或扇外围尺寸 3. 门框、扇材质 4. 玻璃品种、厚度	m^2	38.16	703.86	26 859.30	
20	010807001319	金属（塑钢、断桥）窗	1. 窗代号及洞口尺寸 2. 框、扇材质 3. 玻璃品种、厚度	m^2	64.98	525.29	34 133.34	
21	010902001320	屋面	1. 卷材品种、规格、厚度 2. 防水层数 3. 防水层做法	m^2	269.333	101.75	27 404.63	
			外墙面					
22	011204003321	外墙面	1. 墙体类型 2. 安装方式 3. 面层材料品种、规格、颜色 4. 缝宽、嵌缝材料种类 5. 防护材料种类 6. 磨光、酸洗、打蜡要求	m^2	1 020.848	206.77	211 080.74	

续表

序号	项目编码	项目名称	项目特征	计量单位	工程量	金额 / 元		
						综合单价	合价	其中：暂估价
		分部小计					211 080.74	
		内墙面						
23	011204003322	面砖墙面	1. 墙体类型 2. 安装方式 3. 面层材料品种、规格、颜色 4. 缝宽、嵌缝材料种类 5. 防护材料种类 6. 磨光、酸洗、打蜡要求	m^2	42.674	204.59	8 730.67	
24	011201001323	混合砂浆墙面	1. 墙体类型 2. 底层厚度、砂浆配合比 3. 面层厚度、砂浆配合比 4. 装饰面材料种类 5. 分格缝宽度、材料种类	m^2	1 169.892	35.15	41 121.70	
25	011207001324	矿棉吸音板内墙面	1. 龙骨材料种类、规格、中距 2. 隔离层材料种类、规格 3. 基层材料种类、规格 4. 面层材料品种、规格、颜色 5. 压条材料种类、规格	m^2	69.66	240.91	16 781.79	
		分部小计					66 634.16	
26	011102003325	防滑地砖楼面	1. 找平层厚度、砂浆配合比 2. 结合层厚度、砂浆配合比 3. 面层材料品种、规格、颜色 4. 嵌缝材料种类 5. 防护层材料种类 6. 酸洗、打蜡要求	m^2	16.58	589.54	9 774.57	

续表

序号	项目编码	项目名称	项目特征	计量单位	工程量	金额/元		
						综合单价	合价	其中：暂估价
27	011102003326	普通地砖楼面	1. 找平层厚度、砂浆配合比 2. 结合层厚度、砂浆配合比 3. 面层材料品种、规格、颜色 4. 嵌缝材料种类 5. 防护层材料种类 6. 酸洗、打蜡要求	m^2	108.9	230.31	25 080.76	
28	011104004327	防静电架空活动地板	1. 支架高度、材料种类 2. 面层材料品种、规格、颜色 3. 防护材料种类	m^2	56.32	582.50	32 806.40	
29	011101003328	不发火细石混凝土楼地面	1. 找平层厚度、砂浆配合比 2. 面层厚度、混凝土强度等级	m^2	160.3	133.25	21 359.98	
30	011101001329	水泥砂浆楼地面	1. 找平层厚度、砂浆配合比 2. 素水泥浆遍数 3. 面层厚度、砂浆配合比 4. 面层做法要求	m^2	5.7	33.14	188.90	
31	011101001330	水泥豆石楼地面	1. 找平层厚度、砂浆配合比 2. 素水泥浆遍数 3. 面层厚度、砂浆配合比 4. 面层做法要求	m^2	133.51	172.24	22 995.76	
32	011102003331	耐酸砖楼地面	1. 找平层厚度、砂浆配合比 2. 结合层厚度、砂浆配合比 3. 面层材料品种、规格、颜色 4. 嵌缝材料种类 5. 防护层材料种类 6. 酸洗、打蜡要求	m^2	42.7	247.59	10 572.09	

续表

序号	项目编码	项目名称	项目特征	计量单位	工程量	金额/元		
						综合单价	合价	其中：暂估价
		分部小计					122 778.46	
		踢脚线						
33	011105003332	彩色釉面砖踢脚线	1. 踢脚线高度 2. 粘贴层厚度、材料种类 3. 面层材料品种、规格、颜色 4. 防护材料种类	m^2	13.269	202.38	2 685.38	
34	011105001333	水泥豆石踢脚线	1. 踢脚线高度 2. 底层厚度、砂浆配合比 3. 面层厚度、砂浆配合比	m^2	9.039	96.28	870.27	
35	011105004334	塑料板踢脚线	1. 踢脚线高度 2. 粘结层厚度、材料种类 3. 面层材料种类、规格、颜色	m^2	4.56	119.60	545.38	
		分部小计					4 101.03	
		墙裙						
36	011204003335	瓷砖墙裙	1. 墙体类型 2. 安装方式 3. 面层材料品种、规格、颜色 4. 缝宽、嵌缝材料种类 5. 防护材料种类 6. 磨光、酸洗、打蜡要求	m^2	23.4	199.14	4 659.88	
		分部小计					4 659.88	
		顶棚						

续表

序号	项目编码	项目名称	项目特征	计量单位	工程量	金额/元		
						综合单价	合价	其中：暂估价
37	011302001336	轻钢龙骨铝扣板顶棚	1. 吊顶形式、吊杆规格、高度 2. 龙骨材料种类、规格、中距 3. 基层材料种类、规格 4. 面层材料品种、规格 5. 压条材料种类、规格 6. 嵌缝材料种类 7. 防护材料种类	m^2	16.58	128.33	2 127.71	
38	011301001337	混合砂浆腻子顶棚	1. 基层类型 2. 抹灰厚度、材料种类 3. 砂浆配合比	m^2	481.44	28.59	13 764.37	
39	011302001338	吸声顶棚	1. 吊顶型式、吊杆规格、高度 2. 龙骨材料种类、规格、中距 3. 基层材料种类、规格 4. 面层材料品种、规格 5. 压条材料种类、规格 6. 嵌缝材料种类 7. 防护材料种类	m^2	58.55	170.01	9 954.09	
		分部小计					25 846.17	
		分部小计					1 501 471.90	
		措施项目清单（二）						
		1.1 混凝土、钢筋混凝土模板及支架						

续表

序号	项目编码	项目名称	项目特征	计量单位	工程量	金额 / 元		
						综合单价	合价	其中：暂估价
40	011702001	房建基础模板安拆	基础类型	m^2	355.9	41.15	14 645.29	
41	011702002	矩形柱	基础类型	m^2	745.25	51.13	38 104.63	
42	011702003	构造柱	基础类型	m^2	113.37	43.47	4 928.19	
43	011702014	有梁板	支撑高度	m^2	1 127.15	43.66	49 211.37	
44	011702009	过梁	1. 梁截面形状 2. 支撑高度	m^2	47.34	38.78	1 835.85	
45	011702008	圈梁	1. 梁截面形状 2. 支撑高度	m^2	39.58	36.32	1 437.55	
46	011702024	楼梯	类型	m^2	58.73	120.41	7 071.68	
		分部小计					117 234.56	
47	011701001	综合脚手架	1. 建筑结构形式 2. 檐口高度	m^2	765.7	17.67	13 529.92	
		分部小计					130 764.48	
合　计							1 632 236.38	

注：为计取规费等的使用，可在表中增设“其中：定额人工费”。

二、总价措施项目清单计价表

总价措施项目清单计价见表 13-19。

表 13–19　总价措施项目清单计价表

工程名称：污水处理厂 \ 综合楼【综合楼——土建工程】　　　　　　标段：

序号	项目编码	项目名称	计算基础	费率 / %	金额 / 元	调整费率 / %	调整后金额 / 元	备注
1	041109001025	安全文明施工费		项	46 993.76			
	①	环境保护费	分部分项工程量清单项目定额人工费	0.52	1 345.64			
	②	文明施工费	分部分项工程量清单项目定额人工费	3.82	9 885.25			
	③	安全施工费	分部分项工程量清单项目定额人工费	6.3	16 302.90			
	④	临时设施费	分部分项工程量清单项目定额人工费	7.52	19 459.97			
2	041109002026	夜间施工费		项	2 018.45			
	①	夜间施工费	分部分项工程量清单项目定额人工费	0.78	2 018.45			
3	041109003027	二次搬运费		项	983.35			
	①	二次搬运费	分部分项工程量清单项目定额人工费	0.38	983.35			
4	041109004028	冬雨季施工费		项	1 500.90			
	①	冬雨季施工费	分部分项工程量清单项目定额人工费	0.58	1 500.90			
5	041109005029	行车、行人干扰		项				
6	041109006030	地上和地下设施、建筑物的临时保护设施		项				
7	041109007031	已完工程及设备保护		项				
8	041109008032	工程定位复测费		项				
	①	工程定位复测费	分部分项工程量清单项目定额人工费 + 单价措施项目定额人工费	0.14				
合　计					51 496.46			

编制人（造价人员）：　　　　　　　　　　复核人（造价工程师）：

注：1.“计算基础”中安全文明施工费可为“定额基价”“定额人工费”或“定额人工费 + 定额机械费”，其他项目可为“定额人工费”或“定额人工费 + 定额机械费”。

2. 按施工方案计算的措施费，若无“计算基础”和“费率”的数值，也可只填“金额”数值，但应在备注栏说明施工方案出处或计算方法。

三、规费、税金项目计价表

规费、税金项目计价见表 13-20。

表 13-20　规费、税金项目计价表

工程名称：污水处理厂 \ 综合楼【综合楼——土建工程】　　　　　　标段：

序号	项目名称	计算基础	计算基数	计算费率 /%	金额 / 元
1	规费	分部分项清单定额人工费 + 单价措施项目清单定额人工费			47 086.00
1.1	社会保险费	分部分项清单定额人工费 + 单价措施项目清单定额人工费			36 727.08
（1）	养老保险费	分部分项清单定额人工费 + 单价措施项目清单定额人工费	313 906.65	7.5	23 543.00
（2）	失业保险费	分部分项清单定额人工费 + 单价措施项目清单定额人工费	313 906.65	0.6	1 883.44
（3）	医疗保险费	分部分项清单定额人工费 + 单价措施项目清单定额人工费	313 906.65	2.7	8 475.48
（4）	工伤保险费	分部分项清单定额人工费 + 单价措施项目清单定额人工费	313 906.65	0.7	2 197.35
（5）	生育保险费	分部分项清单定额人工费 + 单价措施项目清单定额人工费	313 906.65	0.2	627.81
1.2	住房公积金	分部分项清单定额人工费 + 单价措施项目清单定额人工费	313 906.65	3.3	10 358.92
1.3	工程排污费	按工程所在地环境保护部门收取标准，按实计入			
2	销项增值税税额	分部分项工程费 + 措施项目费 + 其他项目费 + 规费 + 创优质工程奖补偿奖励费 − 按规定不计税的工程设备金额 − 除税甲供材料（设备）设备费	1 730 818.84	11	190 390.07
合　计					237 476.07

编制人（造价人员）：　　　　　　　　　复核人（造价工程师）：

四、承包人提供主要材料和工程设备一览表

承包人提供主要材料和工程设备一览见表 13-21。

表 13-21　承包人提供主要材料和工程设备一览表（适用造价信息差额调整法）

工程名称：污水处理厂\综合楼【综合楼——土建工程】　　　　标段：

序号	名称、规格、型号	单位	数量	风险系数 / %	基准单价 / 元	投标单价 / 元	发承包人确认单价 / 元	备注
1	其他材料费	元	7 442.411			1.00		
2	柴油（机械）	kg	642.271			6.60	5.81	
3	汽油（机械）	kg	71.966			8.58	7.16	
4	二等锯材	m^3	16.537			1 801.17	1 541.30	
5	复合模板	m^2	628.27			25.00	13.69	
6	摊销卡具和支撑钢材	kg	1 150.556			4.50	4.50	
7	对拉螺栓	kg	248.566			6.50	6.50	
8	对拉螺栓塑料管	m	1 121.04			4.40	1.00	
9	脚手架钢材	kg	665.164			3.96	4.50	
10	锯材综合	m^3	1.125			1 972.71	1 541.30	
11	水	m^3	387.433			4.47		
12	干混砌筑砂浆	t	221.315			409.00		
13	标准砖	千匹（千块）	10.44			777.20		
14	烧结多孔砖 115 × 115 × 240	千匹（千块）	41.555			830.63		
15	烧结空心砖	m^3	757.48			342.94		
16	商品混凝土 C15	m^3	17.039			480.89		
17	商品混凝土 C30	m^3	276.609			514.90		
18	商品混凝土 C20	m^3	9.648			495.47		
19	中砂	m^3	29.315			238.02		
20	砾石 5～20 mm	m^3	2.452			106.80		
21	钢筋直径≤φ10	t	15.487			3 928.27		
22	钢筋直径 φ12～16	t	4.508			4 063.78		
23	焊条综合	kg	230.049			25.64		
24	断桥铝合金平开门	m^2	36.916			664.16		
25	膨胀螺栓（金属胀锚螺栓）M8 × 75	套	808.282			1.51		
26	镀锌螺钉带垫	个	220.032			0.427		
27	断桥铝合金平开窗	m^2	62.842			476.89		
28	弹性体（SBS）改性沥青防水卷材聚酯胎 I 型 3 mm	m^2	341.599			27.08		

续表

序号	名称、规格、型号	单位	数量	风险系数 / %	基准单价 / 元	投标单价 / 元	发承包人确认单价 / 元	备注
29	改性沥青嵌缝油膏	kg	32.346			3.17		
30	石油沥青 30#	kg	55.254			3.43		
31	汽油	kg	132.958			8.58		
32	水泥 32.5	kg	22 626.113			0.36		
33	砾石 5～10 mm	m^3	14.903			106.80		
34	豆石 5～10 mm	m^3	3.905			141.84		
35	双组分聚氨酯防水涂料	kg	1 342.025			19.50		
36	稀释剂	kg	55.654			9.00		
37	SBS 改性沥青涂料	kg	411.447			19.00		
38	玻纤布	m^2	284.088			1.30		
39	干混地面砂浆	t	32.398			407.06		
40	805 胶水	kg	50.021			15.67		
41	干混抹灰砂浆	t	42.036			436.20		
42	滑石粉	kg	411.688			0.376		
43	腻子胶	kg	127.168			2.74		
44	大白粉	kg	12.518			0.376		
45	白水泥	kg	398.151			0.67		
46	面砖≤600×600	m^2	1 130.376			125.57		
47	砾石 5～40 mm	m^3	2.391			106.80		
48	螺纹连接套筒≤φ32	个	328.624			2.32		
49	钢筋直径＞φ16	t	23.513			3 925.69		
50	铁件	kg	0.133			4.50		
51	炉渣	m^3	18.366			67.01		
52	石灰	kg	1 101.981			0.803		
53	建筑油膏	kg	226.298			4.02		
54	建筑焦油	kg	14.292			4.02		
55	干混抹灰砂浆 M5	t	3.405			436.20		
56	麻刀	kg	105.759			3.25		
57	纸筋	kg	97.804			0.34		
58	石灰膏	m^3	10.775			188.03		
59	细砂	m^3	23.07			184.58		
60	螺栓	个	158.219			1.51		

续表

序号	名称、规格、型号	单位	数量	风险系数 / %	基准单价 / 元	投标单价 / 元	发承包人确认单价 / 元	备注
61	轻钢龙骨 75 × 50	m	127.551			7.59		
62	轻钢龙骨 75 × 40	m	74.579			7.59		
63	木工板 12 mm	m^2	71.443			41.85		
64	乳胶	kg	2.44			37.22		
65	岩棉吸音板	m^2	73.185			46.31		
66	防静电木地板（含托架）	m^2	58.665			384.91		
67	金刚石（三角形）75 × 75 × 20	块	14.075			28.89		
68	白石子（方解石）	kg	1 011.058			0.20		
69	彩釉地砖 300 × 300	m^2	142.204			117.95		
70	耐酸磁板 150 × 150 × 30	m^2	43.768			117.95		
71	XY401 黏接剂	kg	1.38			17.30		
72	二甲苯	kg	0.874			20.68		
73	软蜡	kg	0.106			11.00		
74	PVC 踢脚板	m^2	4.738			22.68		
75	装配式 T 形铝合金龙骨	m^2	76.704			17.89		
76	加工铁件	kg	22.51			4.34		
77	预埋铁件	kg	30.08			4.50		
78	铝合金扣板 G100 条形 0.6 厚	m^2	16.932			75.00		
79	矿棉板	m^2	61.53			38.97		
80	隔音板	m^2	61.53			50.72		
81	立得时胶	kg	19.074			16.50		

注：1. 此表由招标人填写除“投标单价”栏的内容，投标人在投标时自主确定投标单价。

2. 招标人应优先采用工程造价管理机构发布的单价作为基准单价，未发布的通过市场调查确定其基准单价。

第八节　总坪工程

一、分部分项工程和单价措施项目清单与计价表

分部分项工程和单价措施项目清单与计价见表 13-22。

表 13-22　分部分项工程和单价措施项目清单与计价表

工程名称：污水处理厂 \ 总坪工程【总坪工程——土方工程】　　　　标段：

序号	项目编码	项目名称	项目特征	计量单位	工程量	金额 / 元		
						综合单价	合价	其中 暂估价
		分部分项工程量清单						
1	040101001010	挖一般土方	1. 土壤类别 2. 挖土深度	m^3	84 923.8	4.53	384 704.81	
2	040103001011	回填方	1. 密实度要求 2. 填方材料品种 3. 填方粒径要求 4. 填方来源、运距	m^3	11 863.82	4.93	58 488.63	
3	040103002013	余方弃置	1. 废弃料品种 2. 运距	m^3	73 059.98	5.36	391 601.49	
4	040201002007	强夯地基	1. 夯击能量 2. 夯击遍数 3. 地耐力要求 4. 夯填材料种类	m^2	7 950.272	4.94	39 274.34	
5	040303001008	路基垫层砼 C10	混凝土强度等级	m^3	795.027	528.07	419 829.91	
		分部小计					1 293 899.18	
合　计							1 293 899.18	

注：为计取规费等的使用，可在表中增设“其中：定额人工费”。

二、总价措施项目清单计价表

总价措施项目清单计价见表 13-23。

表 13-23　总价措施项目清单计价表

工程名称：污水处理厂 \ 总坪工程【总坪工程——土方工程】　　　　标段：

序号	项目编码	项目名称	计算基础	费率 / %	金额 / 元	调整费率 / %	调整后金额 / 元	备注
1	041109001025	安全文明施工费		项	37 726.83			
	①	环境保护费	分部分项工程量清单项目定额人工费	0.52	1 080.28			
	②	文明施工费	分部分项工程量清单项目定额人工费	3.82	7 935.93			

续表

序号	项目编码	项目名称	计算基础	费率 / %	金额 / 元	调整费率 / %	调整后金额 / 元	备注
	③	安全施工费	分部分项工程量清单项目定额人工费	6.3	13 088.05			
	④	临时设施费	分部分项工程量清单项目定额人工费	7.52	15 622.57			
2	041109002026	夜间施工费		项	1 620.43			
	①	夜间施工费	分部分项工程量清单项目定额人工费	0.78	1 620.43			
3	041109003027	二次搬运费		项	789.44			
	①	二次搬运费	分部分项工程量清单项目定额人工费	0.38	789.44			
4	041109004028	冬雨季施工费		项	1 204.93			
	①	冬雨季施工费	分部分项工程量清单项目定额人工费	0.58	1 204.93			
5	041109005029	行车、行人干扰		项				
6	041109006030	地上和地下设施、建筑物的临时保护设施		项				
7	041109007031	已完工程及设备保护		项				
8	041109008032	工程定位复测费		项	290.85			
	①	工程定位复测费	分部分项工程量清单项目定额人工费	0.14	290.85			
合　计					41 632.48			

编制人（造价人员）：　　　　　　　　　　　　复核人（造价工程师）：

注：1. “计算基础”中安全文明施工费可为“定额基价”“定额人工费”或“定额人工费 + 定额机械费”，其他项目可为“定额人工费”或“定额人工费 + 定额机械费”。

2. 按施工方案计算的措施费，若无“计算基础”和“费率”的数值，也可只填“金额”数值，但应在备注栏说明施工方案出处或计算方法。

三、规费、税金项目计价表

规费、税金项目计价见表 13-24。

表 13-24　规费、税金项目计价表

工程名称：污水处理厂\总坪工程【总坪工程——土方工程】　标段：

序号	项目名称	计算基础	计算基数	计算费率 /%	金额 / 元
1	规费	分部分项清单定额人工费 + 单价措施项目清单定额人工费			31 162.04
1.1	社会保险费	分部分项清单定额人工费 + 单价措施项目清单定额人工费			24 306.39
（1）	养老保险费	分部分项清单定额人工费 + 单价措施项目清单定额人工费	207 746.90	7.5	15 581.02
（2）	失业保险费	分部分项清单定额人工费 + 单价措施项目清单定额人工费	207 746.90	0.6	1 246.48
（3）	医疗保险费	分部分项清单定额人工费 + 单价措施项目清单定额人工费	207 746.90	2.7	5 609.17
（4）	工伤保险费	分部分项清单定额人工费 + 单价措施项目清单定额人工费	207 746.90	0.7	1 454.23
（5）	生育保险费	分部分项清单定额人工费 + 单价措施项目清单定额人工费	207 746.90	0.2	415.49
1.2	住房公积金	分部分项清单定额人工费 + 单价措施项目清单定额人工费	207 746.90	3.3	6 855.65
1.3	工程排污费	按工程所在地环境保护部门收取标准，按实计入			
2	销项增值税税额	分部分项工程费 + 措施项目费 + 其他项目费 + 规费 + 创优质工程奖补偿奖励费 - 按规定不计税的工程设备金额 - 除税甲供材料（设备）设备费	1 366 693.70	11	150 336.31
合　计					181 498.35

编制人（造价人员）：　　　　　　　　复核人（造价工程师）：

四、承包人提供主要材料和工程设备一览表

承包人提供主要材料和工程设备一览见表 13-25。

表 13-25　承包人提供主要材料和工程设备一览表（适用造价信息差额调整法）

工程名称：污水处理厂\总坪工程【总坪工程——土方工程】　　标段：

序号	名称、规格、型号	单位	数量	风险系数 /%	基准单价 / 元	投标单价 / 元	发承包人确认单价 / 元	备注
1	柴油（机械）	kg	51 547.804			6.60	5.81	
2	水	m^3	1 039.175			4.47	4.03	

续表

序号	名称、规格、型号	单位	数量	风险系数 /%	基准单价 / 元	投标单价 / 元	发承包人确认单价 / 元	备注
3	汽油（机械）	kg	831.575			8.58	7.16	
4	商品混凝土 C10	m^3	802.98			485.75		
5	其他材料费	元	252.025			1.00		

注：1. 此表由招标人填写除“投标单价”栏的内容，投标人在投标时自主确定投标单价。

2. 招标人应优先采用工程造价管理机构发布的单价作为基准单价，未发布的通过市场调查确定其基准单价。

分部分项工程和单价措施项目清单与计价表

工程名称：污水处理厂 \ 总坪工程【总坪工程——道路工程】　　　　标段：

序号	项目编码	项目名称	项目特征	计量单位	工程量	金额 / 元		
						综合单价	合价	其中：暂估价
		分部分项工程量清单						
1	040203007009	道路路面砼 C30	1. 混凝土强度等级 2. 掺合料 3. 厚度 4. 嵌缝材料	m^2	8 468.768	174.76	1 480 001.90	
		分部小计					1 480 001.90	
		措施项目清单（二）						
		1.1 混凝土、钢筋混凝土模板及支架						
2	011702001	基础	基础类型	m^2	18 971.047	5.30	100 546.55	
		分部小计					100 546.55	
		分部小计					100 546.55	
合　计							1 580 548.45	

注：为计取规费等的使用，可在表中增设“其中：定额人工费”。

总价措施项目清单计价表

工程名称：污水处理厂\总坪工程【总坪工程——道路工程】　　　　　　　　标段：

序号	项目编码	项目名称	计算基础	费率 / %	金额 / 元	调整费率 / %	调整后金额 / 元	备注
1	041109001025	安全文明施工费		项	15 840.66			
	①	环境保护费	分部分项工程量清单项目定额人工费	0.52	453.59			
	②	文明施工费	分部分项工程量清单项目定额人工费	3.82	3 332.12			
	③	安全施工费	分部分项工程量清单项目定额人工费	6.3	5 495.38			
	④	临时设施费	分部分项工程量清单项目定额人工费	7.52	6 559.57			
2	041109002026	夜间施工费		项	680.38			
	①	夜间施工费	分部分项工程量清单项目定额人工费	0.78	680.38			
3	041109003027	二次搬运费		项	331.47			
	①	二次搬运费	分部分项工程量清单项目定额人工费	0.38	331.47			
4	041109004028	冬雨季施工费		项	505.92			
	①	冬雨季施工费	分部分项工程量清单项目定额人工费	0.58	505.92			
5	041109005029	行车、行人干扰		项				
6	041109006030	地上和地下设施、建筑物的临时保护设施		项				
7	041109007031	已完工程及设备保护		项				
8	041109008032	工程定位复测费		项	122.12			
	①	工程定位复测费	分部分项工程量清单项目定额人工费	0.14	122.12			
合　计					17 480.55			

编制人（造价人员）：　　　　　　　　　　　　　　　复核人（造价工程师）：

注：1.“计算基础”中安全文明施工费可为“定额基价”“定额人工费”或“定额人工费 + 定额机械费”，其他项目可为“定额人工费”或“定额人工费 + 定额机械费”。

2. 按施工方案计算的措施费，若无“计算基础”和“费率”的数值，也可只填“金额”数值，但应在备注栏说明施工方案出处或计算方法。

规费、税金项目计价表

工程名称：污水处理厂 \ 总坪工程【总坪工程——道路工程】　　　　　标段：

序号	项目名称	计算基础	计算基数	计算费率 /%	金额 / 元
1	规费	分部分项清单定额人工费 + 单价措施项目清单定额人工费			21 478.95
1.1	社会保险费	分部分项清单定额人工费 + 单价措施项目清单定额人工费			16 753.58
（1）	养老保险费	分部分项清单定额人工费 + 单价措施项目清单定额人工费	143 192.90	7.5	10 739.47
（2）	失业保险费	分部分项清单定额人工费 + 单价措施项目清单定额人工费	143 192.90	0.6	859.16
（3）	医疗保险费	分部分项清单定额人工费 + 单价措施项目清单定额人工费	143 192.90	2.7	3 866.21
（4）	工伤保险费	分部分项清单定额人工费 + 单价措施项目清单定额人工费	143 192.90	0.7	1 002.35
（5）	生育保险费	分部分项清单定额人工费 + 单价措施项目清单定额人工费	143 192.90	0.2	286.39
1.2	住房公积金	分部分项清单定额人工费 + 单价措施项目清单定额人工费	143 192.90	3.3	4 725.37
1.3	工程排污费	按工程所在地环境保护部门收取标准，按实计入			
2	销项增值税税额	分部分项工程费 + 措施项目费 + 其他项目费 + 规费 + 创优质工程奖补偿奖励费 − 按规定不计税的工程设备金额 − 除税甲供材料（设备）设备费	1 619 507.95	11	178 145.87
合　计					199 624.82

编制人（造价人员）：　　　　　　　　　　复核人（造价工程师）：

承包人提供主要材料和工程设备一览表（适用造价信息差额调整法）

工程名称：污水处理厂 \ 总坪工程【总坪工程——道路工程】　　　标段：

序号	名称、规格、型号	单位	数量	风险系数 /%	基准单价 / 元	投标单价 / 元	发承包人确认单价 / 元	备注
1	其他材料费	元	4 642.133			1.00		
2	柴油（机械）	kg	36.614			6.60	5.81	
3	水	m^3	3 069.882			4.47	4.03	

续表

序号	名称、规格、型号	单位	数量	风险系数 /%	基准单价 / 元	投标单价 / 元	发承包人确认单价 / 元	备注
4	商品混凝土 C30	m^3	2 566.047			514.90	402.91	
5	石油沥青 60#	kg	84.878			3.43	2.82	
6	滑石粉	kg	162.859			0.376	0.35	
7	细砂	m^3	0.422			184.58	158.89	
8	刀片切缝机用、综合	片	2.815			320.00	320.00	
9	二等锯材	m^3	9.485			1 801.17	1 541.30	
10	复合模板	m^2	468.204			25.00	13.69	
11	铁件	kg	872.666			4.50	4.50	

注：1. 此表由招标人填写除“投标单价”栏的内容，投标人在投标时自主确定投标单价。

2. 招标人应优先采用工程造价管理机构发布的单价作为基准单价，未发布的通过市场调查确定其基准单价。

分部分项工程和单价措施项目清单与计价表

工程名称：污水处理厂 \ 总坪工程【总坪工程——围墙】　　　　标段：

序号	项目编码	项目名称	项目特征	计量单位	工程量	金额 / 元		
						综合单价	合价	其中：暂估价
		分部分项工程量清单						
1	011503001004	金属扶手、栏杆、栏板	1. 扶手材料种类、规格、品牌 2: 栏杆材料种类、规格、品牌 3. 栏板材料种类、规格、品牌、颜色 4. 固定配件种类 5. 防护材料种类	m	610	422.25	257 572.50	
		分部小计					257 572.50	
合　计							257 572.50	

注：为计取规费等的使用，可在表中增设“其中：定额人工费”。

总价措施项目清单计价表

工程名称：污水处理厂 \ 总坪工程【总坪工程——围墙】　　　　　　标段：

序号	项目编码	项目名称	计算基础	费率 / %	金额 / 元	调整费率 / %	调整后金额 / 元	备注
1	041109001025	安全文明施工费		项	17 110.47			
	①	环境保护费	分部分项工程量清单项目定额人工费	0.52	489.95			
	②	文明施工费	分部分项工程量清单项目定额人工费	3.82	3 599.23			
	③	安全施工费	分部分项工程量清单项目定额人工费	6.3	5 935.90			
	④	临时设施费	分部分项工程量清单项目定额人工费	7.52	7 085.39			
2	041109002026	夜间施工费		项	734.92			
	①	夜间施工费	分部分项工程量清单项目定额人工费	0.78	734.92			
3	041109003027	二次搬运费		项	358.04			
	①	二次搬运费	分部分项工程量清单项目定额人工费	0.38	358.04			
4	041109004028	冬雨季施工费		项	546.48			
	①	冬雨季施工费	分部分项工程量清单项目定额人工费	0.58	546.48			
5	041109005029	行车、行人干扰		项				
6	041109006030	地上和地下设施、建筑物的临时保护设施		项				
7	041109007031	已完工程及设备保护		项				
8	041109008032	工程定位复测费		项	131.91			
	①	工程定位复测费	分部分项工程量清单项目定额人工费	0.14	131.91			
合　计					18 881.82			

编制人（造价人员）：　　　　　　　　　　复核人（造价工程师）：

注：1. “计算基础”中安全文明施工费可为“定额基价”“定额人工费”或“定额人工费 + 定额机械费”，其他项目可为“定额人工费”或“定额人工费 + 定额机械费”。

2. 按施工方案计算的措施费，若无“计算基础”和“费率”的数值，也可只填“金额”数值，但应在备注栏说明施工方案出处或计算方法。

规费、税金项目计价表

工程名称：污水处理厂 \ 总坪工程【总坪工程——围墙】　　　　　标段：

序号	项目名称	计算基础	计算基数	计算费率 /%	金额 / 元
1	规费	分部分项清单定额人工费 + 单价措施项目清单定额人工费			14 133.09
1.1	社会保险费	分部分项清单定额人工费 + 单价措施项目清单定额人工费			11 023.81
（1）	养老保险费	分部分项清单定额人工费 + 单价措施项目清单定额人工费	94 220.60	7.5	7 066.55
（2）	失业保险费	分部分项清单定额人工费 + 单价措施项目清单定额人工费	94 220.60	0.6	565.32
（3）	医疗保险费	分部分项清单定额人工费 + 单价措施项目清单定额人工费	94 220.60	2.7	2 543.96
（4）	工伤保险费	分部分项清单定额人工费 + 单价措施项目清单定额人工费	94 220.60	0.7	659.54
（5）	生育保险费	分部分项清单定额人工费 + 单价措施项目清单定额人工费	94 220.60	0.2	188.44
1.2	住房公积金	分部分项清单定额人工费 + 单价措施项目清单定额人工费	94 220.60	3.3	3 109.28
1.3	工程排污费	按工程所在地环境保护部门收取标准，按实计入			
2	销项增值税税额	分部分项工程费 + 措施项目费 + 其他项目费 + 规费 + 创优质工程奖补偿奖励费 - 按规定不计税的工程设备金额 - 除税甲供材料（设备）设备费	290 587.41	11	31 964.62
合计					46 097.71

编制人（造价人员）：　　　　　　　　　　　　复核人（造价工程师）：

承包人提供主要材料和工程设备一览表（适用造价信息差额调整法）

工程名称：污水处理厂 \ 总坪工程【总坪工程——围墙】　　　　　标段：

序号	名称、规格、型号	单位	数量	风险系数 /%	基准单价 / 元	投标单价 / 元	发承包人确认单价 / 元	备注
1	不锈钢钢管 $\varphi 25$	m	7 218.618			9.30		
2	不锈钢钢管 $\varphi 35$	m	1 837.198			11.30		
3	其他材料费	元	40 035.886			1.00		

注：1. 此表由招标人填写除“投标单价”栏的内容，投标人在投标时自主确定投标单价。

2. 招标人应优先采用工程造价管理机构发布的单价作为基准单价，未发布的通过市场调查确定其基准单价。

分部分项工程和单价措施项目清单与计价表

工程名称：污水处理厂 \ 总坪工程【总坪工程——场地绿化】　　　　标段：

序号	项目编码	项目名称	项目特征	计量单位	工程量	金额 / 元		
						综合单价	合价	其中 暂估价
		分部分项工程量清单						
1	自编 001	场地绿化		m^2	13 871.512	80.00	1 109 720.96	
		分部小计					1 109 720.96	
合　计							1 109 720.96	

注：为计取规费等的使用，可在表中增设“其中：定额人工费”。

总价措施项目清单计价表

工程名称：污水处理厂 \ 总坪工程【总坪工程——场地绿化】　　　　标段：

序号	项目编码	项目名称	计算基础	费率 / %	金额 / 元	调整费率 /%	调整后金额 / 元	备注
1	041109001025	安全文明施工费		项				
	①	环境保护费	分部分项工程量清单项目定额人工费	0.52				
	②	文明施工费	分部分项工程量清单项目定额人工费	3.82				
	③	安全施工费	分部分项工程量清单项目定额人工费	6.3				
	④	临时设施费	分部分项工程量清单项目定额人工费	7.52				
2	041109002026	夜间施工费		项				
	①	夜间施工费	分部分项工程量清单项目定额人工费	0.78				
3	041109003027	二次搬运费		项				
	①	二次搬运费	分部分项工程量清单项目定额人工费	0.38				
4	041109004028	冬雨季施工费		项				
	①	冬雨季施工费	分部分项工程量清单项目定额人工费	0.58				
5	041109005029	行车、行人干扰		项				
6	041109006030	地上和地下设施、建筑物的临时保护设施		项				
7	041109007031	已完工程及设备保护		项				

续表

序号	项目编码	项目名称	计算基础	费率 / %	金额 / 元	调整费率 /%	调整后金额 / 元	备注
8	041109008032	工程定位复测费		项				
	①	工程定位复测费	分部分项工程量清单项目定额人工费	0.14				
合　计								

编制人（造价人员）：　　　　　　　　　　　　　　复核人（造价工程师）：

注：1. “计算基础”中安全文明施工费可为“定额基价”“定额人工费”或“定额人工费＋定额机械费”，其他项目可为“定额人工费”或“定额人工费＋定额机械费”。

2. 按施工方案计算的措施费，若无“计算基础”和“费率”的数值，也可只填“金额”数值，但应在备注栏说明施工方案出处或计算方法。

规费、税金项目计价表

工程名称：污水处理厂 \ 总坪工程【总坪工程——场地绿化】　　　　　标段：

序号	项目名称	计算基础	计算基数	计算费率 /%	金额 / 元
1	规费	分部分项清单定额人工费＋单价措施项目清单定额人工费			
1.1	社会保险费	分部分项清单定额人工费＋单价措施项目清单定额人工费			
（1）	养老保险费	分部分项清单定额人工费＋单价措施项目清单定额人工费		7.5	
（2）	失业保险费	分部分项清单定额人工费＋单价措施项目清单定额人工费		0.6	
（3）	医疗保险费	分部分项清单定额人工费＋单价措施项目清单定额人工费		2.7	
（4）	工伤保险费	分部分项清单定额人工费＋单价措施项目清单定额人工费		0.7	
（5）	生育保险费	分部分项清单定额人工费＋单价措施项目清单定额人工费		0.2	
1.2	住房公积金	分部分项清单定额人工费＋单价措施项目清单定额人工费		3.3	
1.3	工程排污费	按工程所在地环境保护部门收取标准，按实计入			
2	销项增值税税额	分部分项工程费＋措施项目费＋其他项目费＋规费＋创优质工程奖补偿奖励费－按规定不计税的工程设备金额－除税甲供材料（设备）设备费	1 109 720.96	11	122 069.31
合　计					122 069.31

编制人（造价人员）：　　　　　　　　　　　　　复核人（造价工程师）：

承包人提供主要材料和工程设备一览表（适用造价信息差额调整法）

工程名称：污水处理厂 \ 总坪工程【总坪工程——场地绿化】　　　　标段：

序号	名称、规格、型号	单位	数量	风险系数 /%	基准单价 / 元	投标单价 / 元	发承包人确认单价 / 元	备注

注：1. 此表由招标人填写除“投标单价”栏的内容，投标人在投标时自主确定投标单价。

2. 招标人应优先采用工程造价管理机构发布的单价作为基准单价，未发布的通过市场调查确定其基准单价。

分部分项工程和单价措施项目清单与计价表

工程名称：污水处理厂 \ 总坪工程【总坪工程——大门】　　　　标段：

序号	项目编码	项目名称	项目特征	计量单位	工程量	金额 / 元		
						综合单价	合价	其中：暂估价
		分部分项工程量清单						
1	010805004010	电动伸缩门	1. 门代号及洞口尺寸 2. 门框或扇外围尺寸 3. 门材质 4. 玻璃品种、厚度 5. 启动装置的品种、规格 6. 电子配件品种、规格	樘	1	10 777.00	10 777.00	
		分部小计					10 777.00	
合　计							10 777.00	

注：为计取规费等的使用，可在表中增设“其中：定额人工费”。

总价措施项目清单计价表

工程名称：污水处理厂 \ 总坪工程【总坪工程——大门】　　　　标段：

序号	项目编码	项目名称	计算基础	费率 / %	金额 / 元	调整费率 /%	调整后金额 / 元	备注
1	041109001025	安全文明施工费		项	44.30			
	①	环境保护费	分部分项工程量清单项目定额人工费	0.52	1.27			

续表

序号	项目编码	项目名称	计算基础	费率 / %	金额 / 元	调整费率 /%	调整后金额 / 元	备注
	②	文明施工费	分部分项工程量清单项目定额人工费	3.82	9.32			
	③	安全施工费	分部分项工程量清单项目定额人工费	6.3	15.37			
	④	临时设施费	分部分项工程量清单项目定额人工费	7.52	18.34			
2	041109002026	夜间施工费		项	1.90			
	①	夜间施工费	分部分项工程量清单项目定额人工费	0.78	1.90			
3	041109003027	二次搬运费		项	0.93			
	①	二次搬运费	分部分项工程量清单项目定额人工费	0.38	0.93			
4	041109004028	冬雨季施工费		项	1.41			
	①	冬雨季施工费	分部分项工程量清单项目定额人工费	0.58	1.41			
5	041109005029	行车、行人干扰		项				
6	041109006030	地上和地下设施、建筑物的临时保护设施		项				
7	041109007031	已完工程及设备保护		项				
8	041109008032	工程定位复测费		项	0.34			
	①	工程定位复测费	分部分项工程量清单项目定额人工费	0.14	0.34			
合　计					48.88			

编制人（造价人员）：　　　　　　　　　　　　　　复核人（造价工程师）：

注：1. “计算基础”中安全文明施工费可为“定额基价”“定额人工费”或“定额人工费 + 定额机械费”，其他项目可为“定额人工费”或“定额人工费 + 定额机械费”。

2. 按施工方案计算的措施费，若无“计算基础”和“费率”的数值，也可只填“金额”数值，但应在备注栏说明施工方案出处或计算方法。

规费、税金项目计价表

工程名称：污水处理厂 \ 总坪工程【总坪工程——大门】　　　　　　标段：

序号	项目名称	计算基础	计算基数	计算费率 /%	金额 / 元
1	规费	分部分项清单定额人工费 + 单价措施项目清单定额人工费			36.59
1.1	社会保险费	分部分项清单定额人工费 + 单价措施项目清单定额人工费			28.54

续表

序号	项目名称	计算基础	计算基数	计算费率 /%	金额 / 元
（1）	养老保险费	分部分项清单定额人工费 + 单价措施项目清单定额人工费	243.90	7.5	18.29
（2）	失业保险费	分部分项清单定额人工费 + 单价措施项目清单定额人工费	243.90	0.6	1.46
（3）	医疗保险费	分部分项清单定额人工费 + 单价措施项目清单定额人工费	243.90	2.7	6.59
（4）	工伤保险费	分部分项清单定额人工费 + 单价措施项目清单定额人工费	243.90	0.7	1.71
（5）	生育保险费	分部分项清单定额人工费 + 单价措施项目清单定额人工费	243.90	0.2	0.49
1.2	住房公积金	分部分项清单定额人工费 + 单价措施项目清单定额人工费	243.90	3.3	8.05
1.3	工程排污费	按工程所在地环境保护部门收取标准，按实计入			
2	销项增值税税额	分部分项工程费 + 措施项目费 + 其他项目费 + 规费 + 创优质工程奖补偿奖励费 − 按规定不计税的工程设备金额 − 除税甲供材料（设备）设备费	10 862.47	11	1 194.87
合　计					1 231.46

编制人（造价人员）：　　　　　　　　复核人（造价工程师）：

承包人提供主要材料和工程设备一览表（适用造价信息差额调整法）

工程名称：污水处理厂 \ 总坪工程【总坪工程——大门】　　　　标段：

序号	名称、规格、型号	单位	数量	风险系数 /%	基准单价 / 元	投标单价 / 元	发承包人确认单价 / 元	备注
1	其他材料费	元	6.52			1.00		
2	不锈钢电动伸缩门	m	5			1 300.00		
3	伸缩门电动装置	套	1			3 600.00		
4	钢轨 6#	m	12			30.00		

注：1. 此表由招标人填写除“投标单价”栏的内容，投标人在投标时自主确定投标单价。

2. 招标人应优先采用工程造价管理机构发布的单价作为基准单价，未发布的通过市场调查确定其基准单价。

分部分项工程和单价措施项目清单与计价表

工程名称：污水处理厂 \ 总坪工程【挡土墙】　　　　标段：

序号	项目编码	项目名称	项目特征	计量单位	工程量	金额 / 元		
						综合单价	合价	其中：暂估价
1	010504004001	挡土墙	1. 混凝土种类 2. 混凝土强度等级	m^3	946	537.24	508 229.04	
		单价措施项目清单						
		脚手架工程						
2	041101001001	墙面脚手架	墙高	m^2	1 568.45	3.37	5 285.68	
		分部小计					5 285.68	
		混凝土模板及支架						
3	041102017001	挡墙模板	1. 构件类型 2. 支模高度	m^2	1 632.839	52.57	85 838.35	
		分部小计					85 838.35	
		分部小计					91 124.03	
合　计							599 353.07	

注：为计取规费等的使用，可在表中增设“其中：定额人工费”。

总价措施项目清单计价表

工程名称：污水处理厂 \ 总坪工程【挡土墙】　　　　标段：

序号	项目编码	项目名称	计算基础	费率 / %	金额 / 元	调整费率 / %	调整后金额 / 元	备注
1	041109001025	安全文明施工费		项	4 811.94			
	①	环境保护费	分部分项工程量清单项目定额人工费	0.52	137.79			
	②	文明施工费	分部分项工程量清单项目定额人工费	3.82	1 012.20			
	③	安全施工费	分部分项工程量清单项目定额人工费	6.3	1 669.34			
	④	临时设施费	分部分项工程量清单项目定额人工费	7.52	1 992.61			
2	041109002026	夜间施工费		项	206.68			
	①	夜间施工费	分部分项工程量清单项目定额人工费	0.78	206.68			
3	041109003027	二次搬运费		项	100.69			

续表

序号	项目编码	项目名称	计算基础	费率/%	金额/元	调整费率/%	调整后金额/元	备注
	①	二次搬运费	分部分项工程量清单项目定额人工费	0.38	100.69			
4	041109004028	冬雨季施工费		项	153.69			
	①	冬雨季施工费	分部分项工程量清单项目定额人工费	0.58	153.69			
5	041109005029	行车、行人干扰		项				
6	041109006030	地上和地下设施、建筑物的临时保护设施		项				
7	041109007031	已完工程及设备保护		项				
8	041109008032	工程定位复测费		项	37.10			
	①	工程定位复测费	分部分项工程量清单项目定额人工费	0.14	37.10			
合　计					5 310.10			

编制人（造价人员）：　　　　　　　　　　　　复核人（造价工程师）：

注：1. “计算基础”中安全文明施工费可为“定额基价”“定额人工费”或“定额人工费 + 定额机械费”，其他项目可为“定额人工费”或“定额人工费 + 定额机械费”。

2. 按施工方案计算的措施费，若无“计算基础”和“费率”的数值，也可只填“金额”数值，但应在备注栏说明施工方案出处或计算方法。

规费、税金项目计价表

工程名称：污水处理厂\总坪工程【挡土墙】　　　　标段：

序号	项目名称	计算基础	计算基数	计算费率/%	金额/元
1	规费	分部分项清单定额人工费 + 单价措施项目清单定额人工费			9 668.22
1.1	社会保险费	分部分项清单定额人工费 + 单价措施项目清单定额人工费			7 541.21
（1）	养老保险费	分部分项清单定额人工费 + 单价措施项目清单定额人工费	64 454.81	7.5	4 834.11
（2）	失业保险费	分部分项清单定额人工费 + 单价措施项目清单定额人工费	64 454.81	0.6	386.73
（3）	医疗保险费	分部分项清单定额人工费 + 单价措施项目清单定额人工费	64 454.81	2.7	1 740.28

续表

序号	项目名称	计算基础	计算基数	计算费率 /%	金额 / 元
（4）	工伤保险费	分部分项清单定额人工费 + 单价措施项目清单定额人工费	64 454.81	0.7	451.18
（5）	生育保险费	分部分项清单定额人工费 + 单价措施项目清单定额人工费	64 454.81	0.2	128.91
1.2	住房公积金	分部分项清单定额人工费 + 单价措施项目清单定额人工费	64 454.81	3.3	2 127.01
1.3	工程排污费	按工程所在地环境保护部门收取标准，按实计入			
2	销项增值税税额	分部分项工程费 + 措施项目费 + 其他项目费 + 规费 + 创优质工程奖补偿奖励费 - 按规定不计税的工程设备金额 - 除税甲供材料（设备）设备费	614 331.39	11	67 576.45
合　计					77 244.67

编制人（造价人员）：　　　　　　　　　　复核人（造价工程师）：

承包人提供主要材料和工程设备一览表

（适用造价信息差额调整法）

工程名称：污水处理厂\总坪工程【挡土墙】　　　　　　标段：

序号	名称、规格、型号	单位	数量	风险系数 /%	基准单价 / 元	投标单价 / 元	发承包人确认单价 / 元	备注
1	水	m^3	342.452			4.47		
2	其他材料费	元	515.602			1.00		
3	商品混凝土 C20	m^3	950.73			495.47		
4	锯材综合	m^3	12.854			1 972.71		
5	脚手架钢材	kg	232.295			3.96		
6	汽油（机械）	kg	11.983			8.58		
7	复合模板	m^2	402.985			25.00		
8	摊销卡具和支撑钢材	kg	818.543			4.50		
9	柴油（机械）	kg	421.109			6.60		

注：1. 此表由招标人填写除“投标单价”栏的内容，投标人在投标时自主确定投标单价。

2. 招标人应优先采用工程造价管理机构发布的单价作为基准单价，未发布的通过市场调查确定其基准单价。

第九节　工程车辆

一、分部分项工程和单价措施项目清单与计价表

分部分项工程和单价措施项目清单与计价表

工程名称：污水处理厂\工程车辆【工程车辆】　　　　　标段：

序号	项目编码	项目名称	项目特征	计量单位	工程量	金额/元		
						综合单价	合价	其中：暂估价
1	000001001	工程车辆			2	300 000.00	600 000.00	
		单价措施项目清单						
		分部小计						
合　计							600 000.00	

注：为计取规费等的使用，可在表中增设“其中：定额人工费”。

二、总价措施项目清单计价表

总价措施项目清单计价表

工程名称：污水处理厂\工程车辆【工程车辆】　　　　　标段：

序号	项目编码	项目名称	计算基础	费率/%	金额/元	调整费率/%	调整后金额/元	备注
1	041109001001	安全文明施工费		项				
	①	环境保护费	分部分项工程量清单项目定额人工费＋单价措施项目定额人工费					
	②	文明施工费	分部分项工程量清单项目定额人工费＋单价措施项目定额人工费					
	③	安全施工费	分部分项工程量清单项目定额人工费＋单价措施项目定额人工费					
	④	临时设施费	分部分项工程量清单项目定额人工费＋单价措施项目定额人工费					

续表

序号	项目编码	项目名称	计算基础	费率 / %	金额 / 元	调整费率 / %	调整后金额 / 元	备注
2	041109002001	夜间施工费		项				
	①	夜间施工费	分部分项工程量清单项目定额人工费 + 单价措施项目定额人工费					
3	041109003001	二次搬运费		项				
	①	二次搬运费	分部分项工程量清单项目定额人工费 + 单价措施项目定额人工费					
4	041109004001	冬雨季施工费		项				
	①	冬雨季施工费	分部分项工程量清单项目定额人工费 + 单价措施项目定额人工费					
5	041109005001	行车、行人干扰		项				
6	041109006001	地上和地下设施、建筑物的临时保护设施		项				
7	041109007001	已完工程及设备保护		项				
8	041109008001	工程定位复测费		项				
	①	工程定位复测费	分部分项工程量清单项目定额人工费 + 单价措施项目定额人工费					
合　计								

编制人（造价人员）：　　　　　　　　　　复核人（造价工程师）：

注：1. “计算基础”中安全文明施工费可为“定额基价”“定额人工费”或“定额人工费 + 定额机械费”，其他项目可为“定额人工费”或“定额人工费 + 定额机械费”。

2. 按施工方案计算的措施费，若无“计算基础”和“费率”的数值，也可只填“金额”数值，但应在备注栏说明施工方案出处或计算方法。

三、规费、税金项目计价表

规费、税金项目计价表

工程名称：污水处理厂 \ 工程车辆【工程车辆】　　　　　　标段：

序号	项目名称	计算基础	计算基数	计算费率 /%	金额 / 元
1	规费	分部分项清单定额人工费 + 单价措施项目清单定额人工费			

续表

序号	项目名称	计算基础	计算基数	计算费率 /%	金额 / 元
1.1	社会保险费	分部分项清单定额人工费 + 单价措施项目清单定额人工费			
（1）	养老保险费	分部分项清单定额人工费 + 单价措施项目清单定额人工费	20 000.00		
（2）	失业保险费	分部分项清单定额人工费 + 单价措施项目清单定额人工费	20 000.00		
（3）	医疗保险费	分部分项清单定额人工费 + 单价措施项目清单定额人工费	20 000.00		
（4）	工伤保险费	分部分项清单定额人工费 + 单价措施项目清单定额人工费	20 000.00		
（5）	生育保险费	分部分项清单定额人工费 + 单价措施项目清单定额人工费	20 000.00		
1.2	住房公积金	分部分项清单定额人工费 + 单价措施项目清单定额人工费	20 000.00		
1.3	工程排污费	按工程所在地环境保护部门收取标准，按实计入			
2	销项增值税税额	分部分项工程费 + 措施项目费 + 其他项目费 + 规费 + 创优质工程奖补偿奖励费 − 按规定不计税的工程设备金额 − 除税甲供材料（设备）设备费	600 000.00		
合 计					

编制人（造价人员）： 复核人（造价工程师）：

四、承包人提供主要材料和工程设备一览表

承包人提供主要材料和工程设备一览表（适用造价信息差额调整法）

工程名称：污水处理厂 \ 工程车辆【工程车辆】 标段：

序号	名称、规格、型号	单位	数量	风险系数 /%	基准单价 / 元	投标单价 / 元	发承包人确认单价 / 元	备注

注：1. 此表由招标人填写除“投标单价”栏的内容，投标人在投标时自主确定投标单价。

2. 招标人应优先采用工程造价管理机构发布的单价作为基准单价，未发布的通过市场调查确定其基准单价。

参考文献

[1] 徐杨 . 20 kV 及以下配电网工程全过程造价控制与分析技术研究 [D]. 贵阳：贵州大学，2020.

[2] 袁帆 . A 抽水蓄能电站工程造价管理研究 [D]. 大连：大连理工大学，2021.

[3] 陈观康 . A 建设工程项目全过程造价管理研究 [D]. 广州：广东工业大学，2022.

[4] 骆陈 . A 建设工程项目全过程造价管理研究 [D]. 昆明：昆明理工大学，2021.

[5] 董巍 . BIM 技术在房建工程造价管理中的应用研究 [D]. 锦州：辽宁工业大学，2021.

[6] 李霞 . BIM 技术在建设项目全过程造价管理中的应用研究 [D]. 青岛：山东科技大学，2020.

[7] 王敏 . BIM 技术在建筑工程全过程造价管理中的应用研究 [D]. 南昌：华东交通大学，2021.

[8] 周婷 . 某电力基建工程造价风险管理研究 [D]. 济南：山东大学，2021.

[9] 李诗宇 . L 供电公司 S 输变电工程全过程造价管理研究 [D]. 大连：大连理工大学，2021.

[10] 杨崇艺 . M 公司工程造价内部控制案例研究 [D]. 北京：中国财政科学研究院，2022.

[11] 万贝琦 .S 省高速公路桥梁工程投资估算指标分析和应用 [D]. 上海：东华大学，2021.

[12] 陈璐 .T 电力公司 DZZ 输变电项目全过程造价管理优化案例研究 [D]. 哈尔滨：东北农业大学，2021.

[13] 陈晨 . 安装算量软件的评价及改进研究 [D]. 南宁：广西大学，2019.

[14] 石琳 . 大庆油田矿区绿化项目工程造价管理问题研究 [D]. 大庆：东北石油大学，2015.

[15] 张小平 . 大型水电建设项目施工单位工程造价的风险管理研究 [D]. 昆明：云南大学，2015.

[16] 米亚琼 . 多行业需求视角下建设工程造价数据库现状分析与对策研究 [D]. 南昌：江西师范大学，2017.

[17] 沙杉 . 公路工程全寿命周期造价管理在设计阶段的成本控制研究 [D]. 武汉：武汉工程大学，2019.

[18] 宋姗姗 . 基于全寿命周期成本的电网工程造价管控研究 [D]. 北京：华北电力大学（北京），2020.

[19] 傅则恒 . 决策树挖掘技术在市政工程造价管理的应用研究 [D]. 广州：广东技术师范学院，2018.

[20] 李卉 . 青海油田整改项目全过程造价管理研究 [D]. 武汉：武汉工程大学，2017.

[21] 蒋润柏 . 全过程跟踪审计对分包工程造价治理作用研究 [D]. 北京：北京交通大学，2018.

[22] 杜艳群 . 全过程工程造价审计理论与实践研究 [D]. 重庆：重庆大学，2008.

[23] 李雪芹 . 市政道路工程造价风险评价研究 [D]. 南宁：广西大学，2019.

[24] 杨亚丽 . 新疆输变电工程全过程造价管理评价体系研究 [D]. 乌鲁木齐：新疆大学，2020.

[25] 张学锋 . 长输管道工程全过程造价管理研究 [D]. 西安：西安石油大学，2013.

[26] 隋怡君 . 组织生态学视角下全过程工程咨询业动态演化研究 [D]. 南京：东南大学，2021.

[27] 吴宪 . 市政道路工程项目建设全过程造价控制研究 [D]. 北京：北京建筑大学，2020.

[28] 高竞程 . 高速公路工程造价影响因素及控制研究 [D]. 北京：北京建筑大学，2020.

[29] 刘曜玮 . 我国高速公路工程造价预测模型构建研究 [D]. 北京：北京交通大学，2021.

[30] 乔浩 . 水利水电工程造价管理成熟度评价模型研究 [D]. 郑州：华北水利水电大学，2020.

[31] 陈蕾 . 某水利工程可行性研究阶段投资控制研究 [D]. 北京：中国石油大学，2016.

[32] 陈佳卉 . A 水利项目设计阶段造价管理研究 [D]. 天津：河北工业大学，2018.

[33] 郑晓蕾 . H 输气管线工程造价管理研究 [D]. 大连：大连理工大学，2019.

[34] 赖韵然 . 某公司造价咨询人员薪酬激励制度优化的研究 [D]. 广州：广东工业大学，2021.

[35] 刘娅玲 . 某公司工程造价咨询项目管理评价及优化研究 [D]. 重庆：重庆师范大学，2021.

[36] 罗彭欣 . 贵州省建设工程造价管理政策体系研究 [D]. 贵阳：贵州大学，2021.

[37] 李晓凡 . 工程建设全过程造价咨询服务研究——以项目为例 [D]. 北京：北京建筑大学，2021.

[38] 陶琪 . BIM 技术在 A 建筑工程造价控制中的应用研究 [D]. 沈阳：沈阳大学，2023.

[39] 赵悦言 . ZH 建设项目工程造价风险管理研究 [D]. 大连：大连理工大学，2022.

[40] 马旭 . 工程造价咨询企业生存影响因素分析 [D]. 长春：吉林大学，2022.

[41] 徐嘉 . EPC 项目工程总承包单位的造价管理研究 [D]. 昆明：昆明理工大学，2022.

[42] 梁海标 . 基于 BP 神经网络的装配式建筑工程造价估算研究 [D]. 杭州：浙江大学，2022.

[43] 冯婧 . 国有投资工程项目造价咨询单位的选择研究 [D]. 杭州：浙江大学，2022.

[44] 洪蔚华 . BIM 技术在工程造价中应用的阻碍因素研究 [D]. 合肥：安徽建筑大学，2022.
[45] 解增谦 . 装配式建筑工程造价指标体系研究 [D]. 北京：北方工业大学，2022.
[46] 范淑倩 . 基于 Stacking 融合的高层住宅工程造价预测研究 [D]. 烟台：烟台大学，2022.
[47] 程菲雨 . BIM 技术在建筑工程造价控制中的应用研究 [D]. 北京：北京交通大学，2022.
[48] 张正文 . 铁路工程造价指标指数编制研究 [D]. 北京：北京交通大学，2022.
[48] 李柔嘉 . 基于本体推理的公路工程 BIM 模型造价工程量缺陷信息检查 [D]. 重庆：重庆大学，2022.
[50] 李若晰 . 工程造价与工程监理业务融合对工程项目绩效的影响研究 [D]. 重庆：重庆大学，2022.
[51] 牛杰 . 工程造价咨询企业规模化发展的制约因素研究 [D]. 重庆：重庆大学，2022.
[52] 徐启月 . 工程造价咨询企业信息化管理优化方案研究 [D]. 延边朝鲜族自治州：延边大学，2022.
[53] 张书研 . 基于全生命周期理论的电网工程造价分析方法与应用 [D]. 杭州：浙江大学，2022.
[54] 陆晓妍 . 广西工程造价改革推进影响因素研究 [D]. 南宁：广西大学，2022.
[55] 汤汨 . 工程建设全过程造价咨询业务风险评价与控制研究 [D]. 桂林：桂林电子科技大学，2022.
[56] 张少晗 . 基于集对分析法的市政道路工程造价风险管理研究 [D]. 贵阳：贵州大学，2022.
[57] 涂开开 . 新疆 110 kV 架空输电线路工程造价差异动因研究 [D]. 北京：华北电力大学（北京），2022.
[58] 柯妍 . EPC 项目建设全过程工程造价管理研究 [D]. 长春：长春工程学院，2021.
[59] 孟凡际 . 工程造价咨询企业员工满意度提升策略研究 [D]. 广州：华南理工大学，2021.
[60] 李珍珍 . 电厂东路工程造价风险评估与应对策略研究 [D]. 青岛：青岛大学，2021.
[61] 石纪龙 . 政府集中建设模式下工程变更造价影响分析及控制研究 [D]. 青岛：青岛理工大学，2021.
[62] 肖文杰 . 司法判例视角下施工阶段工程造价管理研究 [D]. 长春：吉林建筑大学，2021.
[63] 倪盛繁 . 电力工程施工过程中的造价管理与控制研究 [D]. 天津：天津工业大学，2021.
[64] 穆智琼 . 工程造价执业人员信用动态评价体系研究 [D]. 南京：东南大学，2021.
[65] 韩晓苏 . K 工程造价咨询公司发展战略研究 [D]. 济南：山东大学，2021.
[66] 陈梦君 . 造价咨询方主导的全过程工程咨询应用研究 [D]. 武汉：湖北工业大学，2021.

[67] 程露 . 基于工程造价控制的房屋建筑类项目设计优化研究 [D]. 天津：天津理工大学，2021.
[68] 余怡 . 我国建设工程造价标准体系构建研究 [D]. 长沙：湖南大学，2021.
[69] 赵梦竹 . 电网工程造价系统设计与实现 [D]. 成都：电子科技大学，2021.
[70] 朱婷 . 工程造价咨询企业信用评价研究 [D]. 南京：东南大学，2021.
[71] 樊莹莹 . 工程造价咨询企业的工程建设全过程咨询服务能力评价研究 [D]. 天津：天津理工大学，2021.
[72] 柳颖 . 生态系统视角下基于价值共创的工程造价管理研究 [D]. 北京：北京交通大学，2020.
[73] 莫玉仙 . A 集团公司工程造价管理案例研究 [D]. 大连：大连理工大学，2020.
[74] 桂琳 . 边坡支护工程招投标阶段造价管理与成本控制研究 [D]. 广州：华南理工大学，2020.
[75] 胡柯 . 全面造价管理在 Z 公司建设工程造价管理中的应用 [D]. 成都：西南交通大学，2020.
[76] 张美丽 . A 建筑项目工程造价动态控制研究 [D]. 太原：太原理工大学，2020.
[77] 柳杨 . 工程建设项目全过程造价控制研究 [D]. 呼和浩特：内蒙古农业大学，2020.
[78] 童斌 . 公路工程造价指数指标编制研究 [D]. 北京：北京交通大学，2020.
[79] 林君晓，冯羽生 . 工程造价管理 [M]. 北京：机械工业出版社，2022.
[80] 李建峰 . 工程造价管理 [M]. 北京：机械工业出版社，2017.
[81] 郭树荣 . 工程造价管理（第二版）[M]. 北京：科学出版社，2015.
[82] 筑・匠 . 建筑工程造价一本就会 [M]. 北京：化学工业出版社，2016.
[83] 肖玉锋 . 工程计量与变更签证 [M]. 北京：中国电力出版社，2015.
[84] 王启存 . 工程造价有问必答 [M]. 北京：机械工业出版社，2022.
[85] 贾莲英 . 工程造价基础与预算 [M]. 北京：化学工业出版社，2019.
[86] 中国建设工程造价管理协会 . 工程造价司法鉴定典型案例 [M]. 北京：中国建材工业出版社，2022.
[87] 刘允延 . 建设工程造价管理 [M]. 北京：机械工业出版社，2007.
[88] 王传生，邱月 . 工程造价与企业定额编制 [M]. 北京：清华大学出版社，2010.
[89] 廖雯 . 工程量清单与计价 [M]. 北京：中国建筑工业出版社，2010.
[90] 张静晓，严玲，冯东梅 . 工程造价管理 [M]. 北京：中国建筑工业出版社，2022.
[91] 丁佳佳 . 建设工程造价管理 [M]. 北京：机械工业出版社，2018.
[92]《建设工程造价员一本通》编委会 . 建设工程造价员一本通 [M]. 哈尔滨：哈尔滨工程大学出版社，2008.
[93] 周文静 . 工程造价控制与管理 [M]. 郑州：黄河水利出版社，2019.